CPP

CÓDIGO DE PROCESSO PENAL

2025

O livro é a porta que se abre para a realização do homem.

Jair Lot Vieira

Supervisão editorial
JAIR LOT VIEIRA

CPP

CÓDIGO DE PROCESSO PENAL

Para conferir as atualizações publicadas após a data de fechamento desta edição*, acesse:

* Acesso válido até 31.12.2025.

Copyright desta edição © 2025 by Edipro Edições Profissionais Ltda.

Todos os direitos reservados. Nenhuma parte deste livro poderá ser reproduzida ou transmitida de qualquer forma ou por quaisquer meios, eletrônicos ou mecânicos, incluindo fotocópia, gravação ou qualquer sistema de armazenamento e recuperação de informações, sem permissão por escrito do editor.

Grafia conforme o novo Acordo Ortográfico da Língua Portuguesa.

2ª edição, 2ª reimpressão 2025.

Data de fechamento da edição: 21.3.2025.

Editores: Jair Lot Vieira e Maíra Lot Vieira Micales
Coordenação editorial: Karine Moreto de Almeida
Revisão: Equipe Edipro
Diagramação: Ana Laura Padovan e Karine Moreto de Almeida
Capa: Ana Luísa Regis Segala

Dados Internacionais de Catalogação na Publicação (CIP)
(Câmara Brasileira do Livro, SP, Brasil)

Código de processo penal / supervisão editorial Jair Lot Vieira. – 2. ed. – São Paulo : Edipro, 2025. – (Coleção minicódigos)

ISBN 978-65-5660-169-4

1. Processo penal – Leis e legislação – Brasil I. Vieira, Jair Lot. II. Série.

24-237160   CDU-343.1(81)(094.4)

Índice para catálogo sistemático:
1. Brasil : Código de processo penal : 343.1(81)(094.4)

Cibele Maria Dias – Bibliotecária – CRB-8/9427

São Paulo: (11) 3107-7050 • Bauru: (14) 3234-4121
www.edipro.com.br • edipro@edipro.com.br
 @editoraedipro   @editoraedipro

SUMÁRIO

LEI DE INTRODUÇÃO DO CÓDIGO DE PROCESSO PENAL
DECRETO-LEI Nº 3.931, DE 11 DE DEZEMBRO DE 1941

LEI DE INTRODUÇÃO DO CÓDIGO DE PROCESSO PENAL (arts. 1º a 16) **13**

CÓDIGO DE PROCESSO PENAL
DECRETO-LEI Nº 3.689, DE 3 DE OUTUBRO DE 1941
Atualizado até a Lei nº 14.994, de 9.10.2024.

Livro I
DO PROCESSO EM GERAL
(arts. 1º a 393)

TÍTULO I • DISPOSIÇÕES PRELIMINARES (arts. 1º ao 3º-F) **17**

TÍTULO II • DO INQUÉRITO POLICIAL (arts. 4º a 23) **20**

TÍTULO III • DA AÇÃO PENAL (arts. 24 a 62) **25**

TÍTULO IV • DA AÇÃO CIVIL (arts. 63 a 68) **32**

TÍTULO V • DA COMPETÊNCIA (arts. 69 a 91) **33**
  Capítulo I – Da Competência pelo Lugar da Infração (arts. 70 e 71) ... 33
  Capítulo II – Da Competência pelo Domicílio ou Residência do Réu (arts. 72 e 73) 34
  Capítulo III – Da Competência pela Natureza da Infração (art. 74) ... 34
  Capítulo IV – Da Competência por Distribuição (art. 75) 34
  Capítulo V – Da Competência por Conexão ou Continência (arts. 76 a 82) 35
  Capítulo VI – Da Competência por Prevenção (art. 83) 36
  Capítulo VII – Da Competência pela Prerrogativa de Função (arts. 84 a 87) 36
  Capítulo VIII – Disposições Especiais (arts. 88 a 91) 37

TÍTULO VI • DAS QUESTÕES E PROCESSOS INCIDENTES (arts. 92 a 154) **38**
  Capítulo I – Das Questões Prejudiciais (arts. 92 a 94) 38
  Capítulo II – Das Exceções (arts. 95 a 111) 38

Capítulo III – Das Incompatibilidades e Impedimentos (art. 112) 41
Capítulo IV – Do Conflito de Jurisdição (arts. 113 a 117) 41
Capítulo V – Da Restituição das Coisas Apreendidas
(arts. 118 a 124-A) 42
Capítulo VI – Das Medidas Assecuratórias (arts. 125 a 144-A) 43
Capítulo VII – Do Incidente de Falsidade (arts. 145 a 148) 47
Capítulo VIII – Da Insanidade Mental do Acusado (arts. 149 a 154) ... 47

TÍTULO VII • DA PROVA (arts. 155 a 250) **48**
Capítulo I – Disposições Gerais (arts. 155 a 157) 48
Capítulo II – Do Exame do Corpo de Delito, da Cadeia de Custódia
e das Perícias em Geral (arts. 158 a 184) 49
Capítulo III – Do Interrogatório do Acusado (arts. 185 a 196) 56
Capítulo IV – Da Confissão (arts. 197 a 200) 59
Capítulo V – Do Ofendido (art. 201) 59
Capítulo VI – Das Testemunhas (arts. 202 a 225) 60
Capítulo VII – Do Reconhecimento de Pessoas e Coisas
(arts. 226 a 228) 63
Capítulo VIII – Da Acareação (arts. 229 e 230) 64
Capítulo IX – Dos Documentos (arts. 231 a 238) 64
Capítulo X – Dos Indícios (art. 239) 65
Capítulo XI – Da Busca e da Apreensão (arts. 240 a 250) 65

**TÍTULO VIII • DO JUIZ, DO MINISTÉRIO PÚBLICO, DO ACUSADO
E DEFENSOR, DOS ASSISTENTES E AUXILIARES DA JUSTIÇA
(arts. 251 a 281)** **67**
Capítulo I – Do Juiz (arts. 251 a 256) 67
Capítulo II – Do Ministério Público (arts. 257 e 258) 68
Capítulo III – Do Acusado e seu Defensor (arts. 259 a 267) 69
Capítulo IV – Dos Assistentes (arts. 268 a 273) 70
Capítulo V – Dos Funcionários da Justiça (art. 274) 70
Capítulo VI – Dos Peritos e Intérpretes (arts. 275 a 281) 71

**TÍTULO IX • DA PRISÃO, DAS MEDIDAS CAUTELARES E DA LIBERDADE
PROVISÓRIA (arts. 282 a 350)** **71**
Capítulo I – Disposições Gerais (arts. 282 a 300) 71
Capítulo II – Da Prisão em Flagrante (arts. 301 a 310) 76
Capítulo III – Da Prisão Preventiva (arts. 311 a 316) 79
Capítulo IV – Da Prisão Domiciliar (arts. 317 a 318-B) 81
Capítulo V – Das Outras Medidas Cautelares (arts. 319 e 320) 81
Capítulo VI – Da Liberdade Provisória, com ou sem Fiança
(arts. 321 a 350) 82

TÍTULO X • DAS CITAÇÕES E INTIMAÇÕES (arts. 351 a 372) **87**
  Capítulo I – Das Citações (arts. 351 a 369) 87
  Capítulo II – Das Intimações (arts. 370 a 372) 89

TÍTULO XI • DA APLICAÇÃO PROVISÓRIA DE INTERDIÇÕES
DE DIREITOS E MEDIDAS DE SEGURANÇA (arts. 373 a 380) **90**

TÍTULO XII • DA SENTENÇA (arts. 381 a 393) **91**

Livro II
DOS PROCESSOS EM ESPÉCIE
(arts. 394 a 562)

TÍTULO I • DO PROCESSO COMUM (arts. 394 a 502) **95**
  Capítulo I – Da Instrução Criminal (arts. 394 a 405) 95
  Capítulo II – Do Procedimento Relativo aos Processos da
  Competência do Tribunal do Júri (arts. 406 a 497) 98
    Seção I – Da Acusação e da Instrução Preliminar
    (arts. 406 a 412) 98
    Seção II – Da Pronúncia, da Impronúncia e da Absolvição
    Sumária (arts. 413 a 421) 100
    Seção III – Da Preparação do Processo para Julgamento
    em Plenário (arts. 422 a 424) 101
    Seção IV – Do Alistamento dos Jurados (arts. 425 e 426) 102
    Seção V – Do Desaforamento (arts. 427 e 428) 103
    Seção VI – Da Organização da Pauta (arts. 429 a 431) 104
    Seção VII – Do Sorteio e da Convocação dos Jurados
    (arts. 432 a 435) 104
    Seção VIII – Da Função do Jurado (arts. 436 a 446) 105
    Seção IX – Da Composição do Tribunal do Júri e da Formação
    do Conselho de Sentença (arts. 447 a 452) 107
    Seção X – Da Reunião e das Sessões do Tribunal do Júri
    (arts. 453 a 472) 108
    Seção XI – Da Instrução em Plenário (arts. 473 a 475) 111
    Seção XII – Dos Debates (arts. 476 a 481) 112
    Seção XIII – Do Questionário e sua Votação (arts. 482 a 491) 114
    Seção XIV – Da Sentença (arts. 492 e 493) 116
    Seção XV – Da Ata dos Trabalhos (arts. 494 a 496) 117
    Seção XVI – Das Atribuições do Presidente do Tribunal do Júri
    (art. 497) 118
  Capítulo III – Do Processo e do Julgamento dos Crimes da
  Competência do Juiz Singular (arts. 498 a 502) 119

TÍTULO II • DOS PROCESSOS ESPECIAIS (arts. 503 a 555) **119**
   Capítulo I – Do Processo e do Julgamento dos Crimes de Falência
   (arts. 503 a 512) 119
   Capítulo II – Do Processo e do Julgamento dos Crimes
   de Responsabilidade dos Funcionários Públicos
   (arts. 513 a 518) 120
   Capítulo III – Do Processo e do Julgamento dos Crimes de
   Calúnia e Injúria, de Competência do Juiz Singular
   (arts. 519 a 523) 120
   Capítulo IV – Do Processo e do Julgamento dos Crimes Contra
   a Propriedade Imaterial (arts. 524 a 530-I) 121
   Capítulo V – Do Processo Sumário (arts. 531 a 540) 123
   Capítulo VI – Do Processo de Restauração de Autos Extraviados
   ou Destruídos (arts. 541 a 548) 124
   Capítulo VII – Do Processo de Aplicação de Medida de Segurança
   por Fato Não Criminoso (arts. 549 a 555) 125

**TÍTULO III • DOS PROCESSOS DE COMPETÊNCIA DO SUPREMO
TRIBUNAL FEDERAL E DOS TRIBUNAIS DE APELAÇÃO
(arts. 556 a 562)** **126**
   Capítulo I – Da Instrução (arts. 556 a 560) 126
   Capítulo II – Do Julgamento (arts. 561 e 562) 126

Livro III
DAS NULIDADES
E DOS RECURSOS EM GERAL
(arts. 563 a 667)

TÍTULO I • DAS NULIDADES (arts. 563 a 573) **126**

TÍTULO II • DOS RECURSOS EM GERAL (arts. 574 a 667) **129**
   Capítulo I – Disposições Gerais (arts. 574 a 580) 129
   Capítulo II – Do Recurso em Sentido Estrito (arts. 581 a 592) 130
   Capítulo III – Da Apelação (arts. 593 a 606) 132
   Capítulo IV – Do Protesto por Novo Júri (arts. 607 e 608) 134
   Capítulo V – Do Processo e do Julgamento dos Recursos em
   Sentido Estrito e das Apelações, nos Tribunais de Apelação
   (arts. 609 a 618) 135
   Capítulo VI – Dos Embargos (arts. 619 e 620) 136
   Capítulo VII – Da Revisão (arts. 621 a 631) 136
   Capítulo VIII – Do Recurso Extraordinário (arts. 632 a 638) 138
   Capítulo IX – Da Carta Testemunhável (arts. 639 a 646) 139

Capítulo X – Do *Habeas Corpus* e seu Processo
(arts. 647 a 667) 139

Livro IV
DA EXECUÇÃO
(arts. 668 a 779)

TÍTULO I • DISPOSIÇÕES GERAIS (arts. 668 a 673) **143**

TÍTULO II • DA EXECUÇÃO DAS PENAS EM ESPÉCIE
(arts. 674 a 695) **144**
  Capítulo I – Das Penas Privativas de Liberdade
  (arts. 674 a 685) 144
  Capítulo II – Das Penas Pecuniárias (arts. 686 a 690) 146
  Capítulo III – Das Penas Acessórias (arts. 691 a 695) 147

TÍTULO III • DOS INCIDENTES DA EXECUÇÃO (arts. 696 a 733) **148**
  Capítulo I – Da Suspensão Condicional da Pena
  (arts. 696 a 709) 148
  Capítulo II – Do Livramento Condicional (arts. 710 a 733) 151

TÍTULO IV • DA GRAÇA, DO INDULTO, DA ANISTIA E DA REABILITAÇÃO
(arts. 734 a 750) **155**
  Capítulo I – Da Graça, do Indulto e da Anistia (arts. 734 a 742) 155
  Capítulo II – Da Reabilitação (arts. 743 a 750) 156

TÍTULO V • DA EXECUÇÃO DAS MEDIDAS DE SEGURANÇA
(arts. 751 a 779) **156**

Livro V
DAS RELAÇÕES JURISDICIONAIS
COM AUTORIDADE ESTRANGEIRA
(arts. 780 a 790)

TÍTULO ÚNICO • (arts. 780 a 790) **161**
  Capítulo I – Disposições Gerais (arts. 780 a 782) 161
  Capítulo II – Das Cartas Rogatórias (arts. 783 a 786) 161
  Capítulo III – Da Homologação das Sentenças Estrangeiras
  (arts. 787 a 790) 162

Livro VI
DISPOSIÇÕES GERAIS
(arts. 791 a 811)

DISPOSIÇÕES GERAIS (arts. 791 a 811) **163**

LEI DE EXECUÇÃO PENAL
LEI Nº 7.210, DE 11 DE JULHO DE 1984
Atualizada até a Lei nº 14.994, de 9.10.2024.

TÍTULO I • DO OBJETO E DA APLICAÇÃO DA LEI DE EXECUÇÃO PENAL (arts. 1º ao 4º) **169**

TÍTULO II • DO CONDENADO E DO INTERNADO (arts. 5º a 60) **169**
  Capítulo I – Da Classificação (arts. 5º ao 9º-A) 169
  Capítulo II – Da Assistência (arts. 10 a 27) 171
    Seção I – Disposições Gerais (arts. 10 e 11) 171
    Seção II – Da Assistência Material (arts. 12 e 13) 171
    Seção III – Da Assistência à Saúde (art. 14) 171
    Seção IV – Da Assistência Jurídica (arts. 15 e 16) 172
    Seção V – Da Assistência Educacional (arts. 17 a 21-A) 172
    Seção VI – Da Assistência Social (arts. 22 e 23) 173
    Seção VII – Da Assistência Religiosa (art. 24) 174
    Seção VIII – Da Assistência ao Egresso (arts. 25 a 27) 174
  Capítulo III – Do Trabalho (arts. 28 a 37) 174
    Seção I – Disposições Gerais (arts. 28 a 30) 174
    Seção II – Do Trabalho Interno (arts. 31 a 35) 175
    Seção III – Do Trabalho Externo (arts. 36 e 37) 176
  Capítulo IV – Dos Deveres, dos Direitos e da Disciplina (arts. 38 a 60) 176
    Seção I – Dos Deveres (arts. 38 e 39) 176
    Seção II – Dos Direitos (arts. 40 a 43) 177
    Seção III – Da Disciplina (arts. 44 a 60) 178
      Subseção I – Disposições Gerais (arts. 44 a 48) 178
      Subseção II – Das Faltas Disciplinares (arts. 49 a 52) 178
      Subseção III – Das Sanções e das Recompensas (arts. 53 a 56) 180
      Subseção IV – Da Aplicação das Sanções (arts. 57 e 58) 181
      Subseção V – Do Procedimento Disciplinar (arts. 59 e 60) 181

TÍTULO III • DOS ÓRGÃOS DA EXECUÇÃO PENAL (arts. 61 a 81-B) **182**
  Capítulo I – Disposições Gerais (art. 61) 182
  Capítulo II – Do Conselho Nacional de Política Criminal e Penitenciária (arts. 62 a 64) 182
  Capítulo III – Do Juízo da Execução (arts. 65 e 66) 183
  Capítulo IV – Do Ministério Público (arts. 67 e 68) 184
  Capítulo V – Do Conselho Penitenciário (arts. 69 e 70) 184

Capítulo VI – Dos Departamentos Penitenciários (arts. 71 a 77) 185
   Seção I – Do Departamento Penitenciário Nacional
   (arts. 71 e 72) 185
   Seção II – Do Departamento Penitenciário Local
   (arts. 73 e 74) 186
   Seção III – Da Direção e do Pessoal dos Estabelecimentos
   Penais (arts. 75 a 77) 186
Capítulo VII – Do Patronato (arts. 78 e 79) 187
Capítulo VIII – Do Conselho da Comunidade (arts. 80 e 81) 187
Capítulo IX – Da Defensoria Pública (arts. 81-A e 81-B) 187

TÍTULO IV • DOS ESTABELECIMENTOS PENAIS (arts. 82 a 104) **188**
  Capítulo I – Disposições Gerais (arts. 82 a 86) 188
  Capítulo II – Da Penitenciária (arts. 87 a 90) 190
  Capítulo III – Da Colônia Agrícola, Industrial ou Similar
  (arts. 91 e 92) 191
  Capítulo IV – Da Casa do Albergado (arts. 93 a 95) 191
  Capítulo V – Do Centro de Observação (arts. 96 a 98) 192
  Capítulo VI – Do Hospital de Custódia e Tratamento Psiquiátrico
  (arts. 99 a 101) 192
  Capítulo VII – Da Cadeia Pública (arts. 102 a 104) 192

TÍTULO V • DA EXECUÇÃO DAS PENAS EM ESPÉCIE
(arts. 105 a 170) **192**
  Capítulo I – Das Penas Privativas de Liberdade
  (arts. 105 a 146-E) 192
   Seção I – Disposições Gerais (arts. 105 a 109) 192
   Seção II – Dos Regimes (arts. 110 a 119) 193
   Seção III – Das Autorizações de Saída (arts. 120 a 125) 196
    Subseção I – Da Permissão de Saída (arts. 120 e 121) 196
    Subseção II – Da Saída Temporária (arts. 122 a 125) 197
   Seção IV – Da Remição (arts. 126 a 130) 198
   Seção V – Do Livramento Condicional (arts. 131 a 146) 199
   Seção VI – Da Monitoração Eletrônica (arts. 146-A a 146-E) 202
  Capítulo II – Das Penas Restritivas de Direitos (arts. 147 a 155) 203
   Seção I – Disposições Gerais (arts. 147 e 148) 203
   Seção II – Da Prestação de Serviços à Comunidade
   (arts. 149 e 150) 203
   Seção III – Da Limitação de Fim de Semana (arts. 151 a 153) 204
   Seção IV – Da Interdição Temporária de Direitos (arts. 154 e 155) 204
  Capítulo III – Da Suspensão Condicional (arts. 156 a 163) 204
  Capítulo IV – Da Pena de Multa (arts. 164 a 170) 206

SUMÁRIO

TÍTULO VI • DA EXECUÇÃO DAS MEDIDAS DE SEGURANÇA
(arts. 171 a 179) **207**
    Capítulo I – Disposições Gerais (arts. 171 a 174) 207
    Capítulo II – Da Cessação da Periculosidade (arts. 175 a 179) 208

TÍTULO VII • DOS INCIDENTES DE EXECUÇÃO (arts. 180 a 193) **208**
    Capítulo I – Das Conversões (arts. 180 a 184) 208
    Capítulo II – Do Excesso ou Desvio (arts. 185 e 186) 209
    Capítulo III – Da Anistia e do Indulto (arts. 187 a 193) 210

TÍTULO VIII • DO PROCEDIMENTO JUDICIAL (arts. 194 a 197) **210**

TÍTULO IX • DAS DISPOSIÇÕES FINAIS E TRANSITÓRIAS
(arts. 198 a 204) **211**

ANEXOS

Anexo I – Súmulas do Supremo Tribunal Federal 213
Anexo II – Súmulas Vinculantes do Supremo Tribunal Federal 219
Anexo III – Temas com Repercussão Geral do
Supremo Tribunal Federal 221
Anexo IV – Súmulas do Superior Tribunal de Justiça 224

ÍNDICE REMISSIVO **229**

LEI DE INTRODUÇÃO DO CÓDIGO DE PROCESSO PENAL

DECRETO-LEI Nº 3.931, DE 11 DE DEZEMBRO DE 1941

Lei de Introdução do Código de Processo Penal (decreto-lei nº 3.689, de 3 de outubro de 1941).

O Presidente da República, usando da atribuição que lhe confere o art. 180 da Constituição♦,

♦ Refere-se à Constituição dos Estados Unidos do Brasil/1937.

Decreta:

Art. 1º. O Código de Processo Penal aplicar-se-á aos processos em curso a 1º de janeiro de 1942, observado o disposto nos artigos seguintes, sem prejuízo da validade dos atos realizados sob a vigência da legislação anterior.

• V. arts. 2º e 3º do CPP.

Art. 2º. À prisão preventiva e à fiança aplicar-se-ão os dispositivos que forem mais favoráveis.

• V. arts. 311 a 316 do CPP.

Art. 3º. O prazo já iniciado, inclusive o estabelecido para a interposição de recurso, será regulado pela lei anterior, se esta não prescrever prazo menor do que o fixado no Código de Processo Penal.

Art. 4º. A falta de arguição em prazo já decorrido, ou dentro no prazo iniciado antes da vigência do Código Penal e terminado depois de sua entrada em vigor, sanará a nulidade, se a legislação anterior lhe atribui este efeito.

Art. 5º. Se tiver sido intentada ação pública por crime que, segundo o Código Penal, só admite ação privada, esta, salvo decadência intercorrente, poderá prosseguir nos autos daquela, desde que a parte legítima para intentá-la ratifique os atos realizados e promova o andamento do processo.

Art. 6º. As ações penais, em que já se tenha iniciado a produção de prova testemunhal, prosseguirão, até a sentença de primeira instância, com o rito estabelecido na lei anterior.

§ 1º. Nos processos cujo julgamento, segundo a lei anterior, competia ao júri e, pelo Código de Processo Penal, cabe a juiz singular:

a) concluída a inquirição das testemunhas de acusação, proceder-se-á a interrogatório do réu, observado o disposto nos arts. 395 e 396, parágrafo único, do mesmo Código, prosseguindo-se, depois de produzida a prova de defesa, de acordo com o que dispõem os arts. 499 e seguintes;

b) se, embora concluída a inquirição das testemunhas de acusação, ainda não houver sentença de pronúncia ou impronúncia, prosseguir-se-á na forma da letra anterior;

c) se a sentença de pronúncia houver passado em julgado, ou dela não tiver ainda sido interposto recurso, prosseguir-se-á na forma da letra "a";

d) se, havendo sentença de impronúncia, esta passar em julgado, só poderá ser instaurado o processo no caso do art. 409, parágrafo único, do Código de Processo Penal;

e) se tiver sido interposto recurso da sentença de pronúncia, aguardar-se-á o julgamento do mesmo, observando-se, afinal, o disposto na letra "b" ou na letra "d".

§ 2º. Aplicar-se-á o disposto no § 1º aos processos da competência do juiz singular, nos quais exista a pronúncia, segundo a lei anterior.

§ 3º. Subsistem os efeitos da pronúncia, inclusive a prisão.

§ 4º. O julgamento caberá ao júri se, na sentença de pronúncia, houver sido ou for o crime classificado no § 1º ou § 2º do art. 295 da Consolidação das Leis Penais♦.

♦ A Consolidação das Leis Penais (Decreto nº 22.213/1932) foi substituída pelo Código Penal (Decreto-Lei nº 2.848/1940).
• V. art. 74, § 1º, do CPP.

Art. 7º. O juiz da pronúncia, ao classificar o crime, consumado ou tentado, não poderá reconhecer a existência de causa especial de diminuição da pena.

Art. 8º. As perícias iniciadas antes de 1º de janeiro de 1942 prosseguirão de acordo com a legislação anterior.

Art. 9º. Os processos de contravenções, em qualquer caso, prosseguirão na forma da legislação anterior.

Art. 10. No julgamento, pelo júri, de crime praticado antes da vigência do Código Penal, observar-se-á o disposto no art. 78 do Decreto-Lei nº 167, de 5 de janeiro de 1938,♦ devendo os quesitos ser formulados de acordo com a Consolidação das Leis Penais.

♦ O Decreto-Lei nº 167/1938 regulava a instituição do Júri, atualmente regrado pelos arts. 74, 78, 81, 106, 406 a 497 do CPP e pelo art. 5º, XXXVIII, da CF.

§ 1º. Os quesitos sobre causas de exclusão de crime, ou de isenção de pena, serão sempre formulados de acordo com a lei mais favorável.

§ 2º. Quando as respostas do júri importarem condenação, o presidente do Tribunal fará o confronto da pena resultante dessas respostas e da que seria imposta segundo o Código Penal, e aplicará a mais benigna.

§ 3º. Se o confronto das penas concretizadas, segundo uma e outra lei, depender do reconhecimento de algum fato previsto no Código Penal, e que, pelo Código de Processo Penal, deva constituir objeto de quesito, o juiz o formulará.

Art. 11. Já tendo sido interposto recurso de despacho ou de sentença, as condições de admissibilidade, a forma e o julgamento serão regulados pela lei anterior.

Art. 12. No caso do art. 673 do Código de Processo Penal, se tiver sido imposta medida de segurança detentiva ao condenado, este será removido para estabelecimento adequado.

Art. 13. A aplicação da lei nova a fato julgado por sentença condenatória irrecorrível, nos casos previstos no art. 2º e seu parágrafo, do Código Penal, far-se-á mediante despacho do juiz, de ofício, ou a requerimento do condenado ou do Ministério Público.

• Vide Súmula 611 do STF.

§ 1º. Do despacho caberá recurso, em sentido estrito.

§ 2º. O recurso interposto pelo Ministério Público terá efeito suspensivo, no caso de condenação por crime a que a lei anterior comine, no máximo, pena privativa de liberdade, por tempo igual ou superior a 8 (oito) anos.

Art. 14. No caso de infração definida na legislação sobre a caça, verificado que o agente foi, anteriormente, punido, administrativamente, por qualquer infração prevista na mesma legislação, deverão ser os autos remetidos à autoridade judiciária que, mediante portaria, instaurará o processo, na forma do art. 531 do Código de Processo Penal.

Parágrafo único. O disposto neste artigo não exclui a forma de processo estabelecido no Código de Processo Penal, para o caso de prisão em flagrante do contraventor.

Art. 15. No caso do art. 145, nº IV, do Código de Processo Penal, o documento reconhecido como falso será, antes de desentranhado dos autos, rubricado pelo juiz e pelo escrivão em cada uma de suas folhas.

Art. 16. Esta Lei entrará em vigor no dia 1º de janeiro de 1942, revogadas as disposições em contrário.

Rio de Janeiro, em 11 de dezembro de 1941; 120º da Independência e 53º da República.

Getúlio Vargas
DOU de 13.12.1941

CÓDIGO DE PROCESSO PENAL

DECRETO-LEI Nº 3.689, DE 3 DE OUTUBRO DE 1941

Atualizado até a Lei nº 14.994, de 9.10.2024.

Código de Processo Penal.

O Presidente da República, usando da atribuição que lhe confere o art. 180 da Constituição♦, decreta a seguinte Lei:
♦ Refere-se à Constituição dos Estados Unidos do Brasil/1937.

Livro I
DO PROCESSO EM GERAL

TÍTULO I
DISPOSIÇÕES PRELIMINARES

Art. 1º. O processo penal reger-se-á, em todo o território brasileiro, por este Código, ressalvados:

I – os tratados, as convenções e regras de direito internacional;

II – as prerrogativas constitucionais do Presidente da República, dos ministros de Estado, nos crimes conexos com os do Presidente da República, e dos ministros do Supremo Tribunal Federal, nos crimes de responsabilidade (Constituição, arts. 86, 89, § 2º, e 100)♦;
♦ Refere-se à Constituição dos Estados Unidos do Brasil/1937. Vide arts. 50, § 2º; 52, I e parágrafo único; 85; 86, § 1º; e 102, I, "b", da CF/1988.

III – os processos da competência da Justiça Militar;

IV – os processos da competência do tribunal especial (Constituição♦, art. 122, nº 17);
♦ Refere-se à Constituição dos Estados Unidos do Brasil/1937.

V – os processos por crimes de imprensa.
• Vide ADPF 130.

Parágrafo único. Aplicar-se-á, entretanto, este Código aos processos referidos nos nºs IV e V, quando as leis especiais que os regulam não dispuserem de modo diverso.

Art. 2º. A lei processual penal aplicar-se-á desde logo, sem prejuízo da validade dos atos realizados sob a vigência da lei anterior.

Art. 3º. A lei processual penal admitirá interpretação extensiva e aplicação analógica, bem como o suplemento dos princípios gerais de direito.

Juiz das Garantias
• Vide ADI 6298, ADI 6299, ADI 6300 e ADI 6305.

Art. 3º-A. O processo penal terá estrutura acusatória, vedadas a iniciativa do juiz na fase de investigação e a substituição da atuação probatória do órgão de acusação.
• Art. 3º-A acrescido pela Lei nº 13.964/2019.

Art. 3º-B. O juiz das garantias é responsável pelo controle da legalidade da investigação criminal e pela salvaguarda dos direitos individuais cuja franquia tenha sido reservada à autorização prévia do Poder Judiciário, competindo-lhe especialmente:

I – receber a comunicação imediata da prisão, nos termos do inciso LXII do *caput* do art. 5º da Constituição Federal;

II – receber o auto da prisão em flagrante para o controle da legalidade da prisão, observado o disposto no art. 310 deste Código;

III – zelar pela observância dos direitos do preso, podendo determinar que este seja conduzido à sua presença, a qualquer tempo;

IV – ser informado sobre a instauração de qualquer investigação criminal;

V – decidir sobre o requerimento de prisão provisória ou outra medida cautelar, observado o disposto no § 1º deste artigo;

VI – prorrogar a prisão provisória ou outra medida cautelar, bem como substituí-las ou revogá-las, assegurado, no primeiro caso, o exercício do contraditório em audiência pública e oral, na forma do disposto neste Código ou em legislação especial pertinente;

VII – decidir sobre o requerimento de produção antecipada de provas consideradas urgentes e não repetíveis, assegurados o contraditório e a ampla defesa em audiência pública e oral;

VIII – prorrogar o prazo de duração do inquérito, estando o investigado preso, em vista das razões apresentadas pela autoridade policial e observado o disposto no § 2º deste artigo;

IX – determinar o trancamento do inquérito policial quando não houver fundamento razoável para sua instauração ou prosseguimento;

X – requisitar documentos, laudos e informações ao delegado de polícia sobre o andamento da investigação;

XI – decidir sobre os requerimentos de:

a) interceptação telefônica, do fluxo de comunicações em sistemas de informática e telemática ou de outras formas de comunicação;

b) afastamento dos sigilos fiscal, bancário, de dados e telefônico;

c) busca e apreensão domiciliar;

d) acesso a informações sigilosas;

e) outros meios de obtenção da prova que restrinjam direitos fundamentais do investigado;

XII – julgar o *habeas corpus* impetrado antes do oferecimento da denúncia;

XIII – determinar a instauração de incidente de insanidade mental;

XIV – decidir sobre o recebimento da denúncia ou queixa, nos termos do art. 399 deste Código;

XV – assegurar prontamente, quando se fizer necessário, o direito outorgado ao investigado e ao seu defensor de acesso a todos os elementos informativos e provas produzidos no âmbito da investigação criminal, salvo no que concerne, estritamente, às diligências em andamento;

XVI – deferir pedido de admissão de assistente técnico para acompanhar a produção da perícia;

XVII – decidir sobre a homologação de acordo de não persecução penal ou os de colaboração premiada, quando formalizados durante a investigação;

XVIII – outras matérias inerentes às atribuições definidas no *caput* deste artigo.

§ 1º. O preso em flagrante ou por força de mandado de prisão provisória será encaminhado à presença do juiz de garantias no prazo de 24 (vinte e quatro) horas, momento em que se realizará audiência com a presença do Ministério Público e da Defensoria Pública ou de advogado constituído, vedado o emprego de videoconferência.
- § 1º acrescido pela Lei nº 13.964/2019.

§ 2º. Se o investigado estiver preso, o juiz das garantias poderá, mediante representação da autoridade policial e ouvido o Ministério Público, prorrogar, uma única vez, a duração do inquérito por até 15 (quinze) dias, após o que, se ainda assim a investigação não for concluída, a prisão será imediatamente relaxada.
- Art. 3º-B acrescido pela Lei nº 13.964/2019.

Art. 3º-C. A competência do juiz das garantias abrange todas as infrações penais, exceto as de menor potencial ofensivo, e cessa com o recebimento da denúncia ou queixa na forma do art. 399 deste Código.

§ 1º. Recebida a denúncia ou queixa, as questões pendentes serão decididas pelo juiz da instrução e julgamento.

§ 2º. As decisões proferidas pelo juiz das garantias não vinculam o juiz da instrução e julgamento, que, após o recebimento da denúncia ou queixa, deverá reexaminar a necessidade das medidas cautelares em curso, no prazo máximo de 10 (dez) dias.

§ 3º. Os autos que compõem as matérias de competência do juiz das garantias ficarão acautelados na secretaria desse juízo, à disposição do Ministério Público e da defesa, e não serão apensados aos autos do processo enviados ao juiz da instrução e julgamento, ressalvados os documentos relativos às provas irrepetíveis, medidas de obtenção de provas ou de antecipação de provas, que deverão ser remetidos para apensamento em apartado.

§ 4º. Fica assegurado às partes o amplo acesso aos autos acautelados na secretaria do juízo das garantias.
- Art. 3º-C acrescido pela Lei nº 13.964/2019.

Art. 3º-D. O juiz que, na fase de investigação, praticar qualquer ato incluído nas competências dos arts. 4º e 5º deste Código ficará impedido de funcionar no processo.

Parágrafo único. Nas comarcas em que funcionar apenas um juiz, os tribunais criarão um sistema de rodízio de magistrados, a fim de atender às disposições deste Capítulo.
• Art. 3º-D acrescido pela Lei nº 13.964/2019.

Art. 3º-E. O juiz das garantias será designado conforme as normas de organização judiciária da União, dos Estados e do Distrito Federal, observando critérios objetivos a serem periodicamente divulgados pelo respectivo tribunal.
• Art. 3º-E acrescido pela Lei nº 13.964/2019.

Art. 3º-F. O juiz das garantias deverá assegurar o cumprimento das regras para o tratamento dos presos, impedindo o acordo ou ajuste de qualquer autoridade com órgãos da imprensa para explorar a imagem da pessoa submetida à prisão, sob pena de responsabilidade civil, administrativa e penal.

Parágrafo único. Por meio de regulamento, as autoridades deverão disciplinar, em 180 (cento e oitenta) dias, o modo pelo qual as informações sobre a realização da prisão e a identidade do preso serão, de modo padronizado e respeitada a programação normativa aludida no *caput* deste artigo, transmitidas à imprensa, assegurados a efetividade da persecução penal, o direito à informação e a dignidade da pessoa submetida à prisão.
• Art. 3º-F acrescido pela Lei nº 13.964/2019.

TÍTULO II
DO INQUÉRITO POLICIAL

Art. 4º. A polícia judiciária será exercida pelas autoridades policiais no território de suas respectivas circunscrições e terá por fim a apuração das infrações penais e da sua autoria.
• Art. 4º, *caput*, com redação dada pela Lei nº 9.043/1995.
• V. art. 107 do CPP.

Parágrafo único. A competência definida neste artigo não excluirá a de autoridades administrativas, a quem por lei seja cometida a mesma função.
• V. arts. 69 a 87 do CPP.
• Vide Súmula 397 do STF.

Art. 5º. Nos crimes de ação pública o inquérito policial será iniciado:

I – de ofício;

II – mediante requisição da autoridade judiciária ou do Ministério Público, ou a requerimento do ofendido ou de quem tiver qualidade para representá-lo.
• V. § 2º deste artigo do CPP.

§ 1º. O requerimento a que se refere o nº II conterá sempre que possível.

a) a narração do fato, com todas as circunstâncias;

b) a individualização do indiciado ou seus sinais característicos e as razões de convicção ou de presunção de ser ele o autor da infração, ou os motivos de impossibilidade de o fazer;

c) a nomeação das testemunhas, com indicação de sua profissão e residência.
• V. arts. 202 e 207 do CPP.

§ 2º. Do despacho que indeferir o requerimento de abertura de inquérito caberá recurso para o chefe de Polícia.

§ 3º. Qualquer pessoa do povo que tiver conhecimento da existência de infração penal em que caiba ação pública poderá, verbalmente ou por escrito, comunicá-la à autoridade policial, e esta, verificada a procedência das informações, mandará instaurar inquérito.

§ 4º. O inquérito, nos crimes em que a ação pública depender de representação, não poderá sem ela ser iniciado.
- V. arts. 24 e 25 do CPP.

§ 5º. Nos crimes de ação privada, a autoridade policial somente poderá proceder a inquérito a requerimento de quem tenha qualidade para intentá-la.
- V. arts. 24, 30, 31 e 34 do CPP.
- Vide Súmula 594 do STF.

Art. 6º. Logo que tiver conhecimento da prática da infração penal, a autoridade policial deverá:

I – dirigir-se ao local, providenciando para que não se alterem o estado e conservação das coisas, até a chegada dos peritos criminais;
- Inciso I com redação dada pela Lei nº 8.862/1994.

II – apreender os objetos que tiverem relação com o fato, após liberados pelos peritos criminais;
- Inciso II com redação dada pela Lei nº 8.862/1994.
- V. arts. 11, 118, 120, 124 e 240 a 250 do CPP.

III – colher todas as provas que servirem para o esclarecimento do fato e suas circunstâncias;
- V. arts. 155 a 157 e 202 a 225 do CPP.

IV – ouvir o ofendido;
- V. art. 201 do CPP.

V – ouvir o indiciado, com observância, no que for aplicável, do disposto no Capítulo III do Título VII, deste Livro, devendo o respectivo termo ser assinado por 2 (duas) testemunhas que lhe tenham ouvido a leitura;
- V. arts. 185 a 196 do CPP.

VI – proceder a reconhecimento de pessoas e coisas e a acareações;
- V. arts. 226 a 230 do CPP.

VII – determinar, se for caso, que se proceda a exame de corpo de delito e a quaisquer outras perícias;
- V. arts. 158 a 184 do CPP.

VIII – ordenar a identificação do indiciado pelo processo datiloscópico, se possível, e fazer juntar aos autos sua folha de antecedentes;

IX – averiguar a vida pregressa do indiciado, sob o ponto de vista individual, familiar e social, sua condição econômica, sua atitude e estado de ânimo antes e depois do crime e durante ele, e quaisquer outros elementos que contribuírem para a apreciação do seu temperamento e caráter;
- Vide art. 5º da LEP.

X – colher informações sobre a existência de filhos, respectivas idades e se possuem alguma deficiência e o nome e o contato de eventual responsável pelos cuidados dos filhos, indicado pela pessoa presa.
- Inciso X acrescido pela Lei nº 13.257/2016.

Art. 7º. Para verificar a possibilidade de haver a infração sido praticada de determinado modo, a autoridade policial poderá proceder à reprodução simulada dos fatos, desde que esta não contrarie a moralidade ou a ordem pública.

Art. 8º. Havendo prisão em flagrante, será observado o disposto no Capítulo II do Título IX deste Livro.
- V. arts. 301 a 310 do CPP.
- Vide Súmula 145 do STF.

Art. 9º. Todas as peças do inquérito policial serão, num só processado, reduzidas a escrito ou datilografadas e, neste caso, rubricadas pela autoridade.
- V. art. 405, § 1º, do CPP.
- Vide Súmula Vinculante 14 do STF.

Art. 10. O inquérito deverá terminar no prazo de 10 (dez) dias, se o indiciado tiver sido preso em flagrante, ou estiver preso preventivamente, contado o prazo, nesta hipótese, a partir do dia em que se executar a ordem de prisão, ou no prazo de 30 (trinta) dias, quando estiver solto, mediante fiança ou sem ela.

§ 1º. A autoridade fará minucioso relatório do que tiver sido apurado e enviará autos ao juiz competente.
- V. art. 23 do CPP.

§ 2º. No relatório poderá a autoridade indicar testemunhas que não tiverem sido inquiridas, mencionando o lugar onde possam ser encontradas.

§ 3º. Quando o fato for de difícil elucidação, e o indiciado estiver solto, a autoridade poderá requerer ao juiz a devolução dos autos, para ulteriores diligências, que serão realizadas no prazo marcado pelo juiz.

Art. 11. Os instrumentos do crime, bem como os objetos que interessarem à prova, acompanharão os autos do inquérito.
- V. arts. 118 a 124 do CPP.

Art. 12. O inquérito policial acompanhará a denúncia ou queixa, sempre que servir de base a uma ou outra.
- V. arts. 27; 39, § 5º; 40; e 46, § 1º, do CPP.

Art. 13. Incumbirá ainda à autoridade policial:
- V. arts. 6º e 7º do CPP.

I – fornecer às autoridades judiciárias as informações necessárias à instrução e julgamento dos processos;
- V. art. 149, § 1º, do CPP.

II – realizar as diligências requisitadas pelo juiz ou pelo Ministério Público;

III – cumprir os mandados de prisão expedidos pelas autoridades judiciárias;
- V. arts. 282 a 300 do CPP.

IV – representar acerca da prisão preventiva.
- V. art. 282, § 6º, do CPP.

Art. 13-A. Nos crimes previstos nos arts. 148, 149 e 149-A, no § 3º do art. 158 e no art. 159 do Decreto-Lei nº 2.848, de 7 de dezembro de 1940 (Código Penal), e no art. 239 da Lei nº 8.069, de 13 de julho de 1990 (Estatuto da Criança e do Adolescente), o membro do Ministério Público ou o delegado de polícia poderá requisitar, de quaisquer órgãos do poder público ou de empresas da iniciativa privada, dados e informações cadastrais da vítima ou de suspeitos.

Parágrafo único. A requisição, que será atendida no prazo de 24 (vinte e quatro) horas, conterá:

I – o nome da autoridade requisitante;

II – o número do inquérito policial; e

III – a identificação da unidade de polícia judiciária responsável pela investigação.
• Art. 13-A acrescido pela Lei nº 13.344/2016.

Art. 13-B. Se necessário à prevenção e à repressão dos crimes relacionados ao tráfico de pessoas, o membro do Ministério Público ou o delegado de polícia poderão requisitar, mediante autorização judicial, às empresas prestadoras de serviço de telecomunicações e/ou telemática que disponibilizem imediatamente os meios técnicos adequados – como sinais, informações e outros – que permitam a localização da vítima ou dos suspeitos do delito em curso.

§ 1º. Para os efeitos deste artigo, sinal significa posicionamento da estação de cobertura, setorização e intensidade de radiofrequência.

§ 2º. Na hipótese de que trata o *caput*, o sinal:

I – não permitirá acesso ao conteúdo da comunicação de qualquer natureza, que dependerá de autorização judicial, conforme disposto em lei;

II – deverá ser fornecido pela prestadora de telefonia móvel celular por período não superior a 30 (trinta) dias, renovável por uma única vez, por igual período;

III – para períodos superiores àquele de que trata o inciso II, será necessária a apresentação de ordem judicial.

§ 3º. Na hipótese prevista neste artigo, o inquérito policial deverá ser instaurado no prazo máximo de 72 (setenta e duas) horas, contado do registro da respectiva ocorrência policial.

§ 4º. Não havendo manifestação judicial no prazo de 12 (doze) horas, a autoridade competente requisitará às empresas prestadoras de serviço de telecomunicações e/ou telemática que disponibilizem imediatamente os meios técnicos adequados – como sinais, informações e outros – que permitam a localização da vítima ou dos suspeitos do delito em curso, com imediata comunicação ao juiz.
• Art. 13-B acrescido pela Lei nº 13.344/2016.

Art. 14. O ofendido, ou seu representante legal, e o indiciado poderão requerer qualquer diligência, que será realizada, ou não, a juízo da autoridade.
• V. art. 5º, § 2º, do CPP.
• Vide Súmula Vinculante 14 do STF.

Art. 14-A. Nos casos em que servidores vinculados às instituições dispostas no art. 144 da Constituição Federal figurarem como investigados em inquéritos policiais, inquéritos policiais militares e demais procedimentos extrajudiciais, cujo objeto for a investigação de fatos relacionados ao uso da força letal praticados no exercício profissional, de forma consumada ou tentada, incluindo as situações dispostas no art. 23

do Decreto-Lei nº 2.848, de 7 de dezembro de 1940 (Código Penal), o indiciado poderá constituir defensor.

§ 1º. Para os casos previstos no *caput* deste artigo, o investigado deverá ser citado da instauração do procedimento investigatório, podendo constituir defensor no prazo de até 48 (quarenta e oito) horas a contar do recebimento da citação.

§ 2º. Esgotado o prazo disposto no § 1º deste artigo com ausência de nomeação de defensor pelo investigado, a autoridade responsável pela investigação deverá intimar a instituição a que estava vinculado o investigado à época da ocorrência dos fatos, para que essa, no prazo de 48 (quarenta e oito) horas, indique defensor para a representação do investigado.

§ 3º. Havendo necessidade de indicação de defensor nos termos do § 2º deste artigo, a defesa caberá preferencialmente à Defensoria Pública, e, nos locais em que ela não estiver instalada, a União ou a Unidade da Federação correspondente à respectiva competência territorial do procedimento instaurado deverá disponibilizar profissional para acompanhamento e realização de todos os atos relacionados à defesa administrativa do investigado.

- § 3º acrescido pela Lei nº 13.964/2019.

§ 4º. A indicação do profissional a que se refere o § 3º deste artigo deverá ser precedida de manifestação de que não existe defensor público lotado na área territorial onde tramita o inquérito e com atribuição para nele atuar, hipótese em que poderá ser indicado profissional que não integre os quadros próprios da Administração.

- § 4º acrescido pela Lei nº 13.964/2019.

§ 5º. Na hipótese de não atuação da Defensoria Pública, os custos com o patrocínio dos interesses dos investigados nos procedimentos de que trata este artigo correrão por conta do orçamento próprio da instituição a que este esteja vinculado à época da ocorrência dos fatos investigados.

- § 5º acrescido pela Lei nº 13.964/2019.

§ 6º. As disposições constantes deste artigo se aplicam aos servidores militares vinculados às instituições dispostas no art. 142 da Constituição Federal, desde que os fatos investigados digam respeito a missões para a Garantia da Lei e da Ordem.

- Art. 14-A acrescido pela Lei nº 13.964/2019.

Art. 15. Se o indiciado for menor, ser-lhe-á nomeado curador pela autoridade policial.

- V. art. 262 do CPP.

Art. 16. O Ministério Público não poderá requerer a devolução do inquérito à autoridade policial, senão para novas diligências, imprescindíveis ao oferecimento da denúncia.

Art. 17. A autoridade policial não poderá mandar arquivar autos de inquérito.

Art. 18. Depois de ordenado o arquivamento do inquérito pela autoridade judiciária, por falta de base para a denúncia, a autoridade policial poderá proceder a novas pesquisas, se de outras provas tiver notícia.

- V. art. 28 do CPP.
- Vide Súmula 524 do STF.

Art. 19. Nos crimes em que não couber ação pública, os autos do inquérito serão remetidos ao juízo competente, onde aguardarão a iniciativa do ofendido ou de seu representante legal, ou serão entregues ao requerente, se o pedir, mediante traslado.
- V. arts. 30 a 38 e 183 do CPP.

Art. 20. A autoridade assegurará no inquérito o sigilo necessário à elucidação do fato ou exigido pelo interesse da sociedade.

Parágrafo único. Nos atestados de antecedentes que lhe forem solicitados, a autoridade policial não poderá mencionar quaisquer anotações referentes a instauração de inquérito contra os requerentes.
- Parágrafo único com redação dada pela Lei nº 12.681/2012.

Art. 21. A incomunicabilidade do indiciado dependerá sempre de despacho nos autos e somente será permitida quando o interesse da sociedade ou a conveniência da investigação o exigir.

Parágrafo único. A incomunicabilidade, que não excederá de 3 (três) dias, será decretada por despacho fundamentado do Juiz, a requerimento da autoridade policial, ou do órgão do Ministério Público, respeitado, em qualquer hipótese, o disposto no art. 89, inciso III, do Estatuto da Ordem dos Advogados do Brasil (Lei nº 4.215, de 27 de abril de 1963)*.
- Parágrafo único com redação dada pela Lei nº 5.010/1966.
- ♦ Vide art. 7º, III, do Estatuto da OAB/1994.

Art. 22. No Distrito Federal e nas comarcas em que houver mais de uma circunscrição policial, a autoridade com exercício em uma delas poderá, nos inquéritos a que esteja procedendo, ordenar diligências em circunscrição de outra, independentemente de precatórias ou requisições, e bem assim providenciará, até que compareça a autoridade competente, sobre qualquer fato que ocorra em sua presença, noutra circunscrição.

Art. 23. Ao fazer a remessa dos autos do inquérito ao juiz competente, a autoridade policial oficiará ao Instituto de Identificação e Estatística, ou repartição congênere, mencionando o juízo a que tiverem sido distribuídos, e os dados relativos à infração penal e à pessoa do indiciado.
- V. art. 809 do CPP.

TÍTULO III
DA AÇÃO PENAL

Art. 24. Nos crimes de ação pública, esta será promovida por denúncia do Ministério Público, mas dependerá, quando a lei o exigir, de requisição do Ministro da Justiça, ou de representação do ofendido ou de quem tiver qualidade para representá-lo.
- V. arts. 39; 564, III, "a"; e 569 do CPP.
- Vide Súmulas 608, 609 e 714 do STF.
- Vide Súmula 542 do STJ.

§ 1º. No caso de morte do ofendido ou quando declarado ausente por decisão judicial, o direito de representação passará ao cônjuge, ascendente, descendente ou irmão.
- § 1º renumerado pela Lei nº 8.699/1993.
- V. art. 38, parágrafo único, do CPP.
- Vide Súmula 594 do STF.

§ 2º. Seja qual for o crime, quando praticado em detrimento do patrimô-

nio ou interesse da União, Estado e Município, a ação penal será pública.
* § 2º acrescido pela Lei nº 8.699/1993.

Art. 25. A representação será irretratável, depois de oferecida a denúncia.
* V. art. 569 do CPP.

Art. 26. A ação penal, nas contravenções, será iniciada com o auto de prisão em flagrante ou por meio de portaria expedida pela autoridade judiciária ou policial.
* V. art. 257, I, do CPP.
* Vide Súmula 601 do STF.

Art. 27. Qualquer pessoa do povo poderá provocar a iniciativa do Ministério Público, nos casos em que caiba a ação pública, fornecendo-lhe, por escrito, informações sobre o fato e a autoria e indicando o tempo, o lugar e os elementos de convicção.
* V. art. 5º, § 3º, do CPP.

Art. 28. Ordenado o arquivamento do inquérito policial ou de quaisquer elementos informativos da mesma natureza, o órgão do Ministério Público comunicará à vítima, ao investigado e à autoridade policial e encaminhará os autos para a instância de revisão ministerial para fins de homologação, na forma da lei.

§ 1º. Se a vítima, ou seu representante legal, não concordar com o arquivamento do inquérito policial, poderá, no prazo de 30 (trinta) dias do recebimento da comunicação, submeter a matéria à revisão da instância competente do órgão ministerial, conforme dispuser a respectiva lei orgânica.

§ 2º. Nas ações penais relativas a crimes praticados em detrimento da União, Estados e Municípios, a revisão do arquivamento do inquérito policial poderá ser provocada pela chefia do órgão a quem couber a sua representação judicial.
* Art. 28 com redação dada pela Lei nº 13.964/2019.
* Vide ADI 6298, ADI 6299, ADI 6300 e ADI 6305.
* Vide Súmulas 524 e 696 do STF.

Art. 28-A. Não sendo caso de arquivamento e tendo o investigado confessado formal e circunstancialmente a prática de infração penal sem violência ou grave ameaça e com pena mínima inferior a 4 (quatro) anos, o Ministério Público poderá propor acordo de não persecução penal, desde que necessário e suficiente para reprovação e prevenção do crime, mediante as seguintes condições ajustadas cumulativa e alternativamente:
* Vide Tema 238 do STF.

I – reparar o dano ou restituir a coisa à vítima, exceto na impossibilidade de fazê-lo;

II – renunciar voluntariamente a bens e direitos indicados pelo Ministério Público como instrumentos, produto ou proveito do crime;

III – prestar serviço à comunidade ou a entidades públicas por período correspondente à pena mínima cominada ao delito diminuída de um a dois terços, em local a ser indicado pelo juízo da execução, na forma do art. 46 do Decreto-Lei nº 2.848, de 7 de dezembro de 1940 (Código Penal);

IV – pagar prestação pecuniária, a ser estipulada nos termos do art. 45 do Decreto-Lei nº 2.848, de 7 de dezembro de 1940 (Código Penal), a entidade pública ou de interesse social, a ser indicada pelo juízo da execução, que tenha, preferencialmente, como função proteger bens jurídicos iguais ou semelhantes aos aparentemente lesados pelo delito; ou

V – cumprir, por prazo determinado, outra condição indicada pelo Ministério Público, desde que proporcional e compatível com a infração penal imputada.

§ 1º. Para aferição da pena mínima cominada ao delito a que se refere o *caput* deste artigo, serão consideradas as causas de aumento e diminuição aplicáveis ao caso concreto.

§ 2º. O disposto no *caput* deste artigo não se aplica nas seguintes hipóteses:

I – se for cabível transação penal de competência dos Juizados Especiais Criminais, nos termos da lei;

II – se o investigado for reincidente ou se houver elementos probatórios que indiquem conduta criminal habitual, reiterada ou profissional, exceto se insignificantes as infrações penais pretéritas;

III – ter sido o agente beneficiado nos 5 (cinco) anos anteriores ao cometimento da infração, em acordo de não persecução penal, transação penal ou suspensão condicional do processo; e

IV – nos crimes praticados no âmbito de violência doméstica ou familiar, ou praticados contra a mulher por razões da condição de sexo feminino, em favor do agressor.

§ 3º. O acordo de não persecução penal será formalizado por escrito e será firmado pelo membro do Ministério Público, pelo investigado e por seu defensor.

§ 4º. Para a homologação do acordo de não persecução penal, será realizada audiência na qual o juiz deverá verificar a sua voluntariedade, por meio da oitiva do investigado na presença do seu defensor, e sua legalidade.

§ 5º. Se o juiz considerar inadequadas, insuficientes ou abusivas as condições dispostas no acordo de não persecução penal, devolverá os autos ao Ministério Público para que seja reformulada a proposta de acordo, com concordância do investigado e seu defensor.

§ 6º. Homologado judicialmente o acordo de não persecução penal, o juiz devolverá os autos ao Ministério Público para que inicie sua execução perante o juízo de execução penal.

§ 7º. O juiz poderá recusar homologação à proposta que não atender aos requisitos legais ou quando não for realizada a adequação a que se refere o § 5º deste artigo.

§ 8º. Recusada a homologação, o juiz devolverá os autos ao Ministério Público para a análise da necessidade de complementação das investigações ou o oferecimento da denúncia.

§ 9º. A vítima será intimada da homologação do acordo de não persecução penal e de seu descumprimento.

§ 10. Descumpridas quaisquer das condições estipuladas no acordo de não persecução penal, o Ministério Público deverá comunicar ao juízo, para fins de sua rescisão e posterior oferecimento de denúncia.

§ 11. O descumprimento do acordo de não persecução penal pelo investigado também poderá ser utilizado pelo Ministério Público como justificativa para o eventual não oferecimento de suspensão condicional do processo.

§ 12. A celebração e o cumprimento do acordo de não persecução penal não constarão de certidão de antecedentes criminais, exceto para os fins previstos no inciso III do § 2º deste artigo.

§ 13. Cumprido integralmente o acordo de não persecução penal, o juízo competente decretará a extinção de punibilidade.

§ 14. No caso de recusa, por parte do Ministério Público, em propor o acordo de não persecução penal, o investigado poderá requerer a remessa dos autos a órgão superior, na forma do art. 28 deste Código.
- Art. 28-A acrescido pela Lei nº 13.964/2019.

Art. 29. Será admitida ação privada nos crimes de ação pública, se esta não for intentada no prazo legal, cabendo ao Ministério Público aditar a queixa, repudiá-la e oferecer denúncia substitutiva, intervir em todos os termos do processo, fornecer elementos de prova, interpor recurso e, a todo tempo, no caso de negligência do querelante, retomar a ação como parte principal.
- V. arts. 38, *caput*; 46; e 564, III, "d", do CPP.

Art. 30. Ao ofendido ou a quem tenha qualidade para representá-lo caberá intentar a ação privada.
- V. arts. 41; 44; e 564, II e III, "a", do CPP.

Art. 31. No caso de morte do ofendido ou quando declarado ausente por decisão judicial, o direito de oferecer queixa ou prosseguir na ação passará ao cônjuge, ascendente, descendente ou irmão.
- V. arts. 36; 38, parágrafo único; 268; e 598 do CPP.

Art. 32. Nos crimes de ação privada, o juiz, a requerimento da parte que comprovar a sua pobreza, nomeará advogado para promover a ação penal.
- V. art. 806 do CPP.

§ 1º. Considerar-se-á pobre a pessoa que não puder prover às despesas do processo, sem privar-se dos recursos indispensáveis ao próprio sustento ou da família.
- V. art. 68 do CPP.

§ 2º. Será prova suficiente de pobreza o atestado da autoridade policial em cuja circunscrição residir o ofendido.
- V. art. 68 do CPP.

Art. 33. Se o ofendido for menor de 18 (dezoito) anos, ou mentalmente enfermo, ou retardado mental, e não tiver representante legal, ou colidirem os interesses deste com os daquele, o direito de queixa poderá ser exercido por curador especial, nomeado, de ofício ou a requerimento do Ministério Público, pelo juiz competente para o processo penal.

Art. 34. Se o ofendido for menor de 21 (vinte e um) e maior de 18 (dezoito) anos, o direito de queixa poderá ser exercido por ele ou por seu representante legal.
• Vide Súmula 594 do STF.

Art. 35. (Revogado).
• Art. 35 revogado pela Lei nº 9.520/1997.

Art. 36. Se comparecer mais de uma pessoa com direito de queixa, terá preferência o cônjuge, e, em seguida, o parente mais próximo na ordem de enumeração constante do art. 31, podendo, entretanto, qualquer delas prosseguir na ação, caso o querelante desista da instância ou a abandone.

Art. 37. As fundações, associações ou sociedades legalmente constituídas poderão exercer a ação penal, devendo ser representadas por quem os respectivos contratos ou estatutos designarem ou, no silêncio destes, pelos seus diretores ou sócios-gerentes.

Art. 38. Salvo disposição em contrário, o ofendido, ou seu representante legal, decairá no direito de queixa ou de representação, se não o exercer dentro do prazo de 6 (seis) meses, contado do dia em que vier a saber quem é o autor do crime, ou, no caso do art. 29, do dia em que se esgotar o prazo para o oferecimento da denúncia.
• V. art. 529 do CPP.

Parágrafo único. Verificar-se-á a decadência do direito de queixa ou representação, dentro do mesmo prazo, nos casos dos arts. 24, parágrafo único,♦ e 31.
♦ Atual art. 24, § 1º, ante as alterações promovidas pela Lei nº 8.699/1993.

Art. 39. O direito de representação poderá ser exercido, pessoalmente ou por procurador com poderes especiais, mediante declaração, escrita ou oral, feita ao juiz, ao órgão do Ministério Público, ou à autoridade policial.
• V. arts. 529 e 569 do CPP.

§ 1º. A representação feita oralmente ou por escrito, sem assinatura devidamente autenticada do ofendido, de seu representante legal ou do procurador, será reduzida a termo, perante o juiz ou autoridade policial, presente o órgão do Ministério Público, quando a este houver sido dirigida.

§ 2º. A representação conterá todas as informações que possam servir à apuração do fato e da autoria.
• V. art. 569 do CPP.

§ 3º. Oferecida ou reduzida a termo a representação, a autoridade policial procederá a inquérito, ou, não sendo competente, remetê-lo-á à autoridade que o for.
• V. art. 5º, § 3º, do CPP.

§ 4º. A representação, quando feita ao juiz ou perante este reduzida a termo, será remetida à autoridade policial para que esta proceda a inquérito.

§ 5º. O órgão do Ministério Público dispensará o inquérito, se com

a representação forem oferecidos elementos que o habilitem a promover a ação penal, e, neste caso, oferecerá a denúncia no prazo de 15 (quinze) dias.
- V. art. 12 do CPP.

Art. 40. Quando, em autos ou papéis de que conhecerem, os juízes ou tribunais verificarem a existência de crime de ação pública, remeterão ao Ministério Público as cópias e os documentos necessários ao oferecimento da denúncia.
- V. art. 569 do CPP.

Art. 41. A denúncia ou queixa conterá a exposição do fato criminoso, com todas as suas circunstâncias, a qualificação do acusado ou esclarecimentos pelos quais se possa identificá-lo, a classificação do crime e, quando necessário, o rol das testemunhas.
- V. arts. 44; 259; 564, III, "a"; e 569 do CPP.

Art. 42. O Ministério Público não poderá desistir da ação penal.

Art. 43. (Revogado).
- Art. 43 revogado pela Lei nº 11.719/2008.

Art. 44. A queixa poderá ser dada por procurador com poderes especiais, devendo constar do instrumento do mandato o nome do querelante e a menção do fato criminoso, salvo quando tais esclarecimentos dependerem de diligências que devem ser previamente requeridas no juízo criminal.
- V. arts. 564, III, "a"; e 568 do CPP.

Art. 45. A queixa, ainda quando a ação penal for privativa do ofendido, poderá ser aditada pelo Ministério Público, a quem caberá intervir em todos os termos subsequentes do processo.
- V. arts. 29; 564, III, "d"; e 572 do CPP.

Art. 46. O prazo para oferecimento da denúncia, estando o réu preso, será de 5 (cinco) dias, contado da data em que o órgão do Ministério Público receber os autos do inquérito policial, e de 15 (quinze) dias, se o réu estiver solto ou afiançado. No último caso, se houver devolução do inquérito à autoridade policial (art. 16), contar-se-á o prazo da data em que o órgão do Ministério Público receber novamente os autos.
- V. art. 798, § 1º, do CPP.

§ 1º. Quando o Ministério Público dispensar o inquérito policial, o prazo para o oferecimento da denúncia contar-se-á da data em que tiver recebido as peças de informações ou a representação.

§ 2º. O prazo para o aditamento da queixa será de 3 (três) dias, contado da data em que o órgão do Ministério Público receber os autos, e, se este não se pronunciar dentro do tríduo, entender-se-á que não tem o que aditar, prosseguindo-se nos demais termos do processo.

Art. 47. Se o Ministério Público julgar necessários maiores esclarecimentos e documentos complementares ou novos elementos de convicção, deverá requisitá-los, diretamente, de quaisquer autoridades ou funcionários que devam ou possam fornecê-los.

Art. 48. A queixa contra qualquer dos autores do crime obrigará ao processo de todos, e o Ministério Público velará pela sua indivisibilidade.

Art. 49. A renúncia ao exercício do direito de queixa, em relação a um dos autores do crime, a todos se estenderá.

Art. 50. A renúncia expressa constará de declaração assinada pelo ofendido, por seu representante legal ou procurador com poderes especiais.

Parágrafo único. A renúncia do representante legal do menor que houver completado 18 (dezoito) anos não privará este do direito de queixa, nem a renúncia do último excluirá o direito do primeiro.
* V. arts. 34 e 56 do CPP.

Art. 51. O perdão concedido a um dos querelados aproveitará a todos, sem que produza, todavia, efeito em relação ao que o recusar.

Art. 52. Se o querelante for menor de 21 (vinte e um) e maior de 18 (dezoito) anos, o direito de perdão poderá ser exercido por ele ou por seu representante legal, mas o perdão concedido por um, havendo oposição do outro, não produzirá efeito.
* V. art. 54 do CPP.

Art. 53. Se o querelado for mentalmente enfermo ou retardado mental e não tiver representante legal, ou colidirem os interesses deste com os do querelado, a aceitação do perdão caberá ao curador que o juiz lhe nomear.

Art. 54. Se o querelado for menor de 21 (vinte e um) anos, observar-se-á, quanto à aceitação do perdão, o disposto no art. 52.

Art. 55. O perdão poderá ser aceito por procurador com poderes especiais.

Art. 56. Aplicar-se-á ao perdão extraprocessual expresso o disposto no art. 50.

Art. 57. A renúncia tácita e o perdão tácito admitirão todos os meios de prova.

Art. 58. Concedido o perdão, mediante declaração expressa nos autos, o querelado será intimado a dizer, dentro de 3 (três) dias, se o aceita, devendo, ao mesmo tempo, ser cientificado de que o seu silêncio importará aceitação.

Parágrafo único. Aceito o perdão, o juiz julgará extinta a punibilidade.
* V. art. 581, VIII, do CPP.

Art. 59. A aceitação do perdão fora do processo constará de declaração assinada pelo querelado, por seu representante legal ou procurador com poderes especiais.
* V. art. 56 do CPP.

Art. 60. Nos casos em que somente se procede mediante queixa, considerar-se-á perempta a ação penal:

I – quando, iniciada esta, o querelante deixar de promover o andamento do processo durante 30 (trinta) dias seguidos;

II – quando, falecendo o querelante, ou sobrevindo sua incapacidade, não comparecer em juízo, para prosseguir no processo, dentro do prazo de 60 (sessenta) dias, qualquer das pessoas a quem couber fazê-lo, ressalvado o disposto no art. 36;

III – quando o querelante deixar de comparecer, sem motivo justificado, a qualquer ato do processo a que deva estar presente, ou deixar de formular o pedido de condenação nas alegações finais;

IV – quando, sendo o querelante pessoa jurídica, esta se extinguir sem deixar sucessor.

Art. 61. Em qualquer fase do processo, o juiz, se reconhecer extinta a punibilidade, deverá declará-lo de ofício.

Parágrafo único. No caso de requerimento do Ministério Público, do querelante ou do réu, o juiz mandará autuá-lo em apartado, ouvirá a parte contrária e, se o julgar conveniente, concederá o prazo de 5 (cinco) dias para a prova, proferindo a decisão dentro de 5 (cinco) dias ou reservando-se para apreciar a matéria na sentença final.

Art. 62. No caso de morte do acusado, o juiz somente à vista da certidão de óbito, e depois de ouvido o Ministério Público, declarará extinta a punibilidade.
- V. art. 683 do CPP.

TÍTULO IV
DA AÇÃO CIVIL

Art. 63. Transitada em julgado a sentença condenatória, poderão promover-lhe a execução, no juízo cível, para o efeito da reparação do dano, o ofendido, seu representante legal ou seus herdeiros.
- V. arts. 68; 143; 387, IV; e 630 do CPP.
- Vide Súmulas 491 e 562 do STF.
- Vide Súmula 37 do STJ.

Parágrafo único. Transitada em julgado a sentença condenatória, a execução poderá ser efetuada pelo valor fixado nos termos do inciso IV do *caput* do art. 387 deste Código sem prejuízo da liquidação para a apuração do dano efetivamente sofrido.
- Parágrafo único acrescido pela Lei nº 11.719/2008.

Art. 64. Sem prejuízo do disposto no artigo anterior, a ação para ressarcimento do dano poderá ser proposta no juízo cível, contra o autor do crime e, se for caso, contra o responsável civil.
- V. art. 68 do CPP.
- Vide Súmula 491 do STF.

Parágrafo único. Intentada a ação penal, o juiz da ação civil poderá suspender o curso desta, até o julgamento definitivo daquela.

Art. 65. Faz coisa julgada no cível a sentença penal que reconhecer ter sido o ato praticado em estado de necessidade, em legítima defesa, em estrito cumprimento de dever legal ou no exercício regular de direito.
- Vide ADPF 779.

Art. 66. Não obstante a sentença absolutória no juízo criminal, a ação civil poderá ser proposta quando não tiver sido, categoricamente, reconhecida a inexistência material do fato.

Art. 67. Não impedirão igualmente a propositura da ação civil:

I – o despacho de arquivamento do inquérito ou das peças de informação;
- Vide Súmula 524 do STF.

II – a decisão que julgar extinta a punibilidade;

III – a sentença absolutória que decidir que o fato imputado não constitui crime.
• V. art. 386, III, do CPP.

Art. 68. Quando o titular do direito à reparação do dano for pobre (art. 32, §§ 1º e 2º), a execução da sentença condenatória (art. 63) ou a ação civil (art. 64) será promovida, a seu requerimento, pelo Ministério Público.

TÍTULO V
DA COMPETÊNCIA

Art. 69. Determinará a competência jurisdicional:

I – o lugar da infração:
• V. arts. 70 e 71 do CPP.
• Vide Súmula 200 do STJ.

II – o domicílio ou residência do réu;
• V. arts. 72 e 73 do CPP.

III – a natureza da infração;
• V. art. 74 do CPP.
• Vide Súmula Vinculante 36 do STF.
• Vide Súmulas 42, 122, 140, 165, 208 e 209 do STJ.

IV – a distribuição;
• V. art. 75 do CPP.

V – a conexão ou continência;
• V. arts. 76 a 82 do CPP.

VI – a prevenção;
• V. art. 83 do CPP.

VII – a prerrogativa de função.
• V. arts. 84 a 87 do CPP.

CAPÍTULO I
DA COMPETÊNCIA
PELO LUGAR DA INFRAÇÃO
• Vide Temas 170 e 648 do STF.

Art. 70. A competência será, de regra, determinada pelo lugar em que se consumar a infração, ou, no caso de tentativa, pelo lugar em que for praticado o último ato de execução.
• Vide Súmula 521 do STF.
• Vide Súmulas 244, 528 e 546 do STJ.

§ 1º. Se, iniciada a execução no território nacional, a infração se consumar fora dele, a competência será determinada pelo lugar em que tiver sido praticado, no Brasil, o último ato de execução.

§ 2º. Quando o último ato de execução for praticado fora do território nacional, será competente o juiz do lugar em que o crime, embora parcialmente, tenha produzido ou devia produzir seu resultado.

§ 3º. Quando incerto o limite territorial entre duas ou mais jurisdições, ou quando incerta a jurisdição por ter sido a infração consumada ou tentada nas divisas de duas ou mais jurisdições, a competência firmar-se-á pela prevenção.
• V. art. 83 do CPP.

§ 4º. Nos crimes previstos no art. 171 do Decreto-Lei nº 2.848, de 7 de dezembro de 1940 (Código Penal), quando praticados mediante depósito, mediante emissão de cheques sem suficiente provisão de fundos em poder do sacado ou com o pagamento frustrado ou mediante transferência de valores, a competência será definida pelo local do domicílio da vítima, e, em caso de pluralidade de vítimas, a competência firmar-se-á pela prevenção.
• § 4º acrescido pela Lei nº 14.155/2021.

Art. 71. Tratando-se de infração continuada ou permanente, praticada

em território de duas ou mais jurisdições, a competência firmar-se-á pela prevenção.
- V. art. 83 do CPP.
- Vide Súmula 151 do STJ.

CAPÍTULO II
DA COMPETÊNCIA PELO DOMICÍLIO OU RESIDÊNCIA DO RÉU

Art. 72. Não sendo conhecido o lugar da infração, a competência regular-se-á pelo domicílio ou residência do réu.

§ 1º. Se o réu tiver mais de uma residência, a competência firmar-se-á pela prevenção.

§ 2º. Se o réu não tiver residência certa ou for ignorado o seu paradeiro, será competente o juiz que primeiro tomar conhecimento do fato.
- V. art. 83 do CPP.

Art. 73. Nos casos de exclusiva ação privada, o querelante poderá preferir o foro de domicílio ou da residência do réu, ainda quando conhecido o lugar da infração.
- V. art. 30 do CPP.

CAPÍTULO III
DA COMPETÊNCIA PELA NATUREZA DA INFRAÇÃO

Art. 74. A competência pela natureza da infração será regulada pelas leis de organização judiciária, salvo a competência privativa do Tribunal do Júri.
- Vide Súmulas 498 e 522 do STF.
- Vide Súmulas 38, 42, 47, 48, 53, 62, 73, 75, 104, 140, 147, 165, 172, 208, 209 e 376 do STJ.

§ 1º. Compete ao Tribunal do Júri o julgamento dos crimes previstos nos arts. 121, §§ 1º e 2º, 122, parágrafo único, 123, 124, 125, 126 e 127 do Código Penal, consumados ou tentados.
- § 1º com redação dada pela Lei nº 263/1948.
- V. art. 419 do CPP.
- Vide Súmulas 603 e 721 do STF.

§ 2º. Se, iniciado o processo perante um juiz, houver desclassificação para infração da competência de outro, a este será remetido o processo, salvo se mais graduada for a jurisdição do primeiro, que, em tal caso, terá sua competência prorrogada.
- V. arts. 383, § 2º; e 384 do CPP.

§ 3º. Se o juiz da pronúncia desclassificar a infração para outra atribuída à competência de juiz singular, observar-se-á o disposto no art. 410♦; mas, se a desclassificação for feita pelo próprio Tribunal do Júri, a seu presidente caberá proferir a sentença (art. 492, § 2º).
- ♦ Refere-se à redação anterior às alterações promovidas pela Lei nº 11.689/2008.
  V. atual art. 419 do CPP.

CAPÍTULO IV
DA COMPETÊNCIA POR DISTRIBUIÇÃO

Art. 75. A precedência da distribuição fixará a competência quando, na mesma circunscrição judiciária, houver mais de um juiz igualmente competente.

Parágrafo único. A distribuição realizada para o efeito da concessão de fiança ou da decretação de prisão preventiva ou de qualquer diligência anterior à denúncia ou queixa prevenirá a da ação penal.
- V. arts. 311 a 316 e 321 a 350 do CPP.
- Vide Súmula 706 do STF.

CAPÍTULO V
DA COMPETÊNCIA POR CONEXÃO OU CONTINÊNCIA

Art. 76. A competência será determinada pela conexão:
- Vide Súmula 704 do STF.

I – se, ocorrendo duas ou mais infrações, houverem sido praticadas, ao mesmo tempo, por várias pessoas reunidas, ou por várias pessoas em concurso, embora diverso o tempo e o lugar, ou por várias pessoas, umas contra as outras;

II – se, no mesmo caso, houverem sido umas praticadas para facilitar ou ocultar as outras, ou para conseguir impunidade ou vantagem em relação a qualquer delas;

III – quando a prova de uma infração ou de qualquer de suas circunstâncias elementares influir na prova de outra infração.

Art. 77. A competência será determinada pela continência quando:
- Vide Súmula 704 do STF.

I – 2 (duas) ou mais pessoas forem acusadas pela mesma infração;

II – no caso de infração cometida nas condições previstas nos arts. 51, § 1º, 53, segunda parte, e 54 do Código Penal♦.
- ♦ Refere-se à redação anterior às alterações promovidas pela Lei nº 7.209/1984. Vide atuais arts. 70, 73 e 74 do CP.

Art. 78. Na determinação da competência por conexão ou continência, serão observadas as seguintes regras:

I – no concurso entre a competência do júri e a de outro órgão da jurisdição comum, prevalecerá a competência do júri;

II – no concurso de jurisdições da mesma categoria:

a) preponderará a do lugar da infração, à qual for cominada a pena mais grave;
- Vide Súmula 122 do STJ.

b) prevalecerá a do lugar em que houver ocorrido o maior número de infrações, se as respectivas penas forem de igual gravidade;

c) firmar-se-á a competência pela prevenção, nos outros casos;
- V. art. 83 do CPP.

III – no concurso de jurisdições de diversas categorias, predominará a de maior graduação;
- Vide Súmula 122 do STJ.

IV – no concurso entre a jurisdição comum e a especial, prevalecerá esta.
- Art. 78 com redação dada pela Lei nº 263/1948.
- Vide Súmula 122 do STJ.

Art. 79. A conexão e a continência importarão unidade de processo e julgamento, salvo:
- Vide Súmula 704 do STF.
- Vide Súmula 234 do STJ.

I – no concurso entre a jurisdição comum e a militar;

II – no concurso entre a jurisdição comum e a do juízo de menores.

§ 1º. Cessará, em qualquer caso, a unidade do processo, se, em relação a algum corréu, sobrevier o caso previsto no art. 152.

§ 2º. A unidade do processo não importará a do julgamento, se houver corréu foragido que não possa ser julgado à revelia, ou ocorrer a hipótese do art. 461♦.
- ♦ Refere-se à redação anterior às alterações promovidas pela Lei nº 11.689/2008. V. atual art. 469, § 1º, do CPP.

Art. 80. Será facultativa a separação dos processos quando as infrações tiverem sido praticadas em circunstâncias de tempo ou de lugar diferentes, ou, quando pelo excessivo número de acusados e para não lhes prolongar a prisão provisória, ou por outro motivo relevante, o juiz reputar conveniente a separação.

Art. 81. Verificada a reunião dos processos por conexão ou continência, ainda que no processo da sua competência própria venha o juiz ou tribunal a proferir sentença absolutória ou que desclassifique a infração para outra que não se inclua na sua competência, continuará competente em relação aos demais processos.

Parágrafo único. Reconhecida inicialmente ao júri a competência por conexão ou continência, o juiz, se vier a desclassificar a infração ou impronunciar ou absolver o acusado, de maneira que exclua a competência do júri, remeterá o processo ao juízo competente.

Art. 82. Se, não obstante a conexão ou continência, forem instaurados processos diferentes, a autoridade de jurisdição prevalente deverá avocar os processos que corram perante os outros juízes, salvo se já estiverem com sentença definitiva. Neste caso, a unidade dos processos só se dará, ulteriormente, para o efeito de soma ou de unificação das penas.
- Vide art. 66, III, "a", da LEP.
- Vide Súmula 235 do STJ.

CAPÍTULO VI
DA COMPETÊNCIA POR PREVENÇÃO

Art. 83. Verificar-se-á a competência por prevenção toda vez que, concorrendo 2 (dois) ou mais juízes igualmente competentes ou com jurisdição cumulativa, um deles tiver antecedido aos outros na prática de algum ato do processo ou de medida a este relativa, ainda que anterior ao oferecimento da denúncia ou da queixa (arts. 70, § 3º, 71, 72, § 2º, e 78, II, "c").
- V. arts. 69, V; 72, § 1º; e 91 do CPP.
- Vide Súmula 706 do STF.

CAPÍTULO VII
DA COMPETÊNCIA PELA PRERROGATIVA DE FUNÇÃO
- Vide Tema 453 do STF.

Art. 84. A competência pela prerrogativa de função é do Supremo Tribunal Federal, do Superior Tribunal de Justiça, dos Tribunais Regionais Federais e Tribunais de Justiça dos Estados e do Distrito Federal, relativamente às pessoas que devam responder perante eles por crimes comuns e de responsabilidade.
- Art. 84, *caput*, com redação dada pela Lei nº 10.628/2002.
- Vide Súmula 451 do STF.

§ 1º. [–]
- § 1º acrescido pela Lei nº 10.628/2002.
- Vide ADI 2797.

§ 2º. [–]
- § 2º acrescido pela Lei nº 10.628/2002.
- Vide ADI 2797.

Art. 85. Nos processos por crime contra a honra, em que forem querelantes as pessoas que a Constituição sujeita à jurisdição do Supremo Tribunal Federal e dos Tribunais de Apelação♦, àquele ou a estes caberá o julgamento, quando oposta e admitida a exceção da verdade.
- ♦ Atual denominação: "Tribunais de Justiça", nos termos da CF/1946.
- Vide Súmula 396 do STJ.

Art. 86. Ao Supremo Tribunal Federal competirá, privativamente, processar e julgar:
- Vide Súmula 451 do STF.

I – os seus ministros, nos crimes comuns;

II – os ministros de Estado, salvo nos crimes conexos com os do Presidente da República;

III – o procurador-geral da República, os desembargadores dos Tribunais de Apelação♦, os ministros do Tribunal de Contas e os embaixadores e ministros diplomáticos, nos crimes comuns e de responsabilidade.
- ♦ Atual denominação: "Tribunais de Justiça", nos termos da CF/1946.

Art. 87. Competirá, originariamente, aos Tribunais de Apelação♦ o julgamento dos governadores ou interventores nos Estados ou Territórios, e prefeito do Distrito Federal, seus respectivos secretários e chefes de Polícia, juízes de instância inferior e órgãos do Ministério Público.
- ♦ Atual denominação: "Tribunais de Justiça", nos termos da CF/1946.

CAPÍTULO VIII
DISPOSIÇÕES ESPECIAIS

Art. 88. No processo por crimes praticados fora do território brasileiro, será competente o juízo da Capital do Estado onde houver por último residido o acusado. Se este nunca tiver residido no Brasil, será competente o juízo da Capital da República.
- Vide Súmula 522 do STF.

Art. 89. Os crimes cometidos em qualquer embarcação nas águas territoriais da República, ou nos rios e lagos fronteiriços, bem como a bordo de embarcações nacionais, em alto-mar, serão processados e julgados pela justiça do primeiro porto brasileiro em que tocar a embarcação, após o crime, ou, quando se afastar do País, pela do último em que houver tocado.
- V. art. 91 do CPP.

Art. 90. Os crimes praticados a bordo de aeronave nacional, dentro do espaço aéreo correspondente ao território brasileiro, ou ao alto-mar, ou a bordo de aeronave estrangeira, dentro do espaço aéreo correspondente ao território nacional, serão processados e julgados pela justiça da comarca em cujo território se verificar o pouso após o crime, ou pela da comarca de onde houver partido a aeronave.
- V. art. 91 do CPP.

Art. 91. Quando incerta e não se determinar de acordo com as normas estabelecidas nos arts. 89 e 90, a competência se firmará pela prevenção.
- Art. 91 com redação dada pela Lei nº 4.893/1965.
- V. art. 83 do CPP.

TÍTULO VI
DAS QUESTÕES E PROCESSOS INCIDENTES

CAPÍTULO I
DAS QUESTÕES PREJUDICIAIS

Art. 92. Se a decisão sobre a existência da infração depender da solução de controvérsia, que o juiz repute séria e fundada, sobre o estado civil das pessoas, o curso da ação penal ficará suspenso até que no juízo cível seja a controvérsia dirimida por sentença passada em julgado, sem prejuízo, entretanto, da inquirição das testemunhas e de outras provas de natureza urgente.
- V. art. 581, XVI, do CPP.

Parágrafo único. Se for o crime de ação pública, o Ministério Público, quando necessário, promoverá a ação civil ou prosseguirá na que tiver sido iniciada, com a citação dos interessados.

Art. 93. Se o reconhecimento da existência da infração penal depender de decisão sobre questão diversa da prevista no artigo anterior, da competência do juízo cível, e se neste houver sido proposta ação para resolvê-la, o juiz criminal poderá, desde que essa questão seja de difícil solução e não verse sobre direito cuja prova a lei civil limite, suspender o curso do processo, após a inquirição das testemunhas e realização das outras provas de natureza urgente.

§ 1º. O juiz marcará o prazo da suspensão, que poderá ser razoavelmente prorrogado, se a demora não for imputável à parte. Expirado o prazo, sem que o juiz cível tenha proferido decisão, o juiz criminal fará prosseguir o processo, retomando sua competência para resolver, de fato e de direito, toda a matéria da acusação ou da defesa.

§ 2º. Do despacho que denegar a suspensão não caberá recurso.
- V. art. 581, XVI, do CPP.

§ 3º. Suspenso o processo, e tratando-se de crime de ação pública, incumbirá ao Ministério Público intervir imediatamente na causa cível, para o fim de promover-lhe o rápido andamento.

Art. 94. A suspensão do curso da ação penal, nos casos dos artigos anteriores, será decretada pelo juiz, de ofício ou a requerimento das partes.

CAPÍTULO II
DAS EXCEÇÕES

Art. 95. Poderão ser opostas as exceções de:
- V. art. 111 do CPP.

I – suspeição;
- V. arts. 96 a 107; 252 a 256; 564, I; e 581, III, do CPP.
- Vide Súmula 234 do STJ.

II – incompetência de juízo;
- V. arts. 108; 109; 564, I; 567; e 581, II, do CPP.

III – litispendência;
- V. arts. 110; e 581, III, do CPP.

IV – ilegitimidade de parte;
- V. arts. 110; e 581, III, do CPP.

V – coisa julgada.
- V. arts. 65; 110; e 581, III, do CPP.

Art. 96. A arguição de suspeição precederá a qualquer outra, salvo

quando fundada em motivo superveniente.
- V. arts. 252 a 256 do CPP.

Art. 97. O juiz que espontaneamente afirmar suspeição deverá fazê-lo por escrito, declarando o motivo legal, e remeterá imediatamente o processo ao seu substituto, intimadas as partes.
- V. art. 254 do CPP.

Art. 98. Quando qualquer das partes pretender recusar o juiz, deverá fazê-lo em petição assinada por ela própria ou por procurador com poderes especiais, aduzindo as suas razões acompanhadas de prova documental ou do rol de testemunhas.
- V. arts. 396-A; e 564, I do CPP.

Art. 99. Se reconhecer a suspeição, o juiz sustará a marcha do processo, mandará juntar aos autos a petição do recusante com os documentos que a instruam, e por despacho se declarará suspeito, ordenando a remessa dos autos ao substituto.

Art. 100. Não aceitando a suspeição, o juiz mandará autuar em apartado a petição, dará sua resposta dentro em 3 (três) dias, podendo instruí-la e oferecer testemunhas, e, em seguida, determinará sejam os autos da exceção remetidos, dentro em 24 (vinte e quatro) horas, ao juiz ou tribunal a quem competir o julgamento.

§ 1º. Reconhecida, preliminarmente, a relevância da arguição, o juiz ou tribunal, com citação das partes, marcará dia e hora para a inquirição das testemunhas, seguindo-se o julgamento, independentemente de mais alegações.

§ 2º. Se a suspeição for de manifesta improcedência, o juiz ou relator a rejeitará liminarmente.

Art. 101. Julgada procedente a suspeição, ficarão nulos os atos do processo principal, pagando o juiz as custas, no caso de erro inescusável; rejeitada, evidenciando-se a malícia do excipiente, a este será imposta a multa.
- V. art. 564, I, do CPP.

Art. 102. Quando a parte contrária reconhecer a procedência da arguição, poderá ser sustado, a seu requerimento, o processo principal, até que se julgue o incidente da suspeição.
- V. art. 100 do CPP.

Art. 103. No Supremo Tribunal Federal e nos Tribunais de Apelação♦, o juiz que se julgar suspeito deverá declará-lo nos autos e, se for revisor, passar o feito ao seu substituto na ordem da precedência, ou, se for relator, apresentar os autos em mesa para nova distribuição.
♦ Atual denominação: "Tribunais de Justiça", nos termos da CF/1946.

§ 1º. Se não for relator nem revisor, o juiz que houver de dar-se por suspeito, deverá fazê-lo verbalmente, na sessão de julgamento, registrando-se na ata a declaração.

§ 2º. Se o presidente do tribunal se der por suspeito, competirá ao seu substituto designar dia para o julgamento e presidi-lo.

§ 3º. Observar-se-á, quanto à arguição de suspeição pela parte, o disposto nos arts. 98 a 101, no que lhe for aplicável, atendido, se o juiz a reconhecer, o que estabelece este artigo.

§ 4º. A suspeição, não sendo reconhecida, será julgada pelo tribunal pleno, funcionando como relator o presidente.

§ 5º. Se o recusado for o presidente do tribunal, o relator será o vice-presidente.

Art. 104. Se for arguida a suspeição do órgão do Ministério Público, o juiz, depois de ouvi-lo, decidirá, sem recurso, podendo antes admitir a produção de provas no prazo de 3 (três) dias.
- V. arts. 258 e 470 do CPP.
- Vide Súmula 234 do STJ.

Art. 105. As partes poderão também arguir de suspeitos os peritos, os intérpretes e os serventuários ou funcionários de justiça, decidindo o juiz de plano e sem recurso, à vista da matéria alegada e prova imediata.
- V. arts. 274, 280, 281 e 470 do CPP.

Art. 106. A suspeição dos jurados deverá ser arguida oralmente, decidindo de plano do presidente do Tribunal do Júri, que a rejeitará se, negada pelo recusado, não for imediatamente comprovada, o que tudo constará da ata.
- V. arts. 448, § 2º; 451; 466; 468; 470; 471; e 571, VIII, do CPP.

Art. 107. Não se poderá opor suspeição às autoridades policiais nos atos do inquérito, mas deverão elas declarar-se suspeitas, quando ocorrer motivo legal.

Art. 108. A exceção de incompetência do juízo poderá ser oposta, verbalmente ou por escrito, no prazo de defesa.
- Vide Súmula 33 do STJ.

§ 1º. Se, ouvido o Ministério Público, for aceita a declinatória, o feito será remetido ao juízo competente, onde, ratificados os atos anteriores, o processo prosseguirá.
- V. art. 567 do CPP.

§ 2º. Recusada a incompetência, o juiz continuará no feito, fazendo tomar por termo a declinatória, se formulada verbalmente.

Art. 109. Se em qualquer fase do processo o juiz reconhecer motivo que o torne incompetente, declará-lo-á nos autos, haja ou não alegação da parte, prosseguindo-se na forma do artigo anterior.
- Vide Súmula 33 do STJ.

Art. 110. Nas exceções de litispendência, ilegitimidade de parte e coisa julgada, será observado, no que lhes for aplicável, o disposto sobre a exceção de incompetência do juízo.
- V. arts. 108 e 109 do CPP.

§ 1º. Se a parte houver de opor mais de uma dessas exceções, deverá fazê-lo numa só petição ou articulado.

§ 2º. A exceção de coisa julgada somente poderá ser oposta em relação ao fato principal, que tiver sido objeto da sentença.

Art. 111. As exceções serão processadas em autos apartados e não suspenderão, em regra, o andamento da ação penal.

CAPÍTULO III
DAS INCOMPATIBILIDADES E IMPEDIMENTOS

Art. 112. O juiz, o órgão do Ministério Público, os serventuários ou funcionários de justiça e os peritos ou intérpretes abster-se-ão de servir no processo, quando houver incompatibilidade ou impedimento legal, que declararão nos autos. Se não se der a abstenção, a incompatibilidade ou impedimento poderá ser arguido pelas partes, seguindo-se o processo estabelecido para a exceção de suspeição.
- V. arts. 95 a 107 do CPP.

CAPÍTULO IV
DO CONFLITO DE JURISDIÇÃO

Art. 113. As questões atinentes à competência resolver-se-ão não só pela exceção própria, como também pelo conflito positivo ou negativo de jurisdição.
- V. arts. 69 a 91, 108 e 109 do CPP.
- Vide Súmulas 59 e 428 do STJ.

Art. 114. Haverá conflito de jurisdição:
- Vide Súmula 59 do STJ.

I – quando 2 (duas) ou mais autoridades judiciárias se considerarem competentes, ou incompetentes, para conhecer do mesmo fato criminoso;

II – quando entre elas surgir controvérsia sobre unidade de juízo, junção ou separação de processos.
- V. arts. 80 a 82 do CPP.

Art. 115. O conflito poderá ser suscitado:

I – pela parte interessada;

II – pelos órgãos do Ministério Público junto a qualquer dos juízos em dissídio;

III – por qualquer dos juízes ou tribunais em causa.
- Vide Súmula 59 do STJ.

Art. 116. Os juízes e tribunais, sob a forma de representação, e a parte interessada, sob a de requerimento, darão parte escrita e circunstanciada do conflito, perante o tribunal competente, expondo os fundamentos e juntando os documentos comprobatórios.

§ 1º. Quando negativo o conflito, os juízes e tribunais poderão suscitá-lo nos próprios autos do processo.

§ 2º. Distribuído o feito, se o conflito for positivo, o relator poderá determinar imediatamente que se suspenda o andamento do processo.

§ 3º. Expedida ou não a ordem de suspensão, o relator requisitará informações às autoridades em conflito, remetendo-lhes cópia do requerimento ou representação.

§ 4º. As informações serão prestadas no prazo marcado pelo relator.

§ 5º. Recebidas as informações, e depois de ouvido o procurador-geral, o conflito será decidido na primeira sessão, salvo se a instrução do feito depender de diligência.

§ 6º. Proferida a decisão, as cópias necessárias serão remetidas, para a sua execução, às autoridades contra as quais tiver sido levantado o conflito ou que o houverem suscitado.

Art. 117. O Supremo Tribunal Federal, mediante avocatória, restabelecerá a sua jurisdição, sempre que exercida por qualquer dos juízes ou tribunais inferiores.

CAPÍTULO V
DA RESTITUIÇÃO DAS COISAS APREENDIDAS

Art. 118. Antes de transitar em julgado a sentença final, as coisas apreendidas não poderão ser restituídas enquanto interessarem ao processo.
- V. art. 11 do CPP.

Art. 119. As coisas a que se referem os arts. 74 e 100 do Código Penal não poderão ser restituídas, mesmo depois de transitar em julgado a sentença final, salvo se pertencerem ao lesado ou a terceiro de boa-fé.
- Refere-se à redação anterior às alterações promovidas pela Lei nº 7.209/1984. Vide atual art. 91 do CP.
- V. arts. 125, 132 e 530-G do CPP.

Art. 120. A restituição, quando cabível, poderá ser ordenada pela autoridade policial ou juiz, mediante termo nos autos, desde que não exista dúvida quanto ao direito do reclamante.
- V. art. 122 do CPP.

§ 1º. Se duvidoso esse direito, o pedido de restituição autuar-se-á em apartado, assinando-se ao requerente o prazo de 5 (cinco) dias para a prova. Em tal caso, só o juiz criminal poderá decidir o incidente.

§ 2º. O incidente autuar-se-á também em apartado e só a autoridade judicial o resolverá, se as coisas forem apreendidas em poder de terceiro de boa-fé, que será intimado para alegar e provar o seu direito, em prazo igual e sucessivo ao do reclamante, tendo um e outro 2 (dois) dias para arrazoar.

§ 3º. Sobre o pedido de restituição será sempre ouvido o Ministério Público.

§ 4º. Em caso de dúvida sobre quem seja o verdadeiro dono, o juiz remeterá as partes para o juízo cível, ordenando o depósito das coisas em mãos de depositário ou do próprio terceiro que as detinha, se for pessoa idônea.

§ 5º. Tratando-se de coisas facilmente deterioráveis, serão avaliadas e levadas a leilão público, depositando-se o dinheiro apurado, ou entregues ao terceiro que as detinha, se este for pessoa idônea e assinar termo de responsabilidade.
- V. art. 137, § 1º, do CPP.

Art. 121. No caso de apreensão de coisa adquirida com os proventos da infração, aplica-se o disposto no art. 133 e seu parágrafo.

Art. 122. Sem prejuízo do disposto no art. 120, as coisas apreendidas serão alienadas nos termos do disposto no art. 133 deste Código.
- Art. 122, *caput*, com redação dada pela Lei nº 13.964/2019.

Parágrafo único. (Revogado).
- Parágrafo único revogado pela Lei nº 13.964/2019.

Art. 123. Fora dos casos previstos nos artigos anteriores, se dentro no prazo de 90 (noventa) dias, a contar da data em que transitar em julgado a sentença final, condenatória ou absolutória, os objetos apreendidos não forem reclamados ou não pertencerem ao réu, serão vendidos em leilão, depositando-se o saldo à disposição do juízo de ausentes.

Art. 124. Os instrumentos do crime, cuja perda em favor da União for decretada, e as coisas confiscadas, de acordo com o disposto no art. 100 do Código Penal*, serão inutilizados ou recolhidos a museu criminal, se houver interesse na sua conservação.

* Refere-se à redação anterior às alterações promovidas pela Lei nº 7.209/1984. Sem correspondência no Código Penal em vigor.

Art. 124-A. Na hipótese de decretação de perdimento de obras de arte ou de outros bens de relevante valor cultural ou artístico, se o crime não tiver vítima determinada, poderá haver destinação dos bens a museus públicos.

• Art. 124-A acrescido pela Lei nº 13.964/2019.

CAPÍTULO VI
DAS MEDIDAS ASSECURATÓRIAS

Art. 125. Caberá o sequestro dos bens imóveis, adquiridos pelo indiciado com os proventos da infração, ainda que já tenham sido transferidos a terceiro.

Art. 126. Para a decretação do sequestro, bastará a existência de indícios veementes da proveniência ilícita dos bens.

• V. arts. 132 e 239 do CPP.

Art. 127. O juiz, de ofício, a requerimento do Ministério Público ou do ofendido, ou mediante representação da autoridade policial, poderá ordenar o sequestro, em qualquer fase do processo ou ainda antes de oferecida a denúncia ou queixa.

• V. art. 593, II, do CPP.

Art. 128. Realizado o sequestro, o juiz ordenará a sua inscrição no Registro de Imóveis.

Art. 129. O sequestro autuar-se-á em apartado e admitirá embargos de terceiro.

Art. 130. O sequestro poderá ainda ser embargado:

I – pelo acusado, sob o fundamento de não terem os bens sido adquiridos com os proventos da infração;

II – pelo terceiro, a quem houverem os bens sido transferidos a título oneroso, sob o fundamento de tê-los adquirido de boa-fé.

Parágrafo único. Não poderá ser pronunciada decisão nesses embargos antes de passar em julgado a sentença condenatória.

Art. 131. O sequestro será levantado:

I – se a ação penal não for intentada no prazo de 60 (sessenta) dias, contado da data em que ficar concluída a diligência;

II – se o terceiro, a quem tiverem sido transferidos os bens, prestar caução que assegure a aplicação do disposto no art. 74, II, "b", segunda parte, do Código Penal♦;

♦ Refere-se à redação anterior às alterações promovidas pela Lei nº 7.209/1984. Vide atual art. 91, II, "b", do CP.

III — se for julgada extinta a punibilidade ou absolvido o réu, por sentença transitada em julgado.

Art. 132. Proceder-se-á ao sequestro dos bens móveis se, verificadas as condições previstas no art. 126, não for cabível a medida regulada no Capítulo XI do Título VII deste Livro.
• V. arts. 240 a 250 do CPP.

Art. 133. Transitada em julgado a sentença condenatória, o juiz, de ofício ou a requerimento do interessado ou do Ministério Público, determinará a avaliação e a venda dos bens em leilão público cujo perdimento tenha sido decretado.

§ 1º. Do dinheiro apurado, será recolhido aos cofres públicos o que não couber ao lesado ou a terceiro de boa-fé.

§ 2º. O valor apurado deverá ser recolhido ao Fundo Penitenciário Nacional, exceto se houver previsão diversa em lei especial.
• Art. 133 com redação dada pela Lei nº 13.964/2019.
• V. arts. 121 e 122 do CPP.

Art. 133-A. O juiz poderá autorizar, constatado o interesse público, a utilização de bem sequestrado, apreendido ou sujeito a qualquer medida assecuratória pelos órgãos de segurança pública previstos no art. 144 da Constituição Federal, do sistema prisional, do sistema socioeducativo, da Força Nacional de Segurança Pública e do Instituto Geral de Perícia, para o desempenho de suas atividades.

§ 1º. O órgão de segurança pública participante das ações de investigação ou repressão da infração penal que ensejou a constrição do bem terá prioridade na sua utilização.

§ 2º. Fora das hipóteses anteriores, demonstrado o interesse público, o juiz poderá autorizar o uso do bem pelos demais órgãos públicos.

§ 3º. Se o bem a que se refere o *caput* deste artigo for veículo, embarcação ou aeronave, o juiz ordenará à autoridade de trânsito ou ao órgão de registro e controle a expedição de certificado provisório de registro e licenciamento em favor do órgão público beneficiário, o qual estará isento do pagamento de multas, encargos e tributos anteriores à disponibilização do bem para a sua utilização, que deverão ser cobrados de seu responsável.

§ 4º. Transitada em julgado a sentença penal condenatória com a decretação de perdimento dos bens, ressalvado o direito do lesado ou terceiro de boa-fé, o juiz poderá determinar a transferência definitiva da propriedade ao órgão público beneficiário ao qual foi custodiado o bem.
• Art. 133-A acrescido pela Lei nº 13.964/2019.

Art. 134. A hipoteca legal sobre os imóveis do indiciado poderá ser requerida pelo ofendido em qualquer fase do processo, desde que haja

certeza da infração e indícios suficientes da autoria.
- V. arts. 142, 144 e 239 do CPP.

Art. 135. Pedida a especialização mediante requerimento, em que a parte estimará o valor da responsabilidade civil, e designará e estimará o imóvel ou imóveis que terão de ficar especialmente hipotecados, o juiz mandará logo proceder ao arbitramento do valor da responsabilidade e à avaliação do imóvel ou imóveis.

§ 1º. A petição será instruída com as provas ou indicação das provas em que se fundar a estimação da responsabilidade, com a relação dos imóveis que o responsável possuir, se outros tiver, além dos indicados no requerimento, e com os documentos comprobatórios do domínio.

§ 2º. O arbitramento do valor da responsabilidade e a avaliação dos imóveis designados far-se-ão por perito nomeado pelo juiz, onde não houver avaliador judicial, sendo-lhe facultada a consulta dos autos do processo respectivo.

§ 3º. O juiz, ouvidas as partes no prazo de 2 (dois) dias, que correrá em cartório, poderá corrigir o arbitramento do valor da responsabilidade, se lhe parecer excessivo ou deficiente.

§ 4º. O juiz autorizará somente a inscrição da hipoteca do imóvel ou imóveis necessários à garantia da responsabilidade.

§ 5º. O valor da responsabilidade será liquidado definitivamente após a condenação, podendo ser requerido novo arbitramento se qualquer das partes não se conformar com o arbitramento anterior à sentença condenatória.

§ 6º. Se o réu oferecer caução suficiente, em dinheiro ou em títulos de dívida pública, pelo valor de sua cotação em Bolsa, o juiz poderá deixar de mandar proceder à inscrição da hipoteca legal.

Art. 136. O arresto do imóvel poderá ser decretado de início, revogando-se, porém, se no prazo de 15 (quinze) dias não for promovido o processo de inscrição da hipoteca legal.
- Art. 136 com redação dada pela Lei nº 11.435/2006.
- V. art. 144 do CPP.

Art. 137. Se o responsável não possuir bens imóveis ou os possuir de valor insuficiente, poderão ser arrestados bens móveis suscetíveis de penhora, nos termos em que é facultada a hipoteca legal dos imóveis.
- Art. 137, *caput*, com redação dada pela Lei nº 11.435/2006.
- V. arts. 142 e 144 do CPP.

§ 1º. Se esses bens forem coisas fungíveis e facilmente deterioráveis, proceder-se-á na forma do § 5º do art. 120.

§ 2º. Das rendas dos bens móveis poderão ser fornecidos recursos arbitrados pelo juiz, para a manutenção do indiciado e de sua família.

Art. 138. O processo de especialização da hipoteca e do arresto correrão em auto apartado.
- Art. 138 com redação dada pela Lei nº 11.435/2006.

Art. 139. O depósito e a administração dos bens arrestados ficarão sujeitos ao regime do processo civil.
- Art. 139 com redação dada pela Lei nº 11.435/2006.

Art. 140. As garantias do ressarcimento do dano alcançarão também as despesas processuais e as penas pecuniárias, tendo preferência sobre estas a reparação do dano ao ofendido.
- V. arts. 63 a 68, 804 e 806 do CPP.

Art. 141. O arresto será levantado ou cancelada a hipoteca, se, por sentença irrecorrível, o réu for absolvido ou julgada extinta a punibilidade.
- Art. 141 com redação dada pela Lei nº 11.435/2006.

Art. 142. Caberá ao Ministério Público promover as medidas estabelecidas nos arts. 134 e 137, se houver interesse da Fazenda Pública, ou se o ofendido for pobre e o requerer.
- V. arts. 144 e 257 do CPP.

Art. 143. Passando em julgado a sentença condenatória, serão os autos de hipoteca ou arresto remetidos ao juiz do cível (art. 63).
- Art. 143 com redação dada pela Lei nº 11.435/2006.

Art. 144. Os interessados ou, nos casos do art. 142, o Ministério Público poderão requerer no juízo cível, contra o responsável civil, as medidas previstas nos arts. 134, 136 e 137.

Art. 144-A. O juiz determinará a alienação antecipada para preservação do valor dos bens sempre que estiverem sujeitos a qualquer grau de deterioração ou depreciação, ou quando houver dificuldade para sua manutenção.

§ 1º. O leilão far-se-á preferencialmente por meio eletrônico.

§ 2º. Os bens deverão ser vendidos pelo valor fixado na avaliação judicial ou por valor maior. Não alcançado o valor estipulado pela administração judicial, será realizado novo leilão, em até 10 (dez) dias contados da realização do primeiro, podendo os bens ser alienados por valor não inferior a 80% (oitenta por cento) do estipulado na avaliação judicial.

§ 3º. O produto da alienação ficará depositado em conta vinculada ao juízo até a decisão final do processo, procedendo-se à sua conversão em renda para a União, Estado ou Distrito Federal, no caso de condenação, ou, no caso de absolvição, à sua devolução ao acusado.

§ 4º. Quando a indisponibilidade recair sobre dinheiro, inclusive moeda estrangeira, títulos, valores mobiliários ou cheques emitidos como ordem de pagamento, o juízo determinará a conversão do numerário apreendido em moeda nacional corrente e o depósito das correspondentes quantias em conta judicial.

§ 5º. No caso da alienação de veículos, embarcações ou aeronaves, o juiz ordenará à autoridade de trânsito ou ao equivalente órgão de registro e controle a expedição de certificado de registro e licenciamento em favor do arrematante, ficando este livre do pagamento de multas, encargos e tributos anteriores, sem prejuízo de execução fiscal em relação ao antigo proprietário.

§ 6º. O valor dos títulos da dívida pública, das ações das sociedades e dos títulos de crédito negociáveis em bolsa será o da cotação oficial do dia, provada por certidão ou publicação no órgão oficial.

§ 7º. (Vetado).
* Art. 144-A acrescido pela Lei nº 12.694/2012.

CAPÍTULO VII
DO INCIDENTE DE FALSIDADE

Art. 145. Arguida, por escrito, a falsidade de documento constante dos autos, o juiz observará o seguinte processo:

I – mandará autuar em apartado a impugnação, e em seguida ouvirá a parte contrária, que, no prazo de 48 (quarenta e oito) horas, oferecerá resposta;

II – assinará o prazo de 3 (três) dias, sucessivamente, a cada uma das partes, para prova de suas alegações;

III – conclusos os autos, poderá ordenar as diligências que entender necessárias;

IV – se reconhecida a falsidade por decisão irrecorrível, mandará desentranhar o documento e remetê-lo, com os autos do processo incidente, ao Ministério Público.
* V. arts. 40; e 581, XVIII, do CPP.
* V. art. 15 da LICPP.

Art. 146. A arguição de falsidade, feita por procurador, exige poderes especiais.

Art. 147. O juiz poderá, de ofício, proceder à verificação da falsidade.

Art. 148. Qualquer que seja a decisão, não fará coisa julgada em prejuízo de ulterior processo penal ou civil.

CAPÍTULO VIII
DA INSANIDADE MENTAL DO ACUSADO
* Vide arts. 8º, 9º, 100, 108, 167, 175, 176 e 183 da LEP.

Art. 149. Quando houver dúvida sobre a integridade mental do acusado, o juiz ordenará, de ofício ou a requerimento do Ministério Público, do defensor, do curador, do ascendente, descendente, irmão ou cônjuge do acusado, seja este submetido a exame médico-legal.

§ 1º. O exame poderá ser ordenado ainda na fase do inquérito, mediante representação da autoridade policial ao juiz competente.

§ 2º. O juiz nomeará curador ao acusado, quando determinar o exame, ficando suspenso o processo, se já iniciada a ação penal, salvo quanto às diligências que possam ser prejudicadas pelo adiamento.
* V. art. 152 do CPP.

Art. 150. Para o efeito do exame, o acusado, se estiver preso, será internado em manicômio judiciário, onde houver, ou, se estiver solto, e o requererem os peritos, em estabelecimento adequado que o juiz designar.

§ 1º. O exame não durará mais de 45 (quarenta e cinco) dias, salvo se os peritos demonstrarem a necessidade de maior prazo.

§ 2º. Se não houver prejuízo para a marcha do processo, o juiz poderá autorizar sejam os autos entregues aos peritos, para facilitar o exame.

Art. 151. Se os peritos concluírem que o acusado era, ao tempo da infração, irresponsável nos termos do art. 22 do Código Penal, o processo prosseguirá, com a presença do curador.

Art. 152. Se se verificar que a doença mental sobreveio à infração o processo continuará suspenso até que o acusado se restabeleça, observado o § 2º do art. 149.
- V. art. 79, § 1º, do CPP.

§ 1º. O juiz poderá, nesse caso, ordenar a internação do acusado em manicômio judiciário ou em outro estabelecimento adequado.

§ 2º. O processo retomará o seu curso, desde que se restabeleça o acusado, ficando-lhe assegurada a faculdade de reinquirir as testemunhas que houverem prestado depoimento sem a sua presença.

Art. 153. O incidente da insanidade mental processar-se-á em auto apartado, que só depois da apresentação do laudo, será apenso ao processo principal.

Art. 154. Se a insanidade mental sobrevier no curso da execução da pena, observar-se-á o disposto no art. 682.

TÍTULO VII
DA PROVA

CAPÍTULO I
DISPOSIÇÕES GERAIS

Art. 155. O juiz formará sua convicção pela livre apreciação da prova produzida em contraditório judicial, não podendo fundamentar sua decisão exclusivamente nos elementos informativos colhidos na investigação, ressalvadas as provas cautelares, não repetíveis e antecipadas.
- Art. 155, *caput*, com redação dada pela Lei nº 11.690/2008.

Parágrafo único. Somente quanto ao estado das pessoas serão observadas as restrições estabelecidas na lei civil.
- Parágrafo único acrescido pela Lei nº 11.690/2008.
- Vide Súmula 74 do STJ.

Art. 156. A prova da alegação incumbirá a quem a fizer, sendo, porém, facultado ao juiz de ofício:
- Art. 156, *caput*, com redação dada pela Lei nº 11.690/2008.

I – ordenar, mesmo antes de iniciada a ação penal, a produção antecipada de provas consideradas urgentes e relevantes, observando a necessidade, adequação e proporcionalidade da medida;
- Inciso I acrescido pela Lei nº 11.690/2008.

II – determinar, no curso da instrução, ou antes de proferir sentença, a realização de diligências para dirimir dúvida sobre ponto relevante.
- Inciso II acrescido pela Lei nº 11.690/2008.

Art. 157. São inadmissíveis, devendo ser desentranhadas do processo, as provas ilícitas, assim entendidas as obtidas em violação a normas constitucionais ou legais.
- Art. 157, *caput*, com redação dada pela Lei nº 11.690/2008.
- Vide Tema 237 do STF.

§ 1º. São também inadmissíveis as provas derivadas das ilícitas, salvo

quando não evidenciado o nexo de causalidade entre umas e outras, ou quando as derivadas puderem ser obtidas por uma fonte independente das primeiras.
- § 1º acrescido pela Lei nº 11.690/2008.

§ 2º. Considera-se fonte independente aquela que por si só, seguindo os trâmites típicos e de praxe, próprios da investigação ou instrução criminal, seria capaz de conduzir ao fato objeto da prova.
- § 2º acrescido pela Lei nº 11.690/2008.

§ 3º. Preclusa a decisão de desentranhamento da prova declarada inadmissível, esta será inutilizada por decisão judicial, facultado às partes acompanhar o incidente.
- § 3º acrescido pela Lei nº 11.690/2008.

§ 4º. (Vetado).
- § 4º acrescido pela Lei nº 11.690/2008.

§ 5º. O juiz que conhecer do conteúdo da prova declarada inadmissível não poderá proferir a sentença ou acórdão.
- § 5º acrescido pela Lei nº 13.964/2019.
- Vide ADI 6298, ADI 6299, ADI 6300 e ADI 6305.

CAPÍTULO II
DO EXAME DE CORPO DE DELITO, DA CADEIA DE CUSTÓDIA E DAS PERÍCIAS EM GERAL
- Capítulo II com denominação dada pela Lei nº 13.964/2019.

Art. 158. Quando a infração deixar vestígios, será indispensável o exame de corpo de delito, direto ou indireto, não podendo supri-lo a confissão do acusado.
- V. arts. 6º, VIII; 167; 525; e 564, III, "b", do CPP.

Parágrafo único. Dar-se-á prioridade à realização do exame de corpo de delito quando se tratar de crime que envolva:

I – violência doméstica e familiar contra mulher;

II – violência contra criança, adolescente, idoso ou pessoa com deficiência.
- Parágrafo único acrescido pela Lei nº 13.721/2018.

Art. 158-A. Considera-se cadeia de custódia o conjunto de todos os procedimentos utilizados para manter e documentar a história cronológica do vestígio coletado em locais ou em vítimas de crimes, para rastrear sua posse e manuseio a partir de seu reconhecimento até o descarte.

§ 1º. O início da cadeia de custódia dá-se com a preservação do local de crime ou com procedimentos policiais ou periciais nos quais seja detectada a existência de vestígio.

§ 2º. O agente público que reconhecer um elemento como de potencial interesse para a produção da prova pericial fica responsável por sua preservação.

§ 3º. Vestígio é todo objeto ou material bruto, visível ou latente, constatado ou recolhido, que se relaciona à infração penal.
- Art. 158-A acrescido pela Lei nº 13.964/2019.

Art. 158-B. A cadeia de custódia compreende o rastreamento do vestígio nas seguintes etapas:

I – reconhecimento: ato de distinguir um elemento como de potencial interesse para a produção da prova pericial;

II – isolamento: ato de evitar que se altere o estado das coisas, devendo isolar e preservar o ambiente imediato, mediato e relacionado aos vestígios e local de crime;

III – fixação: descrição detalhada do vestígio conforme se encontra no local de crime ou no corpo de delito, e a sua posição na área de exames, podendo ser ilustrada por fotografias, filmagens ou croqui, sendo indispensável a sua descrição no laudo pericial produzido pelo perito responsável pelo atendimento;

IV – coleta: ato de recolher o vestígio que será submetido à análise pericial, respeitando suas características e natureza;

V – acondicionamento: procedimento por meio do qual cada vestígio coletado é embalado de forma individualizada, de acordo com suas características físicas, químicas e biológicas, para posterior análise, com anotação da data, hora e nome de quem realizou a coleta e o acondicionamento;

VI – transporte: ato de transferir o vestígio de um local para o outro, utilizando as condições adequadas (embalagens, veículos, temperatura, entre outras), de modo a garantir a manutenção de suas características originais, bem como o controle de sua posse;

VII – recebimento: ato formal de transferência da posse do vestígio, que deve ser documentado com, no mínimo, informações referentes ao número de procedimento e unidade de polícia judiciária relacionada, local de origem, nome de quem transportou o vestígio, código de rastreamento, natureza do exame, tipo do vestígio, protocolo, assinatura e identificação de quem o recebeu;

VIII – processamento: exame pericial em si, manipulação do vestígio de acordo com a metodologia adequada às suas características biológicas, físicas e químicas, a fim de se obter o resultado desejado, que deverá ser formalizado em laudo produzido por perito;

IX – armazenamento: procedimento referente à guarda, em condições adequadas, do material a ser processado, guardado para realização de contraperícia, descartado ou transportado, com vinculação ao número do laudo correspondente;

X – descarte: procedimento referente à liberação do vestígio, respeitando a legislação vigente e, quando pertinente, mediante autorização judicial.
• Art. 158-B acrescido pela Lei nº 13.964/2019.

Art. 158-C. A coleta dos vestígios deverá ser realizada preferencialmente por perito oficial, que dará o encaminhamento necessário para a central de custódia, mesmo quando for necessária a realização de exames complementares.

§ 1º. Todos vestígios coletados no decurso do inquérito ou processo devem ser tratados como descrito nesta Lei, ficando órgão central de perícia oficial de natureza criminal responsável por detalhar a forma do seu cumprimento.

§ 2º. É proibida a entrada em locais isolados bem como a remoção de quaisquer vestígios de locais de crime antes da liberação por parte do perito responsável, sendo tipificada como fraude processual a sua realização.
- Art. 158-C acrescido pela Lei nº 13.964/2019.

Art. 158-D. O recipiente para acondicionamento do vestígio será determinado pela natureza do material.

§ 1º. Todos os recipientes deverão ser selados com lacres, com numeração individualizada, de forma a garantir a inviolabilidade e a idoneidade do vestígio durante o transporte.

§ 2º. O recipiente deverá individualizar o vestígio, preservar suas características, impedir contaminação e vazamento, ter grau de resistência adequado e espaço para registro de informações sobre seu conteúdo.

§ 3º. O recipiente só poderá ser aberto pelo perito que vai proceder à análise e, motivadamente, por pessoa autorizada.

§ 4º. Após cada rompimento de lacre, deve se fazer constar na ficha de acompanhamento de vestígio o nome e a matrícula do responsável, a data, o local, a finalidade, bem como as informações referentes ao novo lacre utilizado.

§ 5º. O lacre rompido deverá ser acondicionado no interior do novo recipiente.
- Art. 158-D acrescido pela Lei nº 13.964/2019.

Art. 158-E. Todos os Institutos de Criminalística deverão ter uma central de custódia destinada à guarda e controle dos vestígios, e sua gestão deve ser vinculada diretamente ao órgão central de perícia oficial de natureza criminal.

§ 1º. Toda central de custódia deve possuir os serviços de protocolo, com local para conferência, recepção, devolução de materiais e documentos, possibilitando a seleção, a classificação e a distribuição de materiais, devendo ser um espaço seguro e apresentar condições ambientais que não interfiram nas características do vestígio.

§ 2º. Na central de custódia, a entrada e a saída de vestígio deverão ser protocoladas, consignando-se informações sobre a ocorrência no inquérito que a eles se relacionam.

§ 3º. Todas as pessoas que tiverem acesso ao vestígio armazenado deverão ser identificadas e deverão ser registradas a data e a hora do acesso.

§ 4º. Por ocasião da tramitação do vestígio armazenado, todas as ações deverão ser registradas, consignando-se a identificação do responsável pela tramitação, a destinação, a data e horário da ação.
- Art. 158-E acrescido pela Lei nº 13.964/2019.

Art. 158-F. Após a realização da perícia, o material deverá ser devolvido à central de custódia, devendo nela permanecer.

Parágrafo único. Caso a central de custódia não possua espaço ou condições de armazenar determi-

nado material, deverá a autoridade policial ou judiciária determinar as condições de depósito do referido material em local diverso, mediante requerimento do diretor do órgão central de perícia oficial de natureza criminal.
- Art. 158-F acrescido pela Lei nº 13.964/2019.

Art. 159. O exame de corpo de delito e outras perícias serão realizados por perito oficial, portador de diploma de curso superior.
- Art. 159, *caput*, com redação dada pela Lei nº 11.690/2008.
- V. arts. 178 e 280 do CPP.

§ 1º. Na falta de perito oficial, o exame será realizado por 2 (duas) pessoas idôneas, portadoras de diploma de curso superior preferencialmente na área específica, dentre as que tiverem habilitação técnica relacionada com a natureza do exame.
- § 1º com redação dada pela Lei nº 11.690/2008.
- V. art. 179 do CPP.

§ 2º. Os peritos não oficiais prestarão o compromisso de bem e fielmente desempenhar o encargo.
- § 2º com redação dada pela Lei nº 11.690/2008.
- V. arts. 275 a 279 do CPP.

§ 3º. Serão facultadas ao Ministério Público, ao assistente de acusação, ao ofendido, ao querelante e ao acusado a formulação de quesitos e indicação de assistente técnico.
- § 3º acrescido pela Lei nº 11.690/2008.

§ 4º. O assistente técnico atuará a partir de sua admissão pelo juiz e após a conclusão dos exames e elaboração do laudo pelos peritos oficiais, sendo as partes intimadas desta decisão.
- § 4º acrescido pela Lei nº 11.690/2008.

§ 5º. Durante o curso do processo judicial, é permitido às partes, quanto à perícia:

I – requerer a oitiva dos peritos para esclarecerem a prova ou para responderem a quesitos, desde que o mandado de intimação e os quesitos ou questões a serem esclarecidas sejam encaminhados com antecedência mínima de 10 (dez) dias, podendo apresentar as respostas em laudo complementar;

II – indicar assistentes técnicos que poderão apresentar pareceres em prazo a ser fixado pelo juiz ou ser inquiridos em audiência.
- § 5º acrescido pela Lei nº 11.690/2008.

§ 6º. Havendo requerimento das partes, o material probatório que serviu de base à perícia será disponibilizado no ambiente do órgão oficial, que manterá sempre sua guarda, e na presença de perito oficial, para exame pelos assistentes, salvo se for impossível a sua conservação.
- § 6º acrescido pela Lei nº 11.690/2008.

§ 7º. Tratando-se de perícia complexa que abranja mais de uma área de conhecimento especializado, poder-se-á designar a atuação de mais de um perito oficial, e a parte indicar mais de um assistente técnico.
- § 7º acrescido pela Lei nº 11.690/2008.

Art. 160. Os peritos elaborarão o laudo pericial, onde descreverão minuciosamente o que examinarem, e responderão aos quesitos formulados.

Parágrafo único. O laudo pericial será elaborado no prazo máximo de 10

(dez) dias, podendo este prazo ser prorrogado, em casos excepcionais, a requerimento dos peritos.
- Art. 160 com redação dada pela Lei nº 8.862/1994.
- V. art. 179, parágrafo único, do CPP.

Art. 161. O exame de corpo de delito poderá ser feito em qualquer dia e a qualquer hora.
- V. art. 6º, VII, do CPP.

Art. 162. A autópsia será feita pelo menos 6 (seis) horas depois do óbito, salvo se os peritos, pela evidência dos sinais de morte, julgarem que possa ser feita antes daquele prazo, o que declararão no auto.

Parágrafo único. Nos casos de morte violenta, bastará o simples exame externo do cadáver, quando não houver infração penal que apurar, ou quando as lesões externas permitirem precisar a causa da morte e não houver necessidade de exame interno para a verificação de alguma circunstância relevante.

Art. 163. Em caso de exumação para exame cadavérico, a autoridade providenciará para que, em dia e hora previamente marcados, se realize a diligência, da qual se lavrará auto circunstanciado.

Parágrafo único. O administrador de cemitério público ou particular indicará o lugar da sepultura, sob pena de desobediência. No caso de recusa ou de falta de quem indique a sepultura, ou de encontrar-se o cadáver em lugar não destinado a inumações, a autoridade procederá às pesquisas necessárias, o que tudo constará do auto.

Art. 164. Os cadáveres serão sempre fotografados na posição em que forem encontrados, bem como, na medida do possível, todas as lesões externas e vestígios deixados no local do crime.
- Art. 164 com redação dada pela Lei nº 8.862/1994.
- V. art. 6º, I, do CPP.

Art. 165. Para representar as lesões encontradas no cadáver, os peritos, quando possível, juntarão ao laudo do exame provas fotográficas, esquemas ou desenhos, devidamente rubricados.

Art. 166. Havendo dúvida sobre a identidade do cadáver exumado, proceder-se-á ao reconhecimento pelo Instituto de Identificação e Estatística ou repartição congênere ou pela inquirição de testemunhas, lavrando-se auto de reconhecimento e de identidade, no qual se descreverá o cadáver, com todos os sinais e indicações.

Parágrafo único. Em qualquer caso, serão arrecadados e autenticados todos os objetos encontrados, que possam ser úteis para a identificação do cadáver.

Art. 167. Não sendo possível o exame de corpo de delito, por haverem desaparecido os vestígios, a prova testemunhal poderá suprir-lhe a falta.
- V. arts. 158; 202 a 225; e 564, III, "b", do CPP.

Art. 168. Em caso de lesões corporais, se o primeiro exame pericial tiver sido incompleto, proceder-se-á a exame complementar por determinação da autoridade policial ou judiciária, de ofício, ou a requerimento do Ministério Público, do ofendido ou do acusado, ou de seu defensor.

§ 1º. No exame complementar, os peritos terão presente o auto de corpo de delito, a fim de suprir-lhe a deficiência ou retificá-lo.

§ 2º. Se o exame tiver por fim precisar a classificação do delito no art. 129, § 1º, I, do Código Penal, deverá ser feito logo que decorra o prazo de 30 (trinta) dias, contado da data do crime.

§ 3º. A falta de exame complementar poderá ser suprida pela prova testemunhal.
- V. arts. 202 a 225 do CPP.

Art. 169. Para o efeito de exame do local onde houver sido praticada a infração, a autoridade providenciará imediatamente para que não se altere o estado das coisas até a chegada dos peritos, que poderão instruir seus laudos com fotografias, desenhos ou esquemas elucidativos.
- V. art. 6º, I, do CPP.

Parágrafo único. Os peritos registrarão, no laudo, as alterações do estado das coisas e discutirão, no relatório, as consequências dessas alterações na dinâmica dos fatos.
- Parágrafo único acrescido pela Lei nº 8.862/1994.

Art. 170. Nas perícias de laboratório, os peritos guardarão material suficiente para a eventualidade de nova perícia. Sempre que conveniente, os laudos serão ilustrados com provas fotográficas, ou microfotográficas, desenhos ou esquemas.

Art. 171. Nos crimes cometidos com destruição ou rompimento de obstáculo a subtração da coisa, ou por meio de escalada, os peritos, além de descrever os vestígios, indicarão com que instrumentos, por que meios e em que época presumem ter sido o fato praticado.

Art. 172. Proceder-se-á, quando necessário, à avaliação de coisas destruídas, deterioradas ou que constituam produto do crime.

Parágrafo único. Se impossível a avaliação direta, os peritos procederão à avaliação por meio dos elementos existentes nos autos e dos que resultarem de diligências.
- V. art. 387, IV, do CPP.

Art. 173. No caso de incêndio, os peritos verificarão a causa e o lugar em que houver começado, o perigo que dele tiver resultado para a vida ou para o patrimônio alheio, a extensão do dano e o seu valor e as demais circunstâncias que interessarem à elucidação do fato.
- V. art. 387, IV, do CPP.

Art. 174. No exame para o reconhecimento de escritos, por comparação de letra, observar-se-á o seguinte:

I – a pessoa a quem se atribua ou se possa atribuir o escrito será intimada para o ato, se for encontrada;

II – para a comparação, poderão servir quaisquer documentos que a dita pessoa reconhecer ou já tiverem sido judicialmente reconhecidos como de seu punho, ou sobre cuja autenticidade não houver dúvida;

III – a autoridade, quando necessário, requisitará, para o exame, os documentos que existirem em arquivos ou estabelecimentos públicos, ou nestes realizará a diligência, se daí não puderem ser retirados;

IV – quando não houver escritos para a comparação ou forem insuficientes os exibidos, a autoridade mandará que a pessoa escreva o que lhe for ditado. Se estiver ausente a pessoa, mas em lugar certo, esta última diligência poderá ser feita por precatória, em que se consignarão as palavras que a pessoa será intimada a escrever.

Art. 175. Serão sujeitos a exame os instrumentos empregados para a prática da infração, a fim de se lhes verificar a natureza e a eficiência.
- V. art. 6º, II, do CPP.

Art. 176. A autoridade e as partes poderão formular quesitos até o ato da diligência.
- V. art. 14 do CPP.

Art. 177. No exame por precatória, a nomeação dos peritos far-se-á no juízo deprecado. Havendo, porém, no caso de ação privada, acordo das partes, essa nomeação poderá ser feita pelo juiz deprecante.
- V. arts. 276 e 277 do CPP.

Parágrafo único. Os quesitos do juiz e das partes serão transcritos na precatória.

Art. 178. No caso do art. 159, o exame será requisitado pela autoridade ao diretor da repartição, juntando-se ao processo o laudo assinado pelos peritos.

Art. 179. No caso do § 1º do art. 159, o escrivão lavrará o auto respectivo, que será assinado pelos peritos e, se presente ao exame, também pela autoridade.

Parágrafo único. No caso do art. 160, parágrafo único, o laudo, que poderá ser datilografado, será subscrito e rubricado em suas folhas por todos os peritos.

Art. 180. Se houver divergência entre os peritos, serão consignadas no auto do exame as declarações e respostas de um e de outro, ou cada um redigirá separadamente o seu laudo, e a autoridade nomeará um terceiro; se este divergir de ambos, a autoridade poderá mandar proceder a novo exame por outros peritos.

Art. 181. No caso de inobservância de formalidades, ou no caso de omissões, obscuridades ou contradições, a autoridade judiciária mandará suprir a formalidade, complementar ou esclarecer o laudo.
- Art. 181, *caput*, com redação dada pela Lei nº 8.862/1994.
- V. arts. 563; 564, IV; 566; e 572 do CPP.

Parágrafo único. A autoridade poderá também ordenar que se proceda a novo exame, por outros peritos, se julgar conveniente.

Art. 182. O juiz não ficará adstrito ao laudo, podendo aceitá-lo ou rejeitá-lo, no todo ou em parte.
- V. art. 155 do CPP.

Art. 183. Nos crimes em que não couber ação pública, observar-se-á o disposto no art. 19.
- V. art. 525 do CPP.

Art. 184. Salvo o caso de exame de corpo de delito, o juiz ou a autoridade

policial negará a perícia requerida pelas partes, quando não for necessária ao esclarecimento da verdade.
- V. art. 14 do CPP.

CAPÍTULO III
DO INTERROGATÓRIO DO ACUSADO

Art. 185. O acusado que comparecer perante a autoridade judiciária, no curso do processo penal, será qualificado e interrogado na presença de seu defensor, constituído ou nomeado.
- Art. 185, *caput*, com redação dada pela Lei nº 10.792/2003.
- V. arts. 474; 564, III, "e"; e 616 do CPP.
- Vide Súmula 523 do STF.

§ 1º. O interrogatório do réu preso será realizado, em sala própria, no estabelecimento em que estiver recolhido, desde que estejam garantidas a segurança do juiz, do membro do Ministério Público e dos auxiliares bem como a presença do defensor e a publicidade do ato.
- § 1º com redação dada pela Lei nº 11.900/2009.
- V. § 7º deste artigo.

§ 2º. Excepcionalmente, o juiz, por decisão fundamentada, de ofício ou a requerimento das partes, poderá realizar o interrogatório do réu preso por sistema de videoconferência ou outro recurso tecnológico de transmissão de sons e imagens em tempo real, desde que a medida seja necessária para atender a uma das seguintes finalidades:
- § 2º, *caput*, com redação dada pela Lei nº 11.900/2009.
- V. §§ 7º e 8º deste artigo.

I – prevenir risco à segurança pública, quando exista fundada suspeita de que o preso integre organização criminosa ou de que, por outra razão, possa fugir durante o deslocamento;
- Inciso I acrescido pela Lei nº 11.900/2009.

II – viabilizar a participação do réu no referido ato processual, quando haja relevante dificuldade para seu comparecimento em juízo, por enfermidade ou outra circunstância pessoal;
- Inciso II acrescido pela Lei nº 11.900/2009.

III – impedir a influência do réu no ânimo de testemunha ou da vítima, desde que não seja possível colher o depoimento destas por videoconferência, nos termos do art. 217 deste Código;
- Inciso III acrescido pela Lei nº 11.900/2009.

IV – responder à gravíssima questão de ordem pública.
- Inciso IV acrescido pela Lei nº 11.900/2009.

§ 3º. Da decisão que determinar a realização de interrogatório por videoconferência, as partes serão intimadas com 10 (dez) dias de antecedência.
- § 3º acrescido pela Lei nº 11.900/2009.
- V. § 8º deste artigo.

§ 4º. Antes do interrogatório por videoconferência, o preso poderá acompanhar, pelo mesmo sistema tecnológico, a realização de todos os atos da audiência única de instrução e julgamento de que tratam os arts. 400, 411 e 531 deste Código.
- § 4º acrescido pela Lei nº 11.900/2009.
- V. § 8º deste artigo.

§ 5º. Em qualquer modalidade de interrogatório, o juiz garantirá ao réu o direito de entrevista prévia e reservada com o seu defensor; se realiza-

do por videoconferência, fica também garantido o acesso a canais telefônicos reservados para comunicação entre o defensor que esteja no presídio e o advogado presente na sala de audiência do Fórum, e entre este e o preso.
- § 5º acrescido pela Lei nº 11.900/2009.
- V. § 8º deste artigo.

§ 6º. A sala reservada no estabelecimento prisional para a realização de atos processuais por sistema de videoconferência será fiscalizada pelos corregedores e pelo juiz de cada causa, como também pelo Ministério Público e pela Ordem dos Advogados do Brasil.
- § 6º acrescido pela Lei nº 11.900/2009.

§ 7º. Será requisitada a apresentação do réu preso em juízo nas hipóteses em que o interrogatório não se realizar na forma prevista nos §§ 1º e 2º deste artigo.
- § 7º acrescido pela Lei nº 11.900/2009.

§ 8º. Aplica-se o disposto nos §§ 2º, 3º, 4º e 5º deste artigo, no que couber, à realização de outros atos processuais que dependam da participação de pessoa que esteja presa, como acareação, reconhecimento de pessoas e coisas, e inquirição de testemunha ou tomada de declarações do ofendido.
- § 8º acrescido pela Lei nº 11.900/2009.
- V. § 9º deste artigo.

§ 9º. Na hipótese do § 8º deste artigo, fica garantido o acompanhamento do ato processual pelo acusado e seu defensor.
- § 9º acrescido pela Lei nº 11.900/2009.

§ 10. Do interrogatório deverá constar a informação sobre a existência de filhos, respectivas idades e se possuem alguma deficiência e o nome e o contato de eventual responsável pelos cuidados dos filhos, indicado pela pessoa presa.
- § 10 acrescido pela Lei nº 13.257/2016.

Art. 186. Depois de devidamente qualificado e cientificado do inteiro teor da acusação, o acusado será informado pelo juiz, antes de iniciar o interrogatório, do seu direito de permanecer calado e de não responder perguntas que lhe forem formuladas.
- Art. 186, *caput*, com redação dada pela Lei nº 10.792/2003.
- V. arts. 261 a 263 do CPP.

Parágrafo único. O silêncio, que não importará em confissão, não poderá ser interpretado em prejuízo da defesa.
- Parágrafo único acrescido pela Lei nº 10.792/2003.

Art. 187. O interrogatório será constituído de duas partes: sobre a pessoa do acusado e sobre os fatos.
- Art. 187, *caput*, com redação dada pela Lei nº 10.792/2003.

§ 1º. Na primeira parte o interrogando será perguntado sobre a residência, meios de vida ou profissão, oportunidades sociais, lugar onde exerce a sua atividade, vida pregressa, notadamente se foi preso ou processado alguma vez e, em caso afirmativo, qual o juízo do processo, se houve suspensão condicional ou condenação, qual a pena imposta, se a cumpriu e outros dados familiares e sociais.
- § 1º acrescido pela Lei nº 10.792/2003.

§ 2º. Na segunda parte será perguntado sobre:

I – ser verdadeira a acusação que lhe é feita;

II – não sendo verdadeira a acusação, se tem algum motivo particular a que atribuí-la, se conhece a pessoa ou pessoas a quem deva ser imputada a prática do crime, e quais sejam, e se com elas esteve antes da prática da infração ou depois dela;

III – onde estava ao tempo em que foi cometida a infração e se teve notícia desta;

IV – as provas já apuradas;

V – se conhece as vítimas e testemunhas já inquiridas ou por inquirir, e desde quando, e se tem o que alegar contra elas;

VI – se conhece o instrumento com que foi praticada a infração, ou qualquer objeto que com esta se relacione e tenha sido apreendido;

VII – todos os demais fatos e pormenores que conduzam à elucidação dos antecedentes e circunstâncias da infração;

VIII – se tem algo mais a alegar em sua defesa.
- § 2º acrescido pela Lei nº 10.792/2003.

Art. 188. Após proceder ao interrogatório, o juiz indagará das partes se restou algum fato para ser esclarecido, formulando as perguntas correspondentes se o entender pertinente e relevante.
- Art. 188 com redação dada pela Lei nº 10.792/2003.

Art. 189. Se o interrogando negar a acusação, no todo ou em parte, poderá prestar esclarecimentos e indicar provas.
- Art. 189 com redação dada pela Lei nº 10.792/2003.

Art. 190. Se confessar a autoria, será perguntado sobre os motivos e circunstâncias do fato e se outras pessoas concorreram para a infração, e quais sejam.
- Art. 190 com redação dada pela Lei nº 10.792/2003.
- V. art. 200 do CPP.

Art. 191. Havendo mais de um acusado, serão interrogados separadamente.
- Art. 191 com redação dada pela Lei nº 10.792/2003.

Art. 192. O interrogatório do mudo, do surdo ou do surdo-mudo será feito pela forma seguinte:
- V. art. 223 do CPP.

I – ao surdo serão apresentadas por escrito as perguntas, que ele responderá oralmente;

II – ao mudo as perguntas serão feitas oralmente, respondendo-as por escrito;

III – ao surdo-mudo as perguntas serão formuladas por escrito e do mesmo modo dará as respostas.

Parágrafo único. Caso o interrogando não saiba ler ou escrever, intervirá no ato, como intérprete e sob compromisso, pessoa habilitada a entendê-lo.
- Art. 192 com redação dada pela Lei nº 10.792/2003.
- V. art. 281 do CPP.

Art. 193. Quando o interrogando não falar a língua nacional, o inter-

rogatório será feito por meio de intérprete.
- Art. 193 com redação dada pela Lei nº 10.792/2003.
- V. art. 281 do CPP.

Art. 194. (Revogado).
- Art. 194 revogado pela Lei nº 10.792/2003.

Art. 195. Se o interrogado não souber escrever, não puder ou não quiser assinar, tal fato será consignado no termo.
- Art. 195 com redação dada pela Lei nº 10.792/2003.
- V. arts. 199 e 405 do CPP.

Art. 196. A todo tempo o juiz poderá proceder a novo interrogatório de ofício ou a pedido fundamentado de qualquer das partes.
- Art. 196 com redação dada pela Lei nº 10.792/2003.
- V. art. 616 do CPP.

CAPÍTULO IV
DA CONFISSÃO

Art. 197. O valor da confissão se aferirá pelos critérios adotados para os outros elementos de prova, e para a sua apreciação o juiz deverá confrontá-la com as demais provas do processo, verificando se entre ela e estas existe compatibilidade ou concordância.
- V. art. 155 do CPP.

Art. 198. O silêncio do acusado não importará confissão, mas poderá constituir elemento para a formação do convencimento do juiz.
- V. art. 186 do CPP.

Art. 199. A confissão, quando feita fora do interrogatório, será tomada por termo nos autos, observado o disposto no art. 195.

Art. 200. A confissão será divisível e retratável, sem prejuízo do livre convencimento do juiz, fundado no exame das provas em conjunto.

CAPÍTULO V
DO OFENDIDO
- Capítulo V com denominação dada pela Lei nº 11.690/2008.

Art. 201. Sempre que possível, o ofendido será qualificado e perguntado sobre as circunstâncias da infração, quem seja ou presuma ser o seu autor, as provas que possa indicar, tomando-se por termo as suas declarações.
- Art. 201, *caput*, com redação dada pela Lei nº 11.690/2008.
- V. art. 473 do CPP.

§ 1º. Se, intimado para esse fim, deixar de comparecer sem motivo justo, o ofendido poderá ser conduzido à presença da autoridade.
- § 1º acrescido pela Lei nº 11.690/2008.

§ 2º. O ofendido será comunicado dos atos processuais relativos ao ingresso e à saída do acusado da prisão, à designação de data para audiência e à sentença e respectivos acórdãos que a mantenham ou modifiquem.
- § 2º acrescido pela Lei nº 11.690/2008.

§ 3º. As comunicações ao ofendido deverão ser feitas no endereço por ele indicado, admitindo-se, por opção do ofendido, o uso de meio eletrônico.
- § 3º acrescido pela Lei nº 11.690/2008.

§ 4º. Antes do início da audiência e durante a sua realização, será reser-

vado espaço separado para o ofendido.
• § 4º acrescido pela Lei nº 11.690/2008.

§ 5º. Se o juiz entender necessário, poderá encaminhar o ofendido para atendimento multidisciplinar, especialmente nas áreas psicossocial, de assistência jurídica e de saúde, a expensas do ofensor ou do Estado.
• § 5º acrescido pela Lei nº 11.690/2008.

§ 6º. O juiz tomará as providências necessárias à preservação da intimidade, vida privada, honra e imagem do ofendido, podendo, inclusive, determinar o segredo de justiça em relação aos dados, depoimentos e outras informações constantes dos autos a seu respeito para evitar sua exposição aos meios de comunicação.
• § 6º acrescido pela Lei nº 11.690/2008.

CAPÍTULO VI
DAS TESTEMUNHAS

Art. 202. Toda pessoa poderá ser testemunha.

Art. 203. A testemunha fará, sob palavra de honra, a promessa de dizer a verdade do que souber e lhe for perguntado, devendo declarar seu nome, sua idade, seu estado e sua residência, sua profissão, lugar onde exerce sua atividade, se é parente, e em que grau, de alguma das partes, ou quais suas relações com qualquer delas, e relatar o que souber, explicando sempre as razões de sua ciência ou as circunstâncias pelas quais possa avaliar-se de sua credibilidade.
• V. art. 208 do CPP.

Art. 204. O depoimento será prestado oralmente, não sendo permitido à testemunha trazê-lo por escrito.
• V. arts. 221 e 223 do CPP.

Parágrafo único. Não será vedada à testemunha, entretanto, breve consulta a apontamentos.

Art. 205. Se ocorrer dúvida sobre a identidade da testemunha, o juiz procederá à verificação pelos meios ao seu alcance, podendo, entretanto, tomar-lhe o depoimento desde logo.

Art. 206. A testemunha não poderá eximir-se da obrigação de depor. Poderão, entretanto, recusar-se a fazê-lo o ascendente ou descendente, o afim em linha reta, o cônjuge, ainda que desquitado, o irmão e o pai, a mãe, ou o filho adotivo do acusado, salvo quando não for possível, por outro modo, obter-se ou integrar-se a prova do fato e de suas circunstâncias.
• V. art. 208 do CPP.

Art. 207. São proibidas de depor as pessoas que, em razão de função, ministério, ofício ou profissão, devam guardar segredo, salvo se, desobrigadas pela parte interessada, quiserem dar o seu testemunho.
• V. art. 214 do CPP.

Art. 208. Não se deferirá o compromisso a que alude o art. 203 aos doentes e deficientes mentais e aos menores de 14 (quatorze) anos, nem às pessoas a que se refere o art. 206.
• V. art. 214 do CPP.

Art. 209. O juiz, quando julgar necessário, poderá ouvir outras testemunhas, além das indicadas pelas partes.

§ 1º. Se ao juiz parecer conveniente, serão ouvidas as pessoas a que as testemunhas se referirem.

§ 2º. Não será computada como testemunha a pessoa que nada souber que interesse à decisão da causa.
- V. art. 401, § 2º, do CPP.

Art. 210. As testemunhas serão inquiridas cada uma de *per si*, de modo que umas não saibam nem ouçam os depoimentos das outras, devendo o juiz adverti-las das penas cominadas ao falso testemunho.
- Art. 210, *caput*, com redação dada pela Lei nº 11.690/2008.

Parágrafo único. Antes do início da audiência e durante a sua realização, serão reservados espaços separados para a garantia da incomunicabilidade das testemunhas.
- Parágrafo único acrescido pela Lei nº 11.690/2008.

Art. 211. Se o juiz, ao pronunciar sentença final, reconhecer que alguma testemunha fez afirmação falsa, calou ou negou a verdade, remeterá cópia do depoimento à autoridade policial para a instauração de inquérito.
- Vide Súmula 165 do STJ.

Parágrafo único. Tendo o depoimento sido prestado em plenário de julgamento, o juiz, no caso de proferir decisão na audiência (art. 538, § 2º)♦, o tribunal (art. 561)♦♦, ou o conselho de sentença, após a votação dos quesitos, poderão fazer apresentar imediatamente a testemunha à autoridade policial.
- ♦ O § 2º do art. 538 foi revogado pela Lei nº 11.719/2008.
- ♦♦ O art. 561 foi revogado pela Lei nº 8.658/1993.

Art. 212. As perguntas serão formuladas pelas partes diretamente à testemunha, não admitindo o juiz aquelas que puderem induzir a resposta, não tiverem relação com a causa ou importarem na repetição de outra já respondida.
- Art. 212, *caput*, com redação dada pela Lei nº 11.690/2008.

Parágrafo único. Sobre os pontos não esclarecidos, o juiz poderá complementar a inquirição.
- Parágrafo único acrescido pela Lei nº 11.690/2008.

Art. 213. O juiz não permitirá que a testemunha manifeste suas apreciações pessoais, salvo quando inseparáveis da narrativa do fato.

Art. 214. Antes de iniciado o depoimento, as partes poderão contraditar a testemunha ou arguir circunstâncias ou defeitos, que a tornem suspeita de parcialidade, ou indigna de fé. O juiz fará consignar a contradita ou arguição e a resposta da testemunha, mas só excluirá a testemunha ou não lhe deferirá compromisso nos casos previstos nos arts. 207 e 208.

Art. 215. Na redação do depoimento, o juiz deverá cingir-se, tanto quanto possível, às expressões usadas pelas testemunhas, reproduzindo fielmente as suas frases.

Art. 216. O depoimento da testemunha será reduzido a termo, assinado

por ela, pelo juiz e pelas partes. Se a testemunha não souber assinar, ou não puder fazê-lo, pedirá a alguém que o faça por ela, depois de lido na presença de ambos.
• V. art. 405 do CPP.

Art. 217. Se o juiz verificar que a presença do réu poderá causar humilhação, temor, ou sério constrangimento à testemunha ou ao ofendido, de modo que prejudique a verdade do depoimento, fará a inquirição por videoconferência e, somente na impossibilidade dessa forma, determinará a retirada do réu, prosseguindo na inquirição, com a presença do seu defensor.
• Art. 217, *caput*, com redação dada pela Lei nº 11.690/2008.
• V. art. 185, § 2º, III, do CPP.

Parágrafo único. A adoção de qualquer das medidas previstas no *caput* deste artigo deverá constar do termo, assim como os motivos que a determinaram.
• Parágrafo único acrescido pela Lei nº 11.690/2008.

Art. 218. Se, regularmente intimada, a testemunha deixar de comparecer sem motivo justificado, o juiz poderá requisitar à autoridade policial a sua apresentação ou determinar seja conduzida por oficial de justiça, que poderá solicitar o auxílio da força pública.
• V. art. 221, § 3º, do CPP.

Art. 219. O juiz poderá aplicar à testemunha faltosa a multa prevista no art. 453*, sem prejuízo do processo penal por crime de desobediência, e condená-la ao pagamento das custas da diligência.
• Art. 219 com redação dada pela Lei nº 6.416/1977.
♦ Refere-se à redação anterior às alterações promovidas pela Lei nº 11.689/2008. V. atual art. 436, § 2º, do CPP.

Art. 220. As pessoas impossibilitadas, por enfermidade ou por velhice, de comparecer para depor, serão inquiridas onde estiverem.
• V. art. 792, § 2º, do CPP.

Art. 221. O Presidente e o Vice-Presidente da República, os senadores e deputados federais, os ministros de Estado, os governadores de Estados e Territórios, os secretários de Estado, os prefeitos do Distrito Federal e dos Municípios, os deputados às Assembleias Legislativas Estaduais, os membros do Poder Judiciário, os ministros e juízes dos Tribunais de Contas da União, dos Estados, do Distrito Federal, bem como os do Tribunal Marítimo serão inquiridos em local, dia e hora previamente ajustados entre eles e o juiz.
• Art. 221, *caput*, com redação dada pela Lei nº 3.653/1959.

§ 1º. O Presidente e o Vice-Presidente da República, os presidentes do Senado Federal, da Câmara dos Deputados e do Supremo Tribunal Federal poderão optar pela prestação de depoimento por escrito, caso em que as perguntas, formuladas pelas partes e deferidas pelo juiz, lhes serão transmitidas por ofício.
• § 1º com redação dada pela Lei nº 6.416/1977.

§ 2º. Os militares deverão ser requisitados à autoridade superior.
• § 2º com redação dada pela Lei nº 6.416/1977.

§ 3º. Aos funcionários públicos aplicar-se-á o disposto no art. 218, devendo, porém, a expedição do mandado ser imediatamente comunicada ao chefe da repartição em que servirem, com indicação do dia e da hora marcados.
- § 3º acrescido pela Lei nº 6.416/1977.

Art. 222. A testemunha que morar fora da jurisdição do juiz será inquirida pelo juiz do lugar de sua residência, expedindo-se, para esse fim, carta precatória, com prazo razoável, intimadas as partes.
- V. arts. 400 e 531 do CPP.
- Vide Súmula 155 do STF.
- Vide Súmula 273 do STJ.

§ 1º. A expedição da precatória não suspenderá a instrução criminal.

§ 2º. Findo o prazo marcado, poderá realizar-se o julgamento, mas, a todo tempo, a precatória, uma vez devolvida, será junta aos autos.

§ 3º. Na hipótese prevista no *caput* deste artigo, a oitiva de testemunha poderá ser realizada por meio de videoconferência ou outro recurso tecnológico de transmissão de sons e imagens em tempo real, permitida a presença do defensor e podendo ser realizada, inclusive, durante a realização da audiência de instrução e julgamento.
- § 3º acrescido pela Lei nº 11.900/2009.
- Vide Súmula 523 do STF.

Art. 222-A. As cartas rogatórias só serão expedidas se demonstrada previamente a sua imprescindibilidade, arcando a parte requerente com os custos de envio.

Parágrafo único. Aplica-se às cartas rogatórias o disposto nos §§ 1º e 2º do art. 222 deste Código.
- Art. 222-A acrescido pela Lei nº 11.900/2009.

Art. 223. Quando a testemunha não conhecer a língua nacional, será nomeado intérprete para traduzir as perguntas e respostas.
- V. art. 193 do CPP.

Parágrafo único. Tratando-se de mudo, surdo ou surdo-mudo, proceder-se-á na conformidade do art. 192.

Art. 224. As testemunhas comunicarão ao juiz, dentro de 1 (um) ano, qualquer mudança de residência, sujeitando-se, pela simples omissão, às penas do não comparecimento.
- V. arts. 219; 436, § 2º; e 458 do CPP.

Art. 225. Se qualquer testemunha houver de ausentar-se, ou, por enfermidade ou por velhice, inspirar receio de que ao tempo da instrução criminal já não exista, o juiz poderá, de ofício ou a requerimento de qualquer das partes, tomar-lhe antecipadamente o depoimento.
- V. art. 156, I, do CPP.

CAPÍTULO VII
DO RECONHECIMENTO DE PESSOAS E COISAS

Art. 226. Quando houver necessidade de fazer-se o reconhecimento de pessoa, proceder-se-á pela seguinte forma:
- V. art. 6º, VI, do CPP.

I – a pessoa que tiver de fazer o reconhecimento será convidada a descrever a pessoa que deva ser reconhecida;

II – a pessoa, cujo reconhecimento se pretender, será colocada, se possível, ao lado de outras que com ela tiverem qualquer semelhança, convidando-se quem tiver de fazer o reconhecimento a apontá-la;

III – se houver razão para recear que a pessoa chamada para o reconhecimento, por efeito de intimidação ou outra influência, não diga a verdade em face da pessoa que deve ser reconhecida, a autoridade providenciará para que esta não veja aquela;

IV – do ato de reconhecimento lavrar-se-á auto pormenorizado, subscrito pela autoridade, pela pessoa chamada para proceder ao reconhecimento e por 2 (duas) testemunhas presenciais.

Parágrafo único. O disposto no nº III deste artigo não terá aplicação na fase da instrução criminal ou em plenário de julgamento.

Art. 227. No reconhecimento de objeto, proceder-se-á com as cautelas estabelecidas no artigo anterior, no que for aplicável.

Art. 228. Se várias forem as pessoas chamadas a efetuar o reconhecimento de pessoa ou de objeto, cada uma fará a prova em separado, evitando-se qualquer comunicação entre elas.

CAPÍTULO VIII
DA ACAREAÇÃO

Art. 229. A acareação será admitida entre acusados, entre acusado e testemunha, entre testemunhas, entre acusado ou testemunha e a pessoa ofendida, e entre as pessoas ofendidas, sempre que divergirem, em suas declarações, sobre fatos ou circunstâncias relevantes.
• V. arts. 400; 411; 473, § 3º; e 531 do CPP.

Parágrafo único. Os acareados serão reperguntados, para que expliquem os pontos de divergências, reduzindo-se a termo o ato de acareação.

Art. 230. Se ausente alguma testemunha, cujas declarações divirjam das de outra, que esteja presente, a esta se darão a conhecer os pontos da divergência, consignando-se no auto o que explicar ou observar. Se subsistir a discordância, expedir-se-á precatória à autoridade do lugar onde resida a testemunha ausente, transcrevendo-se as declarações desta e as da testemunha presente, nos pontos em que divergirem, bem como o texto do referido auto, a fim de que se complete a diligência, ouvindo-se a testemunha ausente, pela mesma forma estabelecida para a testemunha presente. Esta diligência só se realizará quando não importe demora prejudicial ao processo e o juiz a entenda conveniente.
• V. art. 222 do CPP.

CAPÍTULO IX
DOS DOCUMENTOS

Art. 231. Salvo os casos expressos em lei, as partes poderão apresentar documentos em qualquer fase do processo.
• V. arts. 233, 234 e 479 do CPP.

Art. 232. Consideram-se documentos quaisquer escritos, instrumentos ou papéis, públicos ou particulares.

Parágrafo único. À fotografia do documento, devidamente autenticada, se dará o mesmo valor do original.

Art. 233. As cartas particulares, interceptadas ou obtidas por meios criminosos, não serão admitidas em juízo.
- V. art. 157 do CPP.

Parágrafo único. As cartas poderão ser exibidas em juízo pelo respectivo destinatário, para a defesa de seu direito, ainda que não haja consentimento do signatário.

Art. 234. Se o juiz tiver notícia da existência de documento relativo a ponto relevante da acusação ou da defesa, providenciará, independentemente de requerimento de qualquer das partes, para sua juntada aos autos, se possível.
- V. art. 156 do CPP.

Art. 235. A letra e firma dos documentos particulares serão submetidas a exame pericial, quando contestada a sua autenticidade.
- V. art. 174 do CPP.

Art. 236. Os documentos em língua estrangeira, sem prejuízo de sua juntada imediata, serão, se necessário, traduzidos por tradutor público, ou, na falta, por pessoa idônea nomeada pela autoridade.

Art. 237. As públicas-formas só terão valor quando conferidas com o original, em presença da autoridade.

Art. 238. Os documentos originais, juntos a processo findo, quando não exista motivo relevante que justifique a sua conservação nos autos, poderão, mediante requerimento, e ouvido o Ministério Público, ser entregues à parte que os produziu, ficando traslado nos autos.

CAPÍTULO X
DOS INDÍCIOS

Art. 239. Considera-se indício a circunstância conhecida e provada, que, tendo relação com o fato, autorize, por indução, concluir-se a existência de outra ou outras circunstâncias.

CAPÍTULO XI
DA BUSCA E DA APREENSÃO

Art. 240. A busca será domiciliar ou pessoal.

§ 1º. Proceder-se-á à busca domiciliar, quando fundadas razões a autorizarem, para:

a) prender criminosos;
- V. art. 293 do CPP.

b) apreender coisas achadas ou obtidas por meios criminosos;

c) apreender instrumentos de falsificação ou de contrafação e objetos falsificados ou contrafeitos;

d) apreender armas e munições, instrumentos utilizados na prática de crime ou destinados a fim delituoso;

e) descobrir objetos necessários à prova de infração ou à defesa do réu;

f) apreender cartas, abertas ou não, destinadas ao acusado ou em seu poder, quando haja suspeita de que o conhecimento do seu conteúdo possa ser útil à elucidação do fato;

g) apreender pessoas vítimas de crimes;

h) colher qualquer elemento de convicção.

§ 2º. Proceder-se-á à busca pessoal quando houver fundada suspeita de que alguém oculte consigo arma proibida ou objetos mencionados nas letras "b" a "f" e letra "h" do parágrafo anterior.

Art. 241. Quando a própria autoridade policial ou judiciária não a realizar pessoalmente, a busca domiciliar deverá ser precedida da expedição de mandado.

Art. 242. A busca poderá ser determinada de ofício ou a requerimento de qualquer das partes.

Art. 243. O mandado de busca deverá:

I – indicar, o mais precisamente possível, a casa em que será realizada a diligência e o nome do respectivo proprietário ou morador; ou, no caso de busca pessoal, o nome da pessoa que terá de sofrê-la ou os sinais que a identifiquem;

II – mencionar o motivo e os fins da diligência;

III – ser subscrito pelo escrivão e assinado pela autoridade que o fizer expedir.

§ 1º. Se houver ordem de prisão, constará do próprio texto do mandado de busca.

§ 2º. Não será permitida a apreensão de documento em poder do defensor do acusado, salvo quando constituir elemento do corpo de delito.

Art. 244. A busca pessoal independerá de mandado, no caso de prisão ou quando houver fundada suspeita de que a pessoa esteja na posse de arma proibida ou de objetos ou papéis que constituam corpo de delito, ou quando a medida for determinada no curso de busca domiciliar.

Art. 245. As buscas domiciliares serão executadas de dia, salvo se o morador consentir que se realizem à noite, e, antes de penetrarem na casa, os executores mostrarão e lerão o mandado ao morador, ou a quem o represente, intimando-o, em seguida, a abrir a porta.
• V. art. 293 do CPP.

§ 1º. Se a própria autoridade der a busca, declarará previamente sua qualidade e o objeto da diligência.

§ 2º. Em caso de desobediência, será arrombada a porta e forçada a entrada.

§ 3º. Recalcitrando o morador, será permitido o emprego de força contra coisas existentes no interior da casa, para o descobrimento do que se procura.
• V. art. 292 do CPP.

§ 4º. Observar-se-á o disposto nos §§ 2º e 3º, quando ausentes os moradores, devendo, neste caso, ser intimado a assistir à diligência qualquer vizinho, se houver e estiver presente.

§ 5º. Se é determinada a pessoa ou coisa que se vai procurar, o morador será intimado a mostrá-la.

§ 6º. Descoberta a pessoa ou coisa que se procura, será imediatamente apreendida e posta sob custódia da autoridade ou de seus agentes.

§ 7º. Finda a diligência, os executores lavrarão auto circunstanciado, assinando-o com 2 (duas) testemunhas presenciais, sem prejuízo do disposto no § 4º.

Art. 246. Aplicar-se-á também o disposto no artigo anterior, quando se tiver de proceder a busca em compartimento habitado ou em aposento ocupado de habitação coletiva ou em compartimento não aberto ao público, onde alguém exercer profissão ou atividade.

Art. 247. Não sendo encontrada a pessoa ou coisa procurada, os motivos da diligência serão comunicados a quem tiver sofrido a busca, se o requerer.

Art. 248. Em casa habitada, a busca será feita de modo que não moleste os moradores mais do que o indispensável para o êxito da diligência.

Art. 249. A busca em mulher será feita por outra mulher, se não importar retardamento ou prejuízo da diligência.

Art. 250. A autoridade ou seus agentes poderão penetrar no território de jurisdição alheia, ainda que de outro Estado, quando, para o fim de apreensão, forem no seguimento de pessoa ou coisa, devendo apresentar-se à competente autoridade local, antes da diligência ou após, conforme a urgência desta.
• V. art. 290 do CPP.

§ 1º. Entender-se-á que a autoridade ou seus agentes vão em seguimento da pessoa ou coisa, quando:

a) tendo conhecimento direto de sua remoção ou transporte, a seguirem sem interrupção, embora depois a percam de vista;

b) ainda que não a tenham avistado, mas sabendo, por informações fidedignas ou circunstâncias indiciárias, que está sendo removida ou transportada em determinada direção, forem ao seu encalço.

§ 2º. Se as autoridades locais tiverem fundadas razões para duvidar da legitimidade das pessoas que, nas referidas diligências, entrarem pelos seus distritos, ou da legalidade dos mandados que apresentarem, poderão exigir as provas dessa legitimidade, mas de modo que não se frustre a diligência.

TÍTULO VIII
DO JUIZ, DO MINISTÉRIO PÚBLICO, DO ACUSADO E DEFENSOR, DOS ASSISTENTES E AUXILIARES DA JUSTIÇA

CAPÍTULO I
DO JUIZ

Art. 251. Ao juiz incumbirá prover à regularidade do processo e manter a ordem no curso dos respectivos atos, podendo, para tal fim, requisitar a força pública.
• V. arts. 794 e 795 do CPP.

Art. 252. O juiz não poderá exercer jurisdição no processo em que:
• V. arts. 97 e 267 do CPP.

I – tiver funcionado seu cônjuge ou parente, consanguíneo ou afim, em linha reta ou colateral até o terceiro grau, inclusive, como defensor ou advogado, órgão do Ministério Público, autoridade policial, auxiliar da justiça ou perito;

II – ele próprio houver desempenhado qualquer dessas funções ou servido como testemunha;
- V. art. 112 do CPP.

III – tiver funcionado como juiz de outra instância, pronunciando-se, de fato ou de direito, sobre a questão;
- V. art. 112 do CPP.
- Vide Súmula 206 do STF.

IV – ele próprio ou seu cônjuge ou parente, consanguíneo ou afim em linha reta ou colateral até o terceiro grau, inclusive, for parte ou diretamente interessado no feito.

Art. 253. Nos juízos coletivos, não poderão servir no mesmo processo os juízes que forem entre si parentes, consanguíneos ou afins, em linha reta ou colateral até o terceiro grau, inclusive.
- V. arts. 112 e 448 do CPP.

Art. 254. O juiz dar-se-á por suspeito, e, se não o fizer, poderá ser recusado por qualquer das partes:
- V. arts. 97; e 564, I, do CPP.

I – se for amigo íntimo ou inimigo capital de qualquer deles;

II – se ele, seu cônjuge, ascendente ou descendente, estiver respondendo a processo por fato análogo, sobre cujo caráter criminoso haja controvérsia;

III – se ele, seu cônjuge, ou parente, consanguíneo, ou afim, até o terceiro grau, inclusive, sustentar demanda ou responder a processo que tenha de ser julgado por qualquer das partes;

IV – se tiver aconselhado qualquer das partes;

V – se for credor ou devedor, tutor ou curador, de qualquer das partes;

VI – se for sócio, acionista ou administrador de sociedade interessada no processo.

Art. 255. O impedimento ou suspeição decorrente de parentesco por afinidade cessará pela dissolução do casamento que lhe tiver dado causa, salvo sobrevindo descendentes; mas, ainda que dissolvido o casamento sem descendentes, não funcionará como juiz o sogro, o padrasto, o cunhado, o genro ou enteado de quem for parte no processo.

Art. 256. A suspeição não poderá ser declarada nem reconhecida, quando a parte injuriar o juiz ou de propósito der motivo para criá-la.
- V. art. 565 do CPP.

CAPÍTULO II
DO MINISTÉRIO PÚBLICO

Art. 257. Ao Ministério Público cabe:
- Art. 257, *caput*, com redação dada pela Lei nº 11.719/2008.
- V. art. 564, III, "d", do CPP.

I – promover, privativamente, a ação penal pública, na forma estabelecida neste Código; e
- Inciso I acrescido pela Lei nº 11.719/2008.
- V. arts. 24, 29, 42 e 46 do CPP.

II – fiscalizar a execução da lei.
- Inciso II acrescido pela Lei nº 11.719/2008.

Art. 258. Os órgãos do Ministério Público não funcionarão nos pro-

cessos em que o juiz ou qualquer das partes for seu cônjuge, ou parente, consanguíneo ou afim, em linha reta ou colateral, até o terceiro grau, inclusive, e a eles se estendem, no que lhes for aplicável, as prescrições relativas à suspeição e aos impedimentos dos juízes.
- V. arts. 104 e 252 do CPP.
- Vide Súmula 234 do STJ.

CAPÍTULO III
DO ACUSADO E SEU DEFENSOR

Art. 259. A impossibilidade de identificação do acusado com o seu verdadeiro nome ou outros qualificativos não retardará a ação penal, quando certa a identidade física. A qualquer tempo, no curso do processo, do julgamento ou da execução da sentença, se for descoberta a sua qualificação, far-se-á a retificação, por termo, nos autos, sem prejuízo da validade dos atos precedentes.
- V. art. 41 do CPP.

Art. 260. Se o acusado não atender à intimação para o interrogatório, reconhecimento ou qualquer outro ato que, sem ele, não possa ser realizado, a autoridade poderá mandar conduzi-lo à sua presença.
- V. arts. 219; e 457, § 2º, do CPP.

Parágrafo único. O mandado conterá, além da ordem de condução, os requisitos mencionados no art. 352, no que lhe for aplicável.

Art. 261. Nenhum acusado, ainda que ausente ou foragido, será processado ou julgado sem defensor.
- V. art. 564, III, "c", do CPP.
- Vide Súmulas 523 e 708 do STF.

Parágrafo único. A defesa técnica, quando realizada por defensor público ou dativo, será sempre exercida através de manifestação fundamentada.
- Parágrafo único acrescido pela Lei nº 10.792/2003.

Art. 262. Ao acusado menor dar-se-á curador.
- V. art. 564, III, "c", do CPP.
- Vide Súmula 352 do STF.

Art. 263. Se o acusado não o tiver, ser-lhe-á nomeado defensor pelo juiz, ressalvado o seu direito de, a todo tempo, nomear outro de sua confiança, ou a si mesmo defender-se, caso tenha habilitação.
- V. art. 396-A, § 2º, do CPP.

Parágrafo único. O acusado, que não for pobre, será obrigado a pagar os honorários do defensor dativo, arbitrados pelo juiz.

Art. 264. Salvo motivo relevante, os advogados e solicitadores serão obrigados, sob pena de multa de 100 (cem) a 500 (quinhentos) mil-réis, a prestar seu patrocínio aos acusados, quando nomeados pelo Juiz.

Art. 265. O defensor não poderá abandonar o processo sem justo motivo, previamente comunicado ao juiz, sob pena de responder por infração disciplinar perante o órgão correicional competente.
- Art. 265, *caput*, com redação dada pela Lei nº 14.752/2023.

§ 1º. A audiência poderá ser adiada se, por motivo justificado, o defensor não puder comparecer.
- § 1º acrescido pela Lei nº 11.719/2008.

§ 2º. Incumbe ao defensor provar o impedimento até a abertura da audiência. Não o fazendo, o juiz não determinará o adiamento de ato algum do processo, devendo nomear defensor substituto, ainda que provisoriamente ou só para o efeito do ato.
* § 2º acrescido pela Lei nº 11.719/2008.
* V. art. 456 do CPP.

§ 3º. Em caso de abandono do processo pelo defensor, o acusado será intimado para constituir novo defensor, se assim o quiser, e, na hipótese de não ser localizado, deverá ser nomeado defensor público ou advogado dativo para a sua defesa.
* § 3º acrescido pela Lei nº 14.752/2023.

Art. 266. A constituição de defensor independerá de instrumento de mandato, se o acusado o indicar por ocasião do interrogatório.
* V. art. 185 do CPP.

Art. 267. Nos termos do art. 252, não funcionarão como defensores os parentes do juiz.

CAPÍTULO IV
DOS ASSISTENTES
* Vide Súmulas 208, 210 e 448 do STF.

Art. 268. Em todos os termos da ação pública, poderá intervir, como assistente do Ministério Público, o ofendido ou seu representante legal, ou, na falta, qualquer das pessoas mencionadas no art. 31.
* V. arts. 391 e 598 do CPP.

Art. 269. O assistente será admitido enquanto não passar em julgado a sentença e receberá a causa no estado em que se achar.
* V. arts. 271, 430 e 598 do CPP.

Art. 270. O corréu no mesmo processo não poderá intervir como assistente do Ministério Público.

Art. 271. Ao assistente será permitido propor meios de prova, requerer perguntas às testemunhas, aditar o libelo• e os articulados, participar do debate oral e arrazoar os recursos interpostos pelo Ministério Público, ou por ele próprio, nos casos dos arts. 584, § 1º, e 598.
* A Lei nº 11.689/2008, que alterou os arts. 406 a 497 do CPP, extinguiu o libelo.
* Vide Súmulas 208, 210 e 448 do STF.

§ 1º. O juiz, ouvido o Ministério Público, decidirá acerca da realização das provas propostas pelo assistente.

§ 2º. O processo prosseguirá independentemente de nova intimação do assistente, quando este, intimado, deixar de comparecer a qualquer dos atos da instrução ou do julgamento, sem motivo de força maior devidamente comprovado.

Art. 272. O Ministério Público será ouvido previamente sobre a admissão do assistente.

Art. 273. Do despacho que admitir, ou não, o assistente, não caberá recurso, devendo, entretanto, constar dos autos o pedido e a decisão.
* Vide Súmulas 208 e 210 do STF.

CAPÍTULO V
DOS FUNCIONÁRIOS DA JUSTIÇA

Art. 274. As prescrições sobre suspeição dos juízes estendem-se aos serventuários e funcionários da justiça, no que lhes for aplicável.
* V. arts. 105 e 252 a 256 do CPP.

CAPÍTULO VI
DOS PERITOS E INTÉRPRETES

Art. 275. O perito, ainda quando não oficial, estará sujeito à disciplina judiciária.
- V. art. 105 do CPP.

Art. 276. As partes não intervirão na nomeação do perito.
- V. arts. 159, § 5º, I; 400, § 2º; 411, § 1º; 473, § 3º; e 531 do CPP.

Art. 277. O perito nomeado pela autoridade será obrigado a aceitar o encargo, sob pena de multa de 100 (cem) a 500 (quinhentos) mil-réis, salvo escusa atendível.
- V. art. 112 do CPP.

Parágrafo único. Incorrerá na mesma multa o perito que, sem justa causa, provada imediatamente:

a) deixar de acudir à intimação ou ao chamado da autoridade;

b) não comparecer no dia e local designados para o exame;

c) não der o laudo, ou concorrer para que a perícia não seja feita, nos prazos estabelecidos.

Art. 278. No caso de não comparecimento do perito, sem justa causa, a autoridade poderá determinar a sua condução.

Art. 279. Não poderão ser peritos:

I – os que estiverem sujeitos à interdição de direito mencionada nos nºs I e IV do art. 69* do Código Penal;
- ♦ Refere-se à redação anterior às alterações promovidas pela Lei nº 7.209/1984. Vide atual art. 47, I e II, do CP.

II – os que tiverem prestado depoimento no processo ou opinado anteriormente sobre o objeto da perícia;

III – os analfabetos e os menores de 21 (vinte e um) anos.

Art. 280. É extensivo aos peritos, no que lhes for aplicável, o disposto sobre suspeição dos juízes.
- V. arts. 105 e 252 a 256 do CPP.

Art. 281. Os intérpretes são, para todos os efeitos, equiparados aos peritos.

TÍTULO IX
DA PRISÃO, DAS MEDIDAS CAUTELARES E DA LIBERDADE PROVISÓRIA
- Título IX com denominação dada pela Lei nº 12.403/2011.
- Vide Súmula Vinculante 56 do STF.

CAPÍTULO I
DISPOSIÇÕES GERAIS

Art. 282. As medidas cautelares previstas neste Título deverão ser aplicadas observando-se a:

I – necessidade para aplicação da lei penal, para a investigação ou a instrução criminal e, nos casos expressamente previstos, para evitar a prática de infrações penais;

II – adequação da medida à gravidade do crime, circunstâncias do fato e condições pessoais do indiciado ou acusado.
- Art. 282, *caput*, com redação dada pela Lei nº 12.403/2011.

§ 1º. As medidas cautelares poderão ser aplicadas isolada ou cumulativamente.
- § 1º acrescido pela Lei nº 12.403/2011.

§ 2º. As medidas cautelares serão decretadas pelo juiz a requerimento das partes ou, quando no curso da investigação criminal, por representação da autoridade policial ou mediante requerimento do Ministério Público.
• § 2º com redação dada pela Lei nº 13.964/2019.

§ 3º. Ressalvados os casos de urgência ou de perigo de ineficácia da medida, o juiz, ao receber o pedido de medida cautelar, determinará a intimação da parte contrária, para se manifestar no prazo de 5 (cinco) dias, acompanhada de cópia do requerimento e das peças necessárias, permanecendo os autos em juízo, e os casos de urgência ou de perigo deverão ser justificados e fundamentados em decisão que contenha elementos do caso concreto que justifiquem essa medida excepcional.
• § 3º com redação dada pela Lei nº 13.964/2019.

§ 4º. No caso de descumprimento de qualquer das obrigações impostas, o juiz, mediante requerimento do Ministério Público, de seu assistente ou do querelante, poderá substituir a medida, impor outra em cumulação, ou, em último caso, decretar a prisão preventiva, nos termos do parágrafo único do art. 312 deste Código.
• § 4º com redação dada pela Lei nº 13.964/2019.
• V. art. 350, parágrafo único, do CPP.

§ 5º. O juiz poderá, de ofício ou a pedido das partes, revogar a medida cautelar ou substituí-la quando verificar a falta de motivo para que subsista, bem como voltar a decretá-la, se sobrevierem razões que a justifiquem.
• § 5º com redação dada pela Lei nº 13.964/2019.

§ 6º. A prisão preventiva somente será determinada quando não for cabível a sua substituição por outra medida cautelar, observado o art. 319 deste Código, e o não cabimento da substituição por outra medida cautelar deverá ser justificado de forma fundamentada nos elementos presentes do caso concreto, de forma individualizada.
• § 6º com redação dada pela Lei nº 13.964/2019.
• V. art. 321 do CPP.

Art. 283. Ninguém poderá ser preso senão em flagrante delito ou por ordem escrita e fundamentada da autoridade judiciária competente, em decorrência de prisão cautelar ou em virtude de condenação criminal transitada em julgado.
• Art. 283, *caput*, com redação dada pela Lei nº 13.964/2019.
• V. arts. 301 a 310 e 311 a 316 do CPP.

§ 1º. As medidas cautelares previstas neste Título não se aplicam à infração a que não for isolada, cumulativa ou alternativamente cominada pena privativa de liberdade.
• § 1º acrescido pela Lei nº 12.403/2011.

§ 2º. A prisão poderá ser efetuada em qualquer dia e a qualquer hora, respeitadas as restrições relativas à inviolabilidade do domicílio.
• § 2º acrescido pela Lei nº 12.403/2011.

Art. 284. Não será permitido o emprego de força, salvo a indispensável no caso de resistência ou de tentativa de fuga do preso.
• Vide Súmula Vinculante 11 do STF.

Art. 285. A autoridade que ordenar a prisão fará expedir o respectivo mandado.

Parágrafo único. O mandado de prisão:

a) será lavrado pelo escrivão e assinado pela autoridade;
- V. arts. 564, IV; e 572 do CPP.

b) designará a pessoa, que tiver de ser presa, por seu nome, alcunha ou sinais característicos;

c) mencionará a infração penal que motivar a prisão;

d) declarará o valor da fiança arbitrada, quando afiançável a infração;
- V. arts. 322 a 350 do CPP.

e) será dirigido a quem tiver qualidade para dar-lhe execução.

Art. 286. O mandado será passado em duplicata, e o executor entregará ao preso, logo depois da prisão, um dos exemplares com declaração do dia, hora e lugar da diligência. Da entrega deverá o preso passar recibo no outro exemplar; se recusar, não souber ou não puder escrever, o fato será mencionado em declaração, assinada por 2 (duas) testemunhas.

Art. 287. Se a infração for inafiançável, a falta de exibição do mandado não obstará a prisão, e o preso, em tal caso, será imediatamente apresentado ao juiz que tiver expedido o mandado, para a realização de audiência de custódia.
- Art. 287 com redação dada pela Lei nº 13.964/2019.

Art. 288. Ninguém será recolhido à prisão, sem que seja exibido o mandado ao respectivo diretor ou carcereiro, a quem será entregue cópia assinada pelo executor ou apresentada a guia expedida pela autoridade competente, devendo ser passado recibo da entrega do preso, com declaração de dia e hora.

Parágrafo único. O recibo poderá ser passado no próprio exemplar do mandado, se este for o documento exibido.

Art. 289. Quando o acusado estiver no território nacional, fora da jurisdição do juiz processante, será deprecada a sua prisão, devendo constar da precatória o inteiro teor do mandado.
- Art. 289, *caput*, com redação dada pela Lei nº 12.403/2011.

§ 1º. Havendo urgência, o juiz poderá requisitar a prisão por qualquer meio de comunicação, do qual deverá constar o motivo da prisão, bem como o valor da fiança se arbitrada.
- § 1º acrescido pela Lei nº 12.403/2011.
- V. art. 665, parágrafo único, do CPP.

§ 2º. A autoridade a quem se fizer a requisição tomará as precauções necessárias para averiguar a autenticidade da comunicação.
- § 2º acrescido pela Lei nº 12.403/2011.

§ 3º. O juiz processante deverá providenciar a remoção do preso no prazo máximo de 30 (trinta) dias, contados da efetivação da medida.
- § 3º acrescido pela Lei nº 12.403/2011.

Art. 289-A. O juiz competente providenciará o imediato registro do mandado de prisão em banco de dados mantido pelo Conselho Nacional de Justiça para essa finalidade.

§ 1º. Qualquer agente policial poderá efetuar a prisão determinada no mandado de prisão registrado no Conselho Nacional de Justiça, ainda que fora da competência territorial do juiz que o expediu.

§ 2º. Qualquer agente policial poderá efetuar a prisão decretada, ainda que sem registro no Conselho Nacional de Justiça, adotando as precauções necessárias para averiguar a autenticidade do mandado e comunicando ao juiz que a decretou, devendo este providenciar, em seguida, o registro do mandado na forma do *caput* deste artigo.

§ 3º. A prisão será imediatamente comunicada ao juiz do local de cumprimento da medida o qual providenciará a certidão extraída do registro do Conselho Nacional de Justiça e informará ao juízo que a decretou.

§ 4º. O preso será informado de seus direitos, nos termos do inciso LXIII do art. 5º da Constituição Federal e, caso o autuado não informe o nome de seu advogado, será comunicado à Defensoria Pública.

§ 5º. Havendo dúvidas das autoridades locais sobre a legitimidade da pessoa do executor ou sobre a identidade do preso, aplica-se o disposto no § 2º do art. 290 deste Código.

§ 6º. O Conselho Nacional de Justiça regulamentará o registro do mandado de prisão a que se refere o *caput* deste artigo.
• Art. 289-A acrescido pela Lei nº 12.403/2011.

Art. 290. Se o réu, sendo perseguido, passar ao território de outro município ou comarca, o executor poderá efetuar-lhe a prisão no lugar onde o alcançar, apresentando-o imediatamente à autoridade local, que, depois de lavrado, se for o caso, o auto de flagrante, providenciará para a remoção do preso.
• V. art. 250 do CPP.

§ 1º. Entender-se-á que o executor vai em perseguição do réu, quando:

a) tendo-o avistado, for perseguindo-o sem interrupção, embora depois o tenha perdido de vista;

b) sabendo, por indícios ou informações fidedignas, que o réu tenha passado, há pouco tempo, em tal ou qual direção, pelo lugar em que o procure, for no seu encalço.

§ 2º. Quando as autoridades locais tiverem fundadas razões para duvidar da legitimidade da pessoa do executor ou da legalidade do mandado que apresentar, poderão pôr em custódia o réu, até que fique esclarecida a dúvida.
• V. art. 289-A, § 5º, do CPP.

Art. 291. A prisão em virtude de mandado entender-se-á feita desde que o executor, fazendo-se conhecer do réu, lhe apresente o mandado e o intime a acompanhá-lo.

Art. 292. Se houver, ainda que por parte de terceiros, resistência à prisão em flagrante ou à determinada por autoridade competente, o executor e as pessoas que o auxiliarem poderão usar dos meios necessários para defender-se ou para vencer a resistência, do que tudo se lavrará auto subscrito também por 2 (duas) testemunhas.

Parágrafo único. É vedado o uso de algemas em mulheres grávidas durante os atos médico-hospitalares preparatórios para a realização do parto e durante o trabalho de parto, bem como em mulheres durante o período de puerpério imediato.
* Parágrafo único acrescido pela Lei nº 13.434/2017.

Art. 293. Se o executor do mandado verificar, com segurança, que o réu entrou ou se encontra em alguma casa, o morador será intimado a entregá-lo, à vista da ordem de prisão. Se não for obedecido imediatamente, o executor convocará 2 (duas) testemunhas e, sendo dia, entrará à força na casa, arrombando as portas, se preciso; sendo noite, o executor, depois da intimação ao morador, se não for atendido, fará guardar todas as saídas, tornando a casa incomunicável, e, logo que amanheça, arrombará as portas e efetuará a prisão.
* V. arts. 240, § 1º, "a"; 245; e 283 do CPP.
* Vide Súmula Vinculante 11 do STF.

Parágrafo único. O morador que se recusar a entregar o réu oculto em sua casa será levado à presença da autoridade, para que se proceda contra ele como for de direito.

Art. 294. No caso de prisão em flagrante, observar-se-á o disposto no artigo anterior, no que for aplicável.
* V. art. 303 do CPP.

Art. 295. Serão recolhidos a quartéis ou a prisão especial, à disposição da autoridade competente, quando sujeitos a prisão antes de condenação definitiva:
* Vide Súmula 717 do STF.

I – os ministros de Estado;

II – os governadores ou interventores de Estados ou Territórios, o prefeito do Distrito Federal, seus respectivos secretários, os prefeitos municipais, os vereadores e os chefes de Polícia;
* Inciso II com redação dada pela Lei nº 3.181/1957.

III – os membros do Parlamento Nacional, do Conselho de Economia Nacional e das Assembleias Legislativas dos Estados;

IV – os cidadãos inscritos no "Livro de Mérito";

V – os oficiais das Forças Armadas e os militares dos Estados, do Distrito Federal e dos Territórios;
* Inciso V com redação dada pela Lei nº 10.258/2001.

VI – os magistrados;

VII – os diplomados por qualquer das faculdades superiores da República;

VIII – os ministros de confissão religiosa;

IX – os ministros do Tribunal de Contas;

X – os cidadãos que já tiverem exercido efetivamente a função de jurado, salvo quando excluídos da lista por motivo de incapacidade para o exercício daquela função;

XI – os delegados de polícia e os guardas-civis dos Estados e Territórios, ativos e inativos.
* Inciso XI com redação dada pela Lei nº 5.126/1966.

§ 1º. A prisão especial, prevista neste Código ou em outras leis, consiste

exclusivamente no recolhimento em local distinto da prisão comum.
• § 1º acrescido pela Lei nº 10.258/2001.

§ 2º. Não havendo estabelecimento específico para o preso especial, este será recolhido em cela distinta do mesmo estabelecimento.
• § 2º acrescido pela Lei nº 10.258/2001.

§ 3º. A cela especial poderá consistir em alojamento coletivo, atendidos os requisitos de salubridade do ambiente, pela concorrência dos fatores de aeração, insolação e condicionamento térmico adequados à existência humana.
• § 3º acrescido pela Lei nº 10.258/2001.

§ 4º. O preso especial não será transportado juntamente com o preso comum.
• § 4º acrescido pela Lei nº 10.258/2001.

§ 5º. Os demais direitos e deveres do preso especial serão os mesmos do preso comum.
• § 5º acrescido pela Lei nº 10.258/2001.

Art. 296. Os inferiores e praças de pré, onde for possível, serão recolhidos à prisão, em estabelecimentos militares, de acordo com os respectivos regulamentos.

Art. 297. Para o cumprimento de mandado expedido pela autoridade judiciária, a autoridade policial poderá expedir tantos outros quantos necessários às diligências, devendo neles ser fielmente reproduzido o teor do mandado original.
• V. art. 13, III, do CPP.

Art. 298. (Revogado).
• Art. 298 revogado pela Lei nº 12.403/2011.

Art. 299. A captura poderá ser requisitada, à vista de mandado judicial, por qualquer meio de comunicação, tomadas pela autoridade, a quem se fizer a requisição, as precauções necessárias para averiguar a autenticidade desta.
• Art. 299 com redação dada pela Lei nº 12.403/2011.

Art. 300. As pessoas presas provisoriamente ficarão separadas das que já estiverem definitivamente condenadas, nos termos da lei de execução penal.
• Art. 300, *caput*, com redação dada pela Lei nº 12.403/2011.
• Vide art. 84 da LEP.

Parágrafo único. O militar preso em flagrante delito, após a lavratura dos procedimentos legais, será recolhido a quartel da instituição a que pertencer, onde ficará preso à disposição das autoridades competentes.
• Parágrafo único acrescido pela Lei nº 12.403/2011.

CAPÍTULO II
DA PRISÃO EM FLAGRANTE

Art. 301. Qualquer do povo poderá e as autoridades policiais e seus agentes deverão prender quem quer que seja encontrado em flagrante delito.
• Vide Súmulas 145 e 397 do STF.
• Vide Tema 380 do STF.

Art. 302. Considera-se em flagrante delito quem:

I – está cometendo a infração penal;

II – acaba de cometê-la;

III – é perseguido, logo após, pela autoridade, pelo ofendido ou por qualquer pessoa, em situação que faça presumir ser autor da infração;
• Vide Súmula 145 do STF.

IV – é encontrado, logo depois, com instrumentos, armas, objetos ou papéis que façam presumir ser ele autor da infração.

Art. 303. Nas infrações permanentes, entende-se o agente em flagrante delito enquanto não cessar a permanência.
- V. art. 71 do CPP.

Art. 304. Apresentado o preso à autoridade competente, ouvirá esta o condutor e colherá, desde logo, sua assinatura, entregando a este cópia do termo e recibo de entrega do preso. Em seguida, procederá à oitiva das testemunhas que o acompanharem e ao interrogatório do acusado sobre a imputação que lhe é feita, colhendo, após cada oitiva suas respectivas assinaturas, lavrando, a autoridade, afinal, o auto.
- Art. 304, *caput*, com redação dada pela Lei nº 11.113/2005.
- V. art. 290, *caput*, do CPP.

§ 1º. Resultando das respostas fundada a suspeita contra o conduzido, a autoridade mandará recolhê-lo à prisão, exceto no caso de livrar-se solto ou de prestar fiança, e prosseguirá nos atos do inquérito ou processo, se para isso for competente; se não o for, enviará os autos à autoridade que o seja.

§ 2º. A falta de testemunhas da infração não impedirá o auto de prisão em flagrante; mas, nesse caso, com o condutor, deverão assiná-lo pelo menos 2 (duas) pessoas que hajam testemunhado a apresentação do preso à autoridade.

§ 3º. Quando o acusado se recusar a assinar, não souber ou não puder fazê-lo, o auto de prisão em flagrante será assinado por 2 (duas) testemunhas, que tenham ouvido sua leitura na presença deste.
- § 3º com redação dada pela Lei nº 11.113/2005.

§ 4º. Da lavratura do auto de prisão em flagrante deverá constar a informação sobre a existência de filhos, respectivas idades e se possuem alguma deficiência e o nome e o contato de eventual responsável pelos cuidados dos filhos, indicado pela pessoa presa.
- § 4º acrescido pela Lei nº 13.257/2016.

Art. 305. Na falta ou no impedimento do escrivão, qualquer pessoa designada pela autoridade lavrará o auto, depois de prestado o compromisso legal.

Art. 306. A prisão de qualquer pessoa e o local onde se encontre serão comunicados imediatamente ao juiz competente, ao Ministério Público e à família do preso ou à pessoa por ele indicada.

§ 1º. Em até 24 (vinte e quatro) horas após a realização da prisão, será encaminhado ao juiz competente o auto de prisão em flagrante e, caso o autuado não informe o nome de seu advogado, cópia integral para a Defensoria Pública.
- V. arts. 310, III; e 311 do CPP.

§ 2º. No mesmo prazo, será entregue ao preso, mediante recibo, a nota de culpa, assinada pela autoridade, com o motivo da prisão, o nome do condutor e os das testemunhas.
- Art. 306 com redação dada pela Lei nº 12.403/2011.

Art. 307. Quando o fato for praticado em presença da autoridade, ou contra esta, no exercício de suas funções, constarão do auto a narração deste fato, a voz de prisão, as declarações que fizer o preso e os depoimentos das testemunhas, sendo tudo assinado pela autoridade, pelo preso e pelas testemunhas e remetido imediatamente ao juiz a quem couber tomar conhecimento do fato delituoso, se não o for a autoridade que houver presidido o auto.
• Vide Súmula 397 do STF.

Art. 308. Não havendo autoridade no lugar em que se tiver efetuado a prisão, o preso será logo apresentado à do lugar mais próximo.

Art. 309. Se o réu se livrar solto, deverá ser posto em liberdade, depois de lavrado o auto de prisão em flagrante.

Art. 310. Após receber o auto de prisão em flagrante, no prazo máximo de até 24 (vinte e quatro) horas após a realização da prisão, o juiz deverá promover audiência de custódia com a presença do acusado, seu advogado constituído ou membro da Defensoria Pública e o membro do Ministério Público, e, nessa audiência, o juiz deverá, fundamentadamente:
• Art. 310, *caput*, com redação dada pela Lei nº 13.964/2019.
• V. art. 581, V, do CPP.

I – relaxar a prisão ilegal; ou
• Inciso I acrescido pela Lei nº 12.403/2011.

II – converter a prisão em flagrante em preventiva, quando presentes os requisitos constantes do art. 312 deste Código, e se revelarem inadequadas ou insuficientes as medidas cautelares diversas da prisão; ou
• Inciso II acrescido pela Lei nº 12.403/2011.

III – conceder liberdade provisória, com ou sem fiança.
• Inciso III acrescido pela Lei nº 12.403/2011.

§ 1º. Se o juiz verificar, pelo auto de prisão em flagrante, que o agente praticou o fato em qualquer das condições constantes dos incisos I, II ou III do *caput* do art. 23 do Decreto-Lei nº 2.848, de 7 de dezembro de 1940 (Código Penal), poderá, fundamentadamente, conceder ao acusado liberdade provisória, mediante termo de comparecimento obrigatório a todos os atos processuais, sob pena de revogação.
• § 1º com redação dada pela Lei nº 13.964/2019.

§ 2º. Se o juiz verificar que o agente é reincidente ou que integra organização criminosa armada ou milícia, ou que porta arma de fogo de uso restrito, deverá denegar a liberdade provisória, com ou sem medidas cautelares.
• § 2º acrescido pela Lei nº 13.964/2019.

§ 3º. A autoridade que deu causa, sem motivação idônea, à não realização da audiência de custódia no prazo estabelecido no *caput* deste artigo responderá administrativa, civil e penalmente pela omissão.
• § 3º acrescido pela Lei nº 13.964/2019.

§ 4º. Transcorridas 24 (vinte e quatro) horas após o decurso do prazo estabelecido no *caput* deste artigo, a não realização de audiência de custódia sem motivação idônea

ensejará também a ilegalidade da prisão, a ser relaxada pela autoridade competente, sem prejuízo da possibilidade de imediata decretação de prisão preventiva.
- § 4º acrescido pela Lei nº 13.964/2019.
- Vide ADI 6298, ADI 6299, ADI 6300 e ADI 6305.

CAPÍTULO III
DA PRISÃO PREVENTIVA
- V. art. 2º da LICPP.

Art. 311. Em qualquer fase da investigação policial ou do processo penal, caberá a prisão preventiva decretada pelo juiz, a requerimento do Ministério Público, do querelante ou do assistente, ou por representação da autoridade policial.
- Art. 311 com redação dada pela Lei nº 13.964/2019.
- Vide Súmulas 21, 52, 64 e 676 do STJ.

Art. 312. A prisão preventiva poderá ser decretada como garantia da ordem pública, da ordem econômica, por conveniência da instrução criminal ou para assegurar a aplicação da lei penal, quando houver prova da existência do crime e indício suficiente de autoria e de perigo gerado pelo estado de liberdade do imputado.
- Art. 312, *caput*, com redação dada pela Lei nº 13.964/2019.
- V. arts. 310, II; 321; 324, IV; 326; e 366 do CPP.

§ 1º. A prisão preventiva também poderá ser decretada em caso de descumprimento de qualquer das obrigações impostas por força de outras medidas cautelares (art. 282, § 4º).
- § 1º renumerado pela Lei nº 13.964/2019.

§ 2º. A decisão que decretar a prisão preventiva deve ser motivada e fundamentada em receio de perigo e existência concreta de fatos novos ou contemporâneos que justifiquem a aplicação da medida adotada.
- § 2º acrescido pela Lei nº 13.964/2019.

Art. 313. Nos termos do art. 312 deste Código, será admitida a decretação da prisão preventiva:
- Art. 313, *caput*, com redação dada pela Lei nº 12.403/2011.

I – nos crimes dolosos punidos com pena privativa de liberdade máxima superior a 4 (quatro) anos;
- Inciso I com redação dada pela Lei nº 12.403/2011.

II – se tiver sido condenado por outro crime doloso, em sentença transitada em julgado, ressalvado o disposto no inciso I do *caput* do art. 64 do Decreto-Lei nº 2.848, de 7 de dezembro de 1940 – Código Penal;
- Inciso II com redação dada pela Lei nº 12.403/2011.

III – se o crime envolver violência doméstica e familiar contra a mulher, criança, adolescente, idoso, enfermo ou pessoa com deficiência, para garantir a execução das medidas protetivas de urgência;
- Inciso III com redação dada pela Lei nº 12.403/2011.

IV – (revogado).
- Inciso IV revogado pela Lei nº 12.403/2011.

§ 1º. Também será admitida a prisão preventiva quando houver dúvida sobre a identidade civil da pessoa ou quando esta não fornecer elementos suficientes para esclarecê-la, devendo o preso ser colocado imediatamente em liberdade após a identificação, salvo se outra hi-

pótese recomendar a manutenção da medida.
* § 1º renumerado pela Lei nº 13.964/2019.

§ 2º. Não será admitida a decretação da prisão preventiva com a finalidade de antecipação de cumprimento de pena ou como decorrência imediata de investigação criminal ou da apresentação ou recebimento de denúncia.
* § 2º acrescido pela Lei nº 13.964/2019.

Art. 314. A prisão preventiva em nenhum caso será decretada se o juiz verificar pelas provas constantes dos autos ter o agente praticado o fato nas condições previstas nos incisos I, II e III do *caput* do art. 23 do Decreto-Lei nº 2.848, de 7 de dezembro de 1940 – Código Penal.
* Art. 314 com redação dada pela Lei nº 12.403/2011.

Art. 315. A decisão que decretar, substituir ou denegar a prisão preventiva será sempre motivada e fundamentada.

§ 1º. Na motivação da decretação da prisão preventiva ou de qualquer outra cautelar, o juiz deverá indicar concretamente a existência de fatos novos ou contemporâneos que justifiquem a aplicação da medida adotada.

§ 2º. Não se considera fundamentada qualquer decisão judicial, seja ela interlocutória, sentença ou acórdão, que:

I – limitar-se à indicação, à reprodução ou à paráfrase de ato normativo, sem explicar sua relação com a causa ou a questão decidida;

II – empregar conceitos jurídicos indeterminados, sem explicar o motivo concreto de sua incidência no caso;

III – invocar motivos que se prestariam a justificar qualquer outra decisão;

IV – não enfrentar todos os argumentos deduzidos no processo capazes de, em tese, infirmar a conclusão adotada pelo julgador;

V – limitar-se a invocar precedente ou enunciado de súmula, sem identificar seus fundamentos determinantes nem demonstrar que o caso sob julgamento se ajusta àqueles fundamentos;

VI – deixar de seguir enunciado de súmula, jurisprudência ou precedente invocado pela parte, sem demonstrar a existência de distinção no caso em julgamento ou a superação do entendimento.
* Art. 315 com redação dada pela Lei nº 13.964/2019.

Art. 316. O juiz poderá, de ofício ou a pedido das partes, revogar a prisão preventiva se, no correr da investigação ou do processo, verificar a falta de motivo para que ela subsista, bem como novamente decretá-la, se sobrevierem razões que a justifiquem.

Parágrafo único. Decretada a prisão preventiva, deverá o órgão emissor da decisão revisar a necessidade de sua manutenção a cada 90 (noventa) dias, mediante decisão fundamentada, de ofício, sob pena de tornar a prisão ilegal.
* Art. 316 com redação dada pela Lei nº 13.964/2019.
* V. arts. 647 a 667 do CPP.

CAPÍTULO IV
DA PRISÃO DOMICILIAR
- Capítulo IV com denominação dada pela Lei nº 12.403/2011.
- Vide art. 117 da LEP.

Art. 317. A prisão domiciliar consiste no recolhimento do indiciado ou acusado em sua residência, só podendo dela ausentar-se com autorização judicial.
- Art. 317 com redação dada pela Lei nº 12.403/2011.

Art. 318. Poderá o juiz substituir a prisão preventiva pela domiciliar quando o agente for:
- Art. 318, *caput*, com redação dada pela Lei nº 12.403/2011.

I – maior de 80 (oitenta) anos;
- Inciso I acrescido pela Lei nº 12.403/2011.

II – extremamente debilitado por motivo de doença grave;
- Inciso II acrescido pela Lei nº 12.403/2011.

III – imprescindível aos cuidados especiais de pessoa menor de 6 (seis) anos de idade ou com deficiência;
- Inciso III acrescido pela Lei nº 12.403/2011.

IV – gestante;
- Inciso IV com redação dada pela Lei nº 13.257/2016.

V – mulher com filho de até 12 (doze) anos de idade incompletos;
- Inciso V acrescido pela Lei nº 13.257/2016.

VI – homem, caso seja o único responsável pelos cuidados do filho de até 12 (doze) anos de idade incompletos.
- Inciso VI acrescido pela Lei nº 13.257/2016.

Parágrafo único. Para a substituição, o juiz exigirá prova idônea dos requisitos estabelecidos neste artigo.
- Parágrafo único acrescido pela Lei nº 12.403/2011.

Art. 318-A. A prisão preventiva imposta à mulher gestante ou que for mãe ou responsável por crianças ou pessoas com deficiência será substituída por prisão domiciliar, desde que:

I – não tenha cometido crime com violência ou grave ameaça a pessoa;

II – não tenha cometido o crime contra seu filho ou dependente.
- Art. 318-A acrescido pela Lei nº 13.769/2018.

Art. 318-B. A substituição de que tratam os arts. 318 e 318-A poderá ser efetuada sem prejuízo da aplicação concomitante das medidas alternativas previstas no art. 319 deste Código.
- Art. 318-B acrescido pela Lei nº 13.769/2018.

CAPÍTULO V
DAS OUTRAS MEDIDAS CAUTELARES
- Capítulo V com denominação dada pela Lei nº 12.403/2011.

Art. 319. São medidas cautelares diversas da prisão:
- Art. 319, *caput*, com redação dada pela Lei nº 12.403/2011.
- V. art. 321 do CPP.

I – comparecimento periódico em juízo, no prazo e nas condições fixadas pelo juiz, para informar e justificar atividades;
- Inciso I com redação dada pela Lei nº 12.403/2011.

II – proibição de acesso ou frequência a determinados lugares quando, por circunstâncias relacionadas ao fato, deva o indiciado ou acusado

permanecer distante desses locais para evitar o risco de novas infrações;
- Inciso II com redação dada pela Lei nº 12.403/2011.

III – proibição de manter contato com pessoa determinada quando, por circunstâncias relacionadas ao fato, deva o indiciado ou acusado dela permanecer distante;
- Inciso III com redação dada pela Lei nº 12.403/2011.

IV – proibição de ausentar-se da Comarca quando a permanência seja conveniente ou necessária para a investigação ou instrução;
- Inciso IV acrescido pela Lei nº 12.403/2011.

V – recolhimento domiciliar no período noturno e nos dias de folga quando o investigado ou acusado tenha residência e trabalho fixos;
- Inciso V acrescido pela Lei nº 12.403/2011.

VI – suspensão do exercício de função pública ou de atividade de natureza econômica ou financeira quando houver justo receio de sua utilização para a prática de infrações penais;
- Inciso VI acrescido pela Lei nº 12.403/2011.

VII – internação provisória do acusado nas hipóteses de crimes praticados com violência ou grave ameaça, quando os peritos concluírem ser inimputável ou semi-imputável (art. 26 do Código Penal) e houver risco de reiteração;
- Inciso VII acrescido pela Lei nº 12.403/2011.

VIII – fiança, nas infrações que a admitem, para assegurar o comparecimento a atos do processo, evitar a obstrução do seu andamento ou em caso de resistência injustificada à ordem judicial;
- Inciso VIII acrescido pela Lei nº 12.403/2011.

IX – monitoração eletrônica.
- Inciso IX acrescido pela Lei nº 12.403/2011.
- Vide arts. 146-B a 146-E da LEP.

§§ 1º ao 3º. (Revogados).
- §§ 1º ao 3º revogados pela Lei nº 12.403/2011.

§ 4º. A fiança será aplicada de acordo com as disposições do Capítulo VI deste Título, podendo ser cumulada com outras medidas cautelares.
- § 4º acrescido pela Lei nº 12.403/2011.

Art. 320. A proibição de ausentar-se do País será comunicada pelo juiz às autoridades encarregadas de fiscalizar as saídas do território nacional, intimando-se o indiciado ou acusado para entregar o passaporte, no prazo de 24 (vinte e quatro) horas.
- Art. 320 com redação dada pela Lei nº 12.403/2011.

CAPÍTULO VI
DA LIBERDADE PROVISÓRIA, COM OU SEM FIANÇA

Art. 321. Ausentes os requisitos que autorizam a decretação da prisão preventiva, o juiz deverá conceder liberdade provisória, impondo, se for o caso, as medidas cautelares previstas no art. 319 deste Código e observados os critérios constantes do art. 282 deste Código.
- Art. 321 com redação dada pela Lei nº 12.403/2011.

I e II – (Revogados);
- Incisos I e II revogados pela Lei nº 12.403/2011.

Art. 322. A autoridade policial somente poderá conceder fiança nos casos de infração cuja pena privativa de liberdade máxima não seja superior a 4 (quatro) anos.

Parágrafo único. Nos demais casos, a fiança será requerida ao juiz, que decidirá em 48 (quarenta e oito) horas.
- Art. 322 com redação dada pela Lei nº 12.403/2011.

Art. 323. Não será concedida fiança:
- Art. 323, *caput*, com redação dada pela Lei nº 12.403/2011.
- V. art. 380 do CPP.

I – nos crimes de racismo;
- Inciso I com redação dada pela Lei nº 12.403/2011.

II – nos crimes de tortura, tráfico ilícito de entorpecentes e drogas afins, terrorismo e nos definidos como crimes hediondos;
- Inciso II com redação dada pela Lei nº 12.403/2011.

III – nos crimes cometidos por grupos armados, civis ou militares, contra a ordem constitucional e o Estado Democrático;
- Inciso III com redação dada pela Lei nº 12.403/2011.

IV e V – (revogados);
- Incisos IV e V revogados pela Lei nº 12.403/2011.

Art. 324. Não será, igualmente, concedida fiança:
- Art. 324, *caput*, com redação dada pela Lei nº 12.403/2011.
- V. art. 341 do CPP.

I – aos que, no mesmo processo, tiverem quebrado fiança anteriormente concedida ou infringido, sem motivo justo, qualquer das obrigações a que se referem os arts. 327 e 328 deste Código;
- Inciso I com redação dada pela Lei nº 12.403/2011.

II – em caso de prisão civil ou militar;
- Inciso II com redação dada pela Lei nº 12.403/2011.

III – (revogado);
- Inciso III revogado pela Lei nº 12.403/2011.

IV – quando presentes os motivos que autorizam a decretação da prisão preventiva (art. 312).
- Inciso IV com redação dada pela Lei nº 12.403/2011.

Art. 325. O valor da fiança será fixado pela autoridade que a conceder nos seguintes limites:
- Art. 325, *caput*, com redação dada pela Lei nº 12.403/2011.

a) (Revogada);
- Alínea "a" revogada pela Lei nº 12.403/2011.

b) (Revogada);
- Alínea "b" revogada pela Lei nº 12.403/2011.

c) (Revogada).
- Alínea "c" revogada pela Lei nº 12.403/2011.

I – de 1 (um) a 100 (cem) salários mínimos, quando se tratar de infração cuja pena privativa de liberdade, no grau máximo, não for superior a 4 (quatro) anos;
- Inciso I acrescido pela Lei nº 12.403/2011.

II – de 10 (dez) a 200 (duzentos) salários mínimos, quando o máximo da pena privativa de liberdade cominada for superior a 4 (quatro) anos.
- Inciso II acrescido pela Lei nº 12.403/2011.

§ 1º. Se assim recomendar a situação econômica do preso, a fiança poderá ser:

I – dispensada, na forma do art. 350 deste Código;

II – reduzida até o máximo de 2/3 (dois terços); ou

III – aumentada em até 1.000 (mil) vezes.
* § 1º com redação dada pela Lei nº 12.403/2011.

§ 2º. (Revogado).
* § 2º revogado pela Lei nº 12.403/2011.

Art. 326. Para determinar o valor da fiança, a autoridade terá em consideração a natureza da infração, as condições pessoais de fortuna e vida pregressa do acusado, as circunstâncias indicativas de sua periculosidade, bem como a importância provável das custas do processo, até final julgamento.

Art. 327. A fiança tomada por termo obrigará o afiançado a comparecer perante a autoridade, todas as vezes que for intimado para atos do inquérito e da instrução criminal e para o julgamento. Quando o réu não comparecer, a fiança será havida como quebrada.
* V. arts. 324, I; 329, parágrafo único; 341 a 350; e 581, VII, do CPP.

Art. 328. O réu afiançado não poderá, sob pena de quebramento da fiança, mudar de residência, sem prévia permissão da autoridade processante, ou ausentar-se por mais de 8 (oito) dias de sua residência, sem comunicar àquela autoridade o lugar onde será encontrado.
* V. arts. 324, I; 329, parágrafo único; 350; e 581, VII, do CPP.

Art. 329. Nos juízos criminais e delegacias de polícia, haverá um livro especial, com termos de abertura e de encerramento, numerado e rubricado em todas as suas folhas pela autoridade, destinado especialmente aos termos de fiança. O termo será lavrado pelo escrivão e assinado pela autoridade e por quem prestar a fiança, e dele extrair-se-á certidão para juntar-se aos autos.

Parágrafo único. O réu e quem prestar a fiança serão pelo escrivão notificados das obrigações e da sanção previstas nos arts. 327 e 328, o que constará dos autos.

Art. 330. A fiança, que será sempre definitiva, consistirá em depósito de dinheiro, pedras, objetos ou metais preciosos, títulos da dívida pública, federal, estadual ou municipal, ou em hipoteca inscrita em primeiro lugar.

§ 1º. A avaliação de imóvel, ou de pedras, objetos ou metais preciosos será feita imediatamente por perito nomeado pela autoridade.

§ 2º. Quando a fiança consistir em caução de títulos da dívida pública, o valor será determinado pela sua cotação em Bolsa, e, sendo nominativos, exigir-se-á prova de que se acham livres de ônus.

Art. 331. O valor em que consistir a fiança será recolhido à repartição arrecadadora federal ou estadual, ou entregue ao depositário público, juntando-se aos autos os respectivos conhecimentos.

Parágrafo único. Nos lugares em que o depósito não se puder fazer de pronto, o valor será entregue ao escrivão ou pessoa abonada, a critério da autoridade, e dentro de 3 (três) dias dar-se-á ao valor o destino que lhe assina este artigo, o que tudo constará do termo de fiança.

Art. 332. Em caso de prisão em flagrante, será competente para conceder a fiança a autoridade que presidir ao respectivo auto, e, em caso de prisão por mandado, o juiz que o houver expedido, ou a autoridade judiciária ou policial a quem tiver sido requisitada a prisão.
- V. arts. 285, 301 a 310 e 322 do CPP.

Art. 333. Depois de prestada a fiança, que será concedida independentemente de audiência do Ministério Público, este terá vista do processo a fim de requerer o que julgar conveniente.
- V. art. 581, V, do CPP.

Art. 334. A fiança poderá ser prestada enquanto não transitar em julgado a sentença condenatória.
- Art. 334 com redação dada pela Lei nº 12.403/2011.
- V. arts. 387, § 1º; 413, § 2º; e 660, § 3º, do CPP.

Art. 335. Recusando ou retardando a autoridade policial a concessão da fiança, o preso, ou alguém por ele, poderá prestá-la, mediante simples petição, perante o juiz competente, que decidirá em 48 (quarenta e oito) horas.
- Art. 335 com redação dada pela Lei nº 12.403/2011.
- V. art. 648, V, do CPP.

Art. 336. O dinheiro ou objetos dados como fiança servirão ao pagamento das custas, da indenização do dano, da prestação pecuniária e da multa, se o réu for condenado.

Parágrafo único. Este dispositivo terá aplicação ainda no caso da prescrição depois da sentença condenatória (art. 110 do Código Penal).
- Art. 336 com redação dada pela Lei nº 12.403/2011.

Art. 337. Se a fiança for declarada sem efeito ou passar em julgado sentença que houver absolvido o acusado ou declarada extinta a ação penal, o valor que a constituir, atualizado, será restituído sem desconto, salvo o disposto no parágrafo único do art. 336 deste Código.
- Art. 337 com redação dada pela Lei nº 12.403/2011.

Art. 338. A fiança que se reconheça não ser cabível na espécie será cassada em qualquer fase do processo.
- V. art. 581, V, do CPP.

Art. 339. Será também cassada a fiança quando reconhecida a existência de delito inafiançável, no caso de inovação na classificação do delito.
- V. arts. 383; 384; e 581, V, do CPP.
- Vide Súmula 81 do STJ.

Art. 340. Será exigido o reforço da fiança:

I – quando a autoridade tomar, por engano, fiança insuficiente;

II – quando houver depreciação material ou perecimento dos bens hipotecados ou caucionados, ou depreciação dos metais ou pedras preciosas;

III – quando for inovada a classificação do delito.

Parágrafo único. A fiança ficará sem efeito e o réu será recolhido à prisão, quando, na conformidade deste artigo, não for reforçada.

Art. 341. Julgar-se-á quebrada a fiança quando o acusado:
- Art. 341, *caput*, com redação dada pela Lei nº 12.403/2011.
- V. art. 581, VII, do CPP.

I – regularmente intimado para ato do processo, deixar de comparecer, sem motivo justo;
- Inciso I acrescido pela Lei nº 12.403/2011.

II – deliberadamente praticar ato de obstrução ao andamento do processo;
- Inciso II acrescido pela Lei nº 12.403/2011.

III – descumprir medida cautelar imposta cumulativamente com a fiança;
- Inciso III acrescido pela Lei nº 12.403/2011.
- V. art. 319 do CPP.

IV – resistir injustificadamente a ordem judicial;
- Inciso IV acrescido pela Lei nº 12.403/2011.

V – praticar nova infração penal dolosa.
- Inciso V acrescido pela Lei nº 12.403/2011.

Art. 342. Se vier a ser reformado o julgamento em que se declarou quebrada a fiança, esta subsistirá em todos os seus efeitos.

Art. 343. O quebramento injustificado da fiança importará na perda de metade do seu valor, cabendo ao juiz decidir sobre a imposição de outras medidas cautelares ou, se for o caso, a decretação da prisão preventiva.
- Art. 343 com redação dada pela Lei nº 12.403/2011.
- V. arts. 319; e 581, VII, do CPP.

Art. 344. Entender-se-á perdido, na totalidade, o valor da fiança, se, condenado, o acusado não se apresentar para o início do cumprimento da pena definitivamente imposta.
- Art. 344 com redação dada pela Lei nº 12.403/2011.
- V. art. 581, VII, do CPP.

Art. 345. No caso de perda da fiança, o seu valor, deduzidas as custas e mais encargos a que o acusado estiver obrigado, será recolhido ao fundo penitenciário, na forma da lei.
- Art. 345 com redação dada pela Lei nº 12.403/2011.

Art. 346. No caso de quebramento de fiança, feitas as deduções previstas no art. 345 deste Código, o valor restante será recolhido ao fundo penitenciário, na forma da lei.
- Art. 346 com redação dada pela Lei nº 12.403/2011.

Art. 347. Não ocorrendo a hipótese do art. 345, o saldo será entregue a quem houver prestado a fiança, depois de deduzidos os encargos a que o réu estiver obrigado.

Art. 348. Nos casos em que a fiança tiver sido prestada por meio de hipoteca, a execução será promovida no juízo cível pelo órgão do Ministério Público.

Art. 349. Se a fiança consistir em pedras, objetos ou metais preciosos, o juiz determinará a venda por leiloeiro ou corretor.

Art. 350. Nos casos em que couber fiança, o juiz, verificando a situação econômica do preso, poderá conceder-lhe liberdade provisória, sujeitando-o às obrigações constantes dos arts. 327 e 328 deste Código e a outras medidas cautelares, se for o caso.

Parágrafo único. Se o beneficiado descumprir, sem motivo justo, qual-

quer das obrigações ou medidas impostas, aplicar-se-á o disposto no § 4º do art. 282 deste Código.
- Art. 350 com redação dada pela Lei nº 12.403/2011.

TÍTULO X
DAS CITAÇÕES E INTIMAÇÕES

CAPÍTULO I
DAS CITAÇÕES

Art. 351. A citação inicial far-se-á por mandado, quando o réu estiver no território sujeito à jurisdição do juiz que a houver ordenado.
- V. arts. 564, III, "e"; e 570 a 572 do CPP.
- Vide Súmula 351 do STF.

Art. 352. O mandado de citação indicará:
- V. arts. 396, *caput*; e 406, *caput*, do CPP.

I – o nome do juiz;

II – o nome do querelante nas ações iniciadas por queixa;

III – o nome do réu, ou, se for desconhecido, os seus sinais característicos;

IV – a residência do réu, se for conhecida;

V – o fim para que é feita a citação;

VI – o juízo e o lugar, o dia e a hora em que o réu deverá comparecer;

VII – a subscrição do escrivão e a rubrica do juiz.
- V. art. 260, parágrafo único, do CPP.

Art. 353. Quando o réu estiver fora do território da jurisdição do juiz processante, será citado mediante precatória.

Art. 354. A precatória indicará:
- V. art. 356 do CPP.
- Vide Súmula 273 do STJ.

I – o juiz deprecado e o juiz deprecante;

II – a sede da jurisdição de um e de outro;

III – o fim para que é feita a citação, com todas as especificações;

IV – o juízo do lugar, o dia e a hora em que o réu deverá comparecer.

Art. 355. A precatória será devolvida ao juiz deprecante, independentemente de traslado, depois de lançado o "cumpra-se" e de feita a citação por mandado do juiz deprecado.

§ 1º. Verificado que o réu se encontra em território sujeito à jurisdição de outro juiz, a este remeterá o juiz deprecado os autos para efetivação da diligência, desde que haja tempo para fazer-se a citação.

§ 2º. Certificado pelo oficial de justiça que o réu se oculta para não ser citado, a precatória será imediatamente devolvida, para o fim previsto no art. 362.

Art. 356. Se houver urgência, a precatória, que conterá em resumo os requisitos enumerados no art. 354, poderá ser expedida por via telegráfica, depois de reconhecida a firma do juiz, o que a estação expedidora mencionará.

Art. 357. São requisitos da citação por mandado:
- V. art. 371 do CPP.

I – leitura do mandado ao citando pelo oficial e entrega da contrafé, na qual se mencionarão dia e hora da citação;

II – declaração do oficial, na certidão, da entrega da contrafé, e sua aceitação ou recusa.

Art. 358. A citação do militar far-se-á por intermédio do chefe do respectivo serviço.
- V. art. 221, § 2º, do CPP.

Art. 359. O dia designado para funcionário público comparecer em juízo, como acusado, será notificado assim a ele como ao chefe de sua repartição.
- V. art. 221, § 3º, do CPP.

Art. 360. Se o réu estiver preso, será pessoalmente citado.
- Art. 360 com redação dada pela Lei nº 10.792/2003.
- Vide Súmula 351 do STF.

Art. 361. Se o réu não for encontrado, será citado por edital, com o prazo de 15 (quinze) dias.
- V. arts. 366; 396, parágrafo único; e 406, § 1º, do CPP.
- Vide Súmulas 351 e 366 do STF.

Art. 362. Verificando que o réu se oculta para não ser citado, o oficial de justiça certificará a ocorrência e procederá à citação com hora certa, na forma estabelecida nos arts. 227 a 229 da Lei nº 5.869, de 11 de janeiro de 1973 – Código de Processo Civil*.
- Art. 362, *caput*, com redação dada pela Lei nº 11.719/2008.
- ♦ Refere-se ao CPC/1973. Vide arts. 252 a 254 do CPC/2015.

Parágrafo único. Completada a citação com hora certa, se o acusado não comparecer, ser-lhe-á nomeado defensor dativo.
- Parágrafo único acrescido pela Lei nº 11.719/2008.
- V. art. 355, § 2º, do CPP.
- Vide Tema 613 do STF.

Art. 363. O processo terá completada a sua formação quando realizada a citação do acusado.
- Art. 363, *caput*, com redação dada pela Lei nº 11.719/2008.

I – (Revogado);
- Inciso I revogado pela Lei nº 11.719/2008.

II – (Revogado).
- Inciso II revogado pela Lei nº 11.719/2008.

§ 1º. Não sendo encontrado o acusado, será procedida a citação por edital.
- § 1º acrescido pela Lei nº 11.719/2008.
- V. arts. 361; 366; 396; e 406, § 1º, do CPP.

§ 2º. (Vetado).
- § 2º acrescido pela Lei nº 11.719/2008.

§ 3º. (Vetado).
- § 3º acrescido pela Lei nº 11.719/2008.

§ 4º. Comparecendo o acusado citado por edital, em qualquer tempo, o processo observará o disposto nos arts. 394 e seguintes deste Código.
- § 4º acrescido pela Lei nº 11.719/2008.

Art. 364. No caso do artigo anterior, no I, o prazo será fixado pelo juiz entre 15 (quinze) e 90 (noventa) dias, de acordo com as circunstâncias, e, no caso do nº II, o prazo será de 30 (trinta) dias.
- V. art. 361 do CPP.

Art. 365. O edital de citação indicará:
- Vide Súmula 366 do STF.

I – o nome do juiz que a determinar;

II – o nome do réu, ou, se não for conhecido, os seus sinais caracte-

rísticos, bem como sua residência e profissão, se constarem do processo;
- V. art. 259 do CPP.

III – o fim para que é feita a citação;

IV – o juízo e o dia, a hora e o lugar em que o réu deverá comparecer;

V – o prazo, que será contado do dia da publicação do edital na imprensa, se houver, ou da sua afixação.

Parágrafo único. O edital será afixado à porta do edifício onde funcionar o juízo e será publicado pela imprensa, onde houver, devendo a afixação ser certificada pelo oficial que a tiver feito e a publicação provada por exemplar do jornal ou certidão do escrivão, da qual conste a página do jornal com a data da publicação.

Art. 366. Se o acusado, citado por edital, não comparecer, nem constituir advogado, ficarão suspensos o processo e o curso do prazo prescricional, podendo o juiz determinar a produção antecipada das provas consideradas urgentes e, se for o caso, decretar prisão preventiva, nos termos do disposto no art. 312.
- Art. 366, *caput*, com redação dada pela Lei nº 9.271/1996.
- Vide Tema 438 do STF.
- Vide Súmulas 415 e 455 do STJ.

§§ 1º e 2º. (Revogados).
- §§ 1º e 2º revogados pela Lei nº 11.719/2008.

Art. 367. O processo seguirá sem a presença do acusado que, citado ou intimado pessoalmente para qualquer ato, deixar de comparecer sem motivo justificado, ou, no caso de mudança de residência, não comunicar o novo endereço ao juízo.
- Art. 367 com redação dada pela Lei nº 9.271/1996.

Art. 368. Estando o acusado no estrangeiro, em lugar sabido, será citado mediante carta rogatória, suspendendo-se o curso do prazo de prescrição até o seu cumprimento.
- Art. 368 com redação dada pela Lei nº 9.271/1996.

Art. 369. As citações que houverem de ser feitas em legações estrangeiras serão efetuadas mediante carta rogatória.
- Art. 369 com redação dada pela Lei nº 9.271/1996.
- V. arts. 783 a 786 do CPP.

CAPÍTULO II
DAS INTIMAÇÕES

Art. 370. Nas intimações dos acusados, das testemunhas e demais pessoas que devam tomar conhecimento de qualquer ato, será observado, no que for aplicável, o disposto no Capítulo anterior.
- Art. 370, *caput*, com redação dada pela Lei nº 9.271/1996.
- V. arts. 392 e 570 do CPP.

§ 1º. A intimação do defensor constituído, do advogado do querelante e do assistente far-se-á por publicação no órgão incumbido da publicidade dos atos judiciais da comarca, incluindo, sob pena de nulidade, o nome do acusado.
- § 1º acrescido pela Lei nº 9.271/1996.

§ 2º. Caso não haja órgão de publicação dos atos judiciais na comarca, a intimação far-se-á diretamente pelo escrivão, por mandado, ou via postal com comprovante de recebimento, ou por qualquer outro meio idôneo.
- § 2º acrescido pela Lei nº 9.271/1996.

§ 3º. A intimação pessoal, feita pelo escrivão, dispensará a aplicação a que alude o § 1º.
• § 3º acrescido pela Lei nº 9.271/1996.

§ 4º. A intimação do Ministério Público e do defensor nomeado será pessoal.
• § 4º acrescido pela Lei nº 9.271/1996.

Art. 371. Será admissível a intimação por despacho na petição em que for requerida, observado o disposto no art. 357.

Art. 372. Adiada, por qualquer motivo, a instrução criminal, o juiz marcará desde logo, na presença das partes e testemunhas, dia e hora para seu prosseguimento, do que se lavrará termo nos autos.

TÍTULO XI
DA APLICAÇÃO PROVISÓRIA DE INTERDIÇÕES DE DIREITOS E MEDIDAS DE SEGURANÇA

Art. 373. A aplicação provisória de interdições de direitos poderá ser determinada pelo juiz, de ofício, ou a requerimento do Ministério Público, do querelante, do assistente, do ofendido, ou de seu representante legal, ainda que este não se tenha constituído como assistente:

I – durante a instrução criminal após a apresentação da defesa ou do prazo concedido para esse fim;

II – na sentença de pronúncia;

III – na decisão confirmatória da pronúncia ou na que, em grau de recurso, pronunciar o réu;

IV – na sentença condenatória recorrível.

§ 1º. No caso do nº I, havendo requerimento de aplicação da medida, o réu ou seu defensor será ouvido no prazo de 2 (dois) dias.

§ 2º. Decretada a medida, serão feitas as comunicações necessárias para a sua execução, na forma do disposto no Capítulo III do Título II do Livro IV.
• V. arts. 691 a 695 do CPP.

Art. 374. Não caberá recurso do despacho ou da parte da sentença que decretar ou denegar a aplicação provisória de interdições de direitos, mas estas poderão ser substituídas ou revogadas:

I – se aplicadas no curso da instrução criminal, durante esta ou pelas sentenças a que se referem os nºs II, III e IV do artigo anterior;

II – se aplicadas na sentença de pronúncia, pela decisão que, em grau de recurso, a confirmar, total ou parcialmente, ou pela sentença condenatória recorrível;

III – se aplicadas na decisão a que se refere o no III do artigo anterior, pela sentença condenatória recorrível.

Art. 375. O despacho que aplicar, provisoriamente, substituir ou revogar interdição de direito, será fundamentado.

Art. 376. A decisão que impronunciar ou absolver o réu fará cessar a aplicação provisória da interdição anteriormente determinada.

Art. 377. Transitando em julgado a sentença condenatória, serão executadas somente as interdições nela aplicadas ou que derivarem da imposição da pena principal.

Art. 378. A aplicação provisória de medida de segurança obedecerá ao disposto nos artigos anteriores, com as modificações seguintes:

I – o juiz poderá aplicar, provisoriamente, a medida de segurança, de ofício, ou a requerimento do Ministério Público;

II – a aplicação poderá ser determinada ainda no curso do inquérito, mediante representação da autoridade policial;

III – a aplicação provisória de medida de segurança, a substituição ou a revogação da anteriormente aplicada poderão ser determinadas, também, na sentença absolutória;

IV – decretada a medida, atender-se-á ao disposto no Título V do Livro IV, no que for aplicável.
* V. arts. 751 a 779 do CPP.
* Vide arts. 147, 171 e 172 da LEP.

Art. 379. Transitando em julgado a sentença, observar-se-á, quanto à execução das medidas de segurança definitivamente aplicadas, o disposto no Título V do Livro IV.
* V. arts. 751 a 779 do CPP.
* Vide arts. 147, 171 e 172 da LEP.

Art. 380. A aplicação provisória de medida de segurança obstará a concessão de fiança, e tornará sem efeito a anteriormente concedida.

TÍTULO XII
DA SENTENÇA

Art. 381. A sentença conterá:
* V. art. 564, III, "m", e IV, do CPP.

I – os nomes das partes ou, quando não possível, as indicações necessárias para identificá-las;

II – a exposição sucinta da acusação e da defesa;

III – a indicação dos motivos de fato e de direito em que se fundar a decisão;

IV – a indicação dos artigos de lei aplicados;

V – o dispositivo;

VI – a data e a assinatura do juiz.

Art. 382. Qualquer das partes poderá, no prazo de 2 (dois) dias, pedir ao juiz que declare• a sentença, sempre que nela houver obscuridade, ambiguidade, contradição ou omissão.
* ♦ Publicação oficial: "declare". Entendemos que seria: "aclare". (N.E.)
* V. art. 798, § 1º, do CPP.
* Vide Súmula 710 do STF.

Art. 383. O juiz, sem modificar a descrição do fato contida na denúncia ou queixa, poderá atribuir-lhe definição jurídica diversa, ainda que, em consequência, tenha de aplicar pena mais grave.
* Art. 383, *caput*, com redação dada pela Lei nº 11.719/2008.
* V. art. 617 do CPP.

§ 1º. Se, em consequência de definição jurídica diversa, houver possibilidade de proposta de suspensão condicional do processo,

o juiz procederá de acordo com o disposto na lei.
- § 1º acrescido pela Lei nº 11.719/2008.
- V. art. 384, § 3º, do CPP.
- Vide Súmulas 696 e 723 do STF.
- Vide Súmulas 243 e 337 do STJ.

§ 2º. Tratando-se de infração da competência de outro juízo, a este serão encaminhados os autos.
- § 2º acrescido pela Lei nº 11.719/2008.
- V. art. 384, § 3º, do CPP.

Art. 384. Encerrada a instrução probatória, se entender cabível nova definição jurídica do fato, em consequência de prova existente nos autos de elemento ou circunstância da infração penal não contida na acusação, o Ministério Público deverá aditar a denúncia ou queixa, no prazo de 5 (cinco) dias, se em virtude desta houver sido instaurado o processo em crime de ação pública, reduzindo-se a termo o aditamento, quando feito oralmente.
- Art. 384, *caput*, com redação dada pela Lei nº 11.719/2008.
- Vide Súmula 453 do STF.

§ 1º. Não procedendo o órgão do Ministério Público ao aditamento, aplica-se o art. 28 deste Código.
- § 1º acrescido pela Lei nº 11.719/2008.

§ 2º. Ouvido o defensor do acusado no prazo de 5 (cinco) dias e admitido o aditamento, o juiz, a requerimento de qualquer das partes, designará dia e hora para continuação da audiência, com inquirição de testemunhas, novo interrogatório do acusado, realização de debates e julgamento.
- § 2º acrescido pela Lei nº 11.719/2008.

§ 3º. Aplicam-se as disposições dos §§ 1º e 2º do art. 383 ao *caput* deste artigo.
- § 3º acrescido pela Lei nº 11.719/2008.

§ 4º. Havendo aditamento, cada parte poderá arrolar até 3 (três) testemunhas, no prazo de 5 (cinco) dias, ficando o juiz, na sentença, adstrito aos termos do aditamento.
- § 4º acrescido pela Lei nº 11.719/2008.

§ 5º. Não recebido o aditamento, o processo prosseguirá.
- § 5º acrescido pela Lei nº 11.719/2008.

Art. 385. Nos crimes de ação pública, o juiz poderá proferir sentença condenatória, ainda que o Ministério Público tenha opinado pela absolvição, bem como reconhecer agravantes, embora nenhuma tenha sido alegada.

Art. 386. O juiz absolverá o réu, mencionando a causa na parte dispositiva, desde que reconheça:
- V. arts. 415 e 617 do CPP.

I – estar provada a inexistência do fato;

II – não haver prova da existência do fato;
- V. art. 66 do CPP.

III – não constituir o fato infração penal;
- V. arts. 67, III; 397, III; e 415, III, do CPP.

IV – estar provado que o réu não concorreu para a infração penal;
- Inciso IV com redação dada pela Lei nº 11.690/2008.
- V. art. 415, II, do CPP.

V – não existir prova de ter o réu concorrido para a infração penal;
- Inciso V com redação dada pela Lei nº 11.690/2008.
- V. art. 397, II; e 415, II, do CPP.

VI – existirem circunstâncias que excluam o crime ou isentem o réu de pena (arts. 20, 21, 22, 23, 26 e § 1º do art. 28, todos do Código Penal), ou mesmo se houver fundada dúvida sobre sua existência;
- Inciso VI com redação dada pela Lei nº 11.690/2008.
- V. art. 65; 397, I e II; e 415, IV, do CPP.

VII – não existir prova suficiente para a condenação.
- Inciso VII acrescido pela Lei nº 11.690/2008.

Parágrafo único. Na sentença absolutória, o juiz:

I – mandará, se for o caso, pôr o réu em liberdade;
- V. art. 596 do CPP.

II – ordenará a cessação das medidas cautelares e provisoriamente aplicadas;
- Inciso II com redação dada pela Lei nº 11.690/2008.

III – aplicará medida de segurança, se cabível.
- Vide Súmulas 422 e 525 do STF.

Art. 387. O juiz, ao proferir sentença condenatória:
- V. art. 617 do CPP.

I – mencionará as circunstâncias agravantes ou atenuantes definidas no Código Penal, e cuja existência reconhecer;
- Vide Súmula 716 do STF.
- Vide Súmulas 241, 440 e 444 do STJ.

II – mencionará as outras circunstâncias apuradas e tudo o mais que deva ser levado em conta na aplicação da pena, de acordo com o disposto nos arts. 59 e 60 do Decreto-Lei nº 2.848, de 7 de dezembro de 1940 – Código Penal;
- Inciso II com redação dada pela Lei nº 11.719/2008.

III – aplicará as penas de acordo com essas conclusões;
- Inciso III com redação dada pela Lei nº 11.719/2008.

IV – fixará valor mínimo para reparação dos danos causados pela infração, considerando os prejuízos sofridos pelo ofendido;
- Inciso IV com redação dada pela Lei nº 11.719/2008.
- V. arts. 63 e 64 do CPP.
- Vide Tema Repetitivo 983 do STJ.

V – atenderá, quanto à aplicação provisória de interdições de direitos e medidas de segurança, ao disposto no Título XI deste Livro;
- V. arts. 282 a 350 e 373 a 380 do CPP.

VI – determinará se a sentença deverá ser publicada na íntegra ou em resumo e designará o jornal em que será feita a publicação (art. 73, § 1º, do Código Penal).

§ 1º. O juiz decidirá, fundamentadamente, sobre a manutenção ou, se for o caso, a imposição de prisão preventiva ou de outra medida cautelar, sem prejuízo do conhecimento de apelação que vier a ser interposta.
- § 1º acrescido pela Lei nº 12.736/2012.
- V. arts. 311 a 318 e 593, I, do CPP.
- Vide Súmula 347 do STJ.

§ 2º. O tempo de prisão provisória, de prisão administrativa ou de inter-

nação, no Brasil ou no estrangeiro, será computado para fins de determinação do regime inicial de pena privativa de liberdade.
• § 2º acrescido pela Lei nº 12.736/2012.

Art. 388. A sentença poderá ser datilografada e neste caso o juiz a rubricará em todas as folhas.

Art. 389. A sentença será publicada em mão do escrivão, que lavrará nos autos o respectivo termo, registrando-a em livro especialmente destinado a esse fim.
• V. art. 799 do CPP.

Art. 390. O escrivão, dentro de 3 (três) dias após a publicação, e sob pena de suspensão de 5 (cinco) dias, dará conhecimento da sentença ao órgão do Ministério Público.
• V. arts. 799 e 800, § 4º, do CPP.

Art. 391. O querelante ou o assistente será intimado da sentença, pessoalmente ou na pessoa de seu advogado. Se nenhum deles for encontrado no lugar da sede do juízo, a intimação será feita mediante edital com o prazo de 10 (dez) dias, afixado no lugar de costume.
• V. arts. 268 a 273; e 370, § 1º, do CPP.

Art. 392. A intimação da sentença será feita:
• V. art. 798 do CPP.
• Vide Súmulas 310 e 710 do STF.

I – ao réu, pessoalmente, se estiver preso;

II – ao réu, pessoalmente, ou ao defensor por ele constituído, quando se livrar solto, ou, sendo afiançável a infração, tiver prestado fiança;
• V. arts. 321 a 324 e 370 do CPP.

III – ao defensor constituído pelo réu, se este, afiançável, ou não, a infração, expedido o mandado de prisão, não tiver sido encontrado, e assim o certificar o oficial de justiça;
• V. art. 370 do CPP.

IV – mediante edital, nos casos do nº II, se o réu e o defensor que houver constituído não forem encontrados, e assim o certificar o oficial de justiça;

V – mediante edital, nos casos do nº III, se o defensor que o réu houver constituído também não for encontrado, e assim o certificar o oficial de justiça;

VI – mediante edital, se o réu, não tendo constituído defensor, não for encontrado, e assim o certificar o oficial de justiça.

§ 1º. O prazo do edital será de 90 (noventa) dias, se tiver sido imposta pena privativa de liberdade por tempo igual ou superior a 1 (um) ano, e de 60 (sessenta) dias, nos outros casos.

§ 2º. O prazo para apelação correrá após o término do fixado no edital, salvo se, no curso deste, for feita a intimação por qualquer das outras formas estabelecidas neste artigo.

Art. 393. (Revogado).
• Art. 393 revogado pela Lei nº 12.403/2011.

Livro II
DOS PROCESSOS EM ESPÉCIE

TÍTULO I
DO PROCESSO COMUM

CAPÍTULO I
DA INSTRUÇÃO CRIMINAL

Art. 394. O procedimento será comum ou especial.
- Art. 394, *caput*, com redação dada pela Lei nº 11.719/2008.

§ 1º. O procedimento comum será ordinário, sumário ou sumaríssimo:

I – ordinário, quando tiver por objeto crime cuja sanção máxima cominada for igual ou superior a 4 (quatro) anos de pena privativa de liberdade;

II – sumário, quando tiver por objeto crime cuja sanção máxima cominada seja inferior a 4 (quatro) anos de pena privativa de liberdade;
- V. arts. 531 a 538 do CPP.

III – sumaríssimo, para as infrações penais de menor potencial ofensivo, na forma da lei.
- § 1º acrescido pela Lei nº 11.719/2008.

§ 2º. Aplica-se a todos os processos o procedimento comum, salvo disposições em contrário deste Código ou de lei especial.
- § 2º acrescido pela Lei nº 11.719/2008.

§ 3º. Nos processos de competência do Tribunal do Júri, o procedimento observará as disposições estabelecidas nos arts. 406 a 497 deste Código.
- § 3º acrescido pela Lei nº 11.719/2008.

§ 4º. As disposições dos arts. 395 a 398 deste Código aplicam-se a todos os procedimentos penais de primeiro grau, ainda que não regulados neste Código.
- § 4º acrescido pela Lei nº 11.719/2008.

§ 5º. Aplicam-se subsidiariamente aos procedimentos especial, sumário e sumaríssimo as disposições do procedimento ordinário.
- § 5º acrescido pela Lei nº 11.719/2008.

Art. 394-A. Os processos que apurem a prática de crime hediondo ou violência contra a mulher terão prioridade de tramitação em todas as instâncias.
- Art. 394-A, *caput*, com redação dada pela Lei nº 14.994/2024.

§ 1º. Os processos que apurem violência contra a mulher independerão do pagamento de custas, taxas ou despesas processuais, salvo em caso de má-fé.
- § 1º acrescido pela Lei nº 14.994/2024.

§ 2º. As isenções de que trata o § 1º deste artigo aplicam-se apenas à vítima e, em caso de morte, ao cônjuge, ascendente, descendente ou irmão, quando a estes couber o direito de representação ou de oferecer queixa ou prosseguir com a ação.
- § 2º acrescido pela Lei nº 14.994/2024.

Art. 395. A denúncia ou queixa será rejeitada quando:
- Art. 395, *caput*, com redação dada pela Lei nº 11.719/2008.
- V. arts. 516 e 581, I, do CPP.
- Vide Súmulas 524, 707 e 709 do STF.

I – for manifestamente inepta;
- Inciso I acrescido pela Lei nº 11.719/2008.
- V. art. 41 do CPP.

II – faltar pressuposto processual ou condição para o exercício da ação penal; ou
* Inciso II acrescido pela Lei nº 11.719/2008.

III – faltar justa causa para o exercício da ação penal.
* Inciso III acrescido pela Lei nº 11.719/2008.

Parágrafo único. (Revogado).
* Parágrafo único acrescido e com texto revogado pela Lei nº 11.719/2008.

Art. 396. Nos procedimentos ordinário e sumário, oferecida a denúncia ou queixa, o juiz, se não a rejeitar liminarmente, recebê-la-á e ordenará a citação do acusado para responder à acusação, por escrito, no prazo de 10 (dez) dias.

Parágrafo único. No caso de citação por edital, o prazo para a defesa começará a fluir a partir do comparecimento pessoal do acusado ou do defensor constituído.
* Art. 396 com redação dada pela Lei nº 11.719/2008.

Art. 396-A. Na resposta, o acusado poderá arguir preliminares e alegar tudo o que interesse à sua defesa, oferecer documentos e justificações, especificar as provas pretendidas e arrolar testemunhas, qualificando-as e requerendo sua intimação, quando necessário.

§ 1º. A exceção será processada em apartado, nos termos dos arts. 95 a 112 deste Código.

§ 2º. Não apresentada a resposta no prazo legal, ou se o acusado, citado, não constituir defensor, o juiz nomeará defensor para oferecê-la, concedendo-lhe vista dos autos por 10 (dez) dias.
* Art. 396-A acrescido pela Lei nº 11.719/2008.
* V. art. 366 do CPP.

Art. 397. Após o cumprimento do disposto no art. 396-A, e parágrafos, deste Código, o juiz deverá absolver sumariamente o acusado quando verificar:
* Art. 397, *caput*, com redação dada pela Lei nº 11.719/2008.
* V. arts. 415, 581, VIII, e 593, I, do CPP.

I – a existência manifesta de causa excludente da ilicitude do fato;
* Inciso I acrescido pela Lei nº 11.719/2008.

II – a existência manifesta de causa excludente da culpabilidade do agente, salvo inimputabilidade;
* Inciso II acrescido pela Lei nº 11.719/2008.

III – que o fato narrado evidentemente não constitui crime; ou
* Inciso III acrescido pela Lei nº 11.719/2008.

IV – extinta a punibilidade do agente.
* Inciso IV acrescido pela Lei nº 11.719/2008.
* V. art. 61 do CPP.

Art. 398. (Revogado).
* Art. 398 revogado pela Lei nº 11.719/2008.

Art. 399. Recebida a denúncia ou queixa, o juiz designará dia e hora para a audiência, ordenando a intimação do acusado, de seu defensor, do Ministério Público e, se for o caso, do querelante e do assistente.
* Art. 399, *caput*, com redação dada pela Lei nº 11.719/2008.
* V. arts. 370 a 372 do CPP.

§ 1º. O acusado preso será requisitado para comparecer ao interrogatório, devendo o poder público providenciar sua apresentação.
* § 1º acrescido pela Lei nº 11.719/2008.
* V. arts. 185 a 196; 260; e 564, III, "e", do CPP.

§ 2º. O juiz que presidiu a instrução deverá proferir a sentença.
* § 2º acrescido pela Lei nº 11.719/2008.

Art. 400. Na audiência de instrução e julgamento, a ser realizada no prazo máximo de 60 (sessenta) dias, proceder-se-á à tomada de declarações do ofendido, à inquirição das testemunhas arroladas pela acusação e pela defesa, nesta ordem, ressalvado o disposto no art. 222 deste Código, bem como aos esclarecimentos dos peritos, às acareações e ao reconhecimento de pessoas e coisas, interrogando-se, em seguida, o acusado.
- Art. 400, *caput*, com redação dada pela Lei nº 11.719/2008.
- V. art. 185, § 4º; e 533 do CPP.

§ 1º. As provas serão produzidas numa só audiência, podendo o juiz indeferir as consideradas irrelevantes, impertinentes ou protelatórias.
- § 1º acrescido pela Lei nº 11.719/2008.

§ 2º. Os esclarecimentos dos peritos dependerão de prévio requerimento das partes.
- § 2º acrescido pela Lei nº 11.719/2008.
- V. art. 278 do CPP.

Art. 400-A. Na audiência de instrução e julgamento, e, em especial, nas que apurem crimes contra a dignidade sexual, todas as partes e demais sujeitos processuais presentes no ato deverão zelar pela integridade física e psicológica da vítima, sob pena de responsabilização civil, penal e administrativa, cabendo ao juiz garantir o cumprimento do disposto neste artigo, vedadas:
- Vide ADPF 1107.

I – a manifestação sobre circunstâncias ou elementos alheios aos fatos objeto de apuração nos autos;

II – a utilização de linguagem, de informações ou de material que ofendam a dignidade da vítima ou de testemunhas.
- Art. 400-A acrescido pela Lei nº 14.245/2021.

Art. 401. Na instrução poderão ser inquiridas até 8 (oito) testemunhas arroladas pela acusação e 8 (oito) pela defesa.
- Art. 401, *caput*, com redação dada pela Lei nº 11.719/2008.
- V. art. 209 do CPP.

§ 1º. Nesse número não se compreendem as que não prestem compromisso e as referidas.
- § 1º acrescido pela Lei nº 11.719/2008.
- V. art. 208 do CPP.

§ 2º. A parte poderá desistir da inquirição de qualquer das testemunhas arroladas, ressalvado o disposto no art. 209 deste Código.
- § 2º acrescido pela Lei nº 11.719/2008.

Art. 402. Produzidas as provas, ao final da audiência, o Ministério Público, o querelante e o assistente e, a seguir, o acusado poderão requerer diligências cuja necessidade se origine de circunstâncias ou fatos apurados na instrução.
- Art. 402 com redação dada pela Lei nº 11.719/2008.

Art. 403. Não havendo requerimento de diligências, ou sendo indeferido, serão oferecidas alegações finais orais por 20 (vinte) minutos, respectivamente, pela acusação e pela defesa, prorrogáveis por mais 10 (dez), proferindo o juiz, a seguir, sentença.
- Art. 403, *caput*, com redação dada pela Lei nº 11.719/2008.

§ 1º. Havendo mais de um acusado, o tempo previsto para a defesa de cada um será individual.
- § 1º acrescido pela Lei nº 11.719/2008.

§ 2º. Ao assistente do Ministério Público, após a manifestação desse, serão concedidos 10 (dez) minutos, prorrogando-se por igual período o tempo de manifestação da defesa.
* § 2º acrescido pela Lei nº 11.719/2008.
* V. arts. 268 a 273 do CPP.

§ 3º. O juiz poderá, considerada a complexidade do caso ou o número de acusados, conceder às partes o prazo de 5 (cinco) dias sucessivamente para a apresentação de memoriais. Nesse caso, terá o prazo de 10 (dez) dias para proferir a sentença.
* § 3º acrescido pela Lei nº 11.719/2008.
* V. art. 800, § 3º, do CPP.

Art. 404. Ordenado diligência considerada imprescindível, de ofício ou a requerimento da parte, a audiência será concluída sem as alegações finais.
* Art. 404, *caput*, com redação dada pela Lei nº 11.719/2008.

Parágrafo único. Realizada, em seguida, a diligência determinada, as partes apresentarão, no prazo sucessivo de 5 (cinco) dias, suas alegações finais, por memorial, e, no prazo de 10 (dez) dias, o juiz proferirá a sentença.
* Parágrafo único acrescido pela Lei nº 11.719/2008.

Art. 405. Do ocorrido em audiência será lavrado termo em livro próprio, assinado pelo juiz e pelas partes, contendo breve resumo dos fatos relevantes nela ocorridos.
* Art. 405, *caput*, com redação dada pela Lei nº 11.719/2008.

§ 1º. Sempre que possível, o registro dos depoimentos do investigado, indiciado, ofendido e testemunhas será feito pelos meios ou recursos de gravação magnética, estenotipia, digital ou técnica similar, inclusive audiovisual, destinada a obter maior fidelidade das informações.
* § 1º acrescido pela Lei nº 11.719/2008.

§ 2º. No caso de registro por meio audiovisual, será encaminhado às partes cópia do registro original, sem necessidade de transcrição.
* § 2º acrescido pela Lei nº 11.719/2008.
* V. art. 41 do CPP.

CAPÍTULO II
DO PROCEDIMENTO RELATIVO AOS PROCESSOS DA COMPETÊNCIA DO TRIBUNAL DO JÚRI
* Capítulo II com denominação dada pela Lei nº 11.689/2008.

Seção I
DA ACUSAÇÃO E DA INSTRUÇÃO PRELIMINAR
* Seção I com denominação dada pela Lei nº 11.689/2008.
* V. art. 74, § 1º, do CPP.

Art. 406. O juiz, ao receber a denúncia ou a queixa, ordenará a citação do acusado para responder a acusação, por escrito, no prazo de 10 (dez) dias.
* Art. 406, *caput*, com redação dada pela Lei nº 11.689/2008.

§ 1º. O prazo previsto no *caput* deste artigo será contado a partir do efetivo cumprimento do mandado ou do comparecimento, em juízo, do acusado ou de defensor constituído, no caso de citação inválida ou por edital.
* § 1º com redação dada pela Lei nº 11.689/2008.
* Vide Súmula 710 do STF.

§ 2º. A acusação deverá arrolar testemunhas, até o máximo de 8 (oito), na denúncia ou na queixa.
* § 2º com redação dada pela Lei nº 11.689/2008.

§ 3º. Na resposta, o acusado poderá arguir preliminares e alegar tudo que interesse a sua defesa, oferecer documentos e justificações, especificar as provas pretendidas e arrolar testemunhas, até o máximo de 8 (oito), qualificando-as e requerendo sua intimação, quando necessário.
- § 3º acrescido pela Lei nº 11.689/2008.

Art. 407. As exceções serão processadas em apartado, nos termos dos arts. 95 a 112 deste Código.
- Art. 407 com redação dada pela Lei nº 11.689/2008.

Art. 408. Não apresentada a resposta no prazo legal, o juiz nomeará defensor para oferecê-la em até 10 (dez) dias, concedendo-lhe vista dos autos.
- Art. 408 com redação dada pela Lei nº 11.689/2008.

Art. 409. Apresentada a defesa, o juiz ouvirá o Ministério Público ou o querelante sobre preliminares e documentos, em 5 (cinco) dias.
- Art. 409 com redação dada pela Lei nº 11.689/2008.

Art. 410. O juiz determinará a inquirição das testemunhas e a realização das diligências requeridas pelas partes, no prazo máximo de 10 (dez) dias.
- Art. 410 com redação dada pela Lei nº 11.689/2008.

Art. 411. Na audiência de instrução, proceder-se-á à tomada de declarações do ofendido, se possível, à inquirição das testemunhas arroladas pela acusação e pela defesa, nesta ordem, bem como aos esclarecimentos dos peritos, às acareações e ao reconhecimento de pessoas e coisas, interrogando-se, em seguida, o acusado e procedendo-se o debate.
- Art. 411, *caput*, com redação dada pela Lei nº 11.689/2008.
- V. art. 185, § 4º, do CPP.
- Vide Súmula 712 do STF.

§ 1º. Os esclarecimentos dos peritos dependerão de prévio requerimento e de deferimento pelo juiz.
- § 1º acrescido pela Lei nº 11.689/2008.

§ 2º. As provas serão produzidas em uma só audiência, podendo o juiz indeferir as consideradas irrelevantes, impertinentes ou protelatórias.
- § 2º acrescido pela Lei nº 11.689/2008.

§ 3º. Encerrada a instrução probatória, observar-se-á, se for o caso, o disposto no art. 384 deste Código.
- § 3º acrescido pela Lei nº 11.689/2008.

§ 4º. As alegações serão orais, concedendo-se a palavra, respectivamente, à acusação e à defesa, pelo prazo de 20 (vinte) minutos, prorrogáveis por mais 10 (dez).
- § 4º acrescido pela Lei nº 11.689/2008.

§ 5º. Havendo mais de 1 (um) acusado, o tempo previsto para a acusação e a defesa de cada um deles será individual.
- § 5º acrescido pela Lei nº 11.689/2008.

§ 6º. Ao assistente do Ministério Público, após a manifestação deste, serão concedidos 10 (dez) minutos, prorrogando-se por igual período o tempo de manifestação da defesa.
- § 6º acrescido pela Lei nº 11.689/2008.

§ 7º. Nenhum ato será adiado, salvo quando imprescindível à prova faltante, determinando o juiz a condução coercitiva de quem deva comparecer.
- § 7º acrescido pela Lei nº 11.689/2008.

§ 8º. A testemunha que comparecer será inquirida, independentemente da suspensão da audiência, observada em qualquer caso a ordem estabelecida no *caput* deste artigo.
- § 8º acrescido pela Lei nº 11.689/2008.

§ 9º. Encerrados os debates, o juiz proferirá a sua decisão, ou o fará em 10 (dez) dias, ordenando que os autos para isso lhe sejam conclusos.
* § 9º acrescido pela Lei nº 11.689/2008.

Art. 412. O procedimento será concluído no prazo máximo de 90 (noventa) dias.
* Art. 412 com redação dada pela Lei nº 11.689/2008.

Seção II
DA PRONÚNCIA, DA IMPRONÚNCIA E DA ABSOLVIÇÃO SUMÁRIA
* Seção II com redação dada pela Lei nº 11.689/2008.

Art. 413. O juiz, fundamentadamente, pronunciará o acusado, se convencido da materialidade do fato e da existência de indícios suficientes de autoria ou de participação.
* Art. 413, *caput*, com redação dada pela Lei nº 11.689/2008.
* V. arts. 74, § 3º; 239; 564, III, "f"; 581, IV; e 585 do CPP.
* Vide Súmula 712 do STF.
* Vide Súmula 191 do STJ.

§ 1º. A fundamentação da pronúncia limitar-se-á à indicação da materialidade do fato e da existência de indícios suficientes de autoria ou de participação, devendo o juiz declarar o dispositivo legal em que julgar incurso o acusado e especificar as circunstâncias qualificadoras e as causas de aumento de pena.
* § 1º acrescido pela Lei nº 11.689/2008.
* V. art. 418 do CPP.

§ 2º. Se o crime for afiançável, o juiz arbitrará o valor da fiança para a concessão ou manutenção da liberdade provisória.
* § 2º acrescido pela Lei nº 11.689/2008.
* V. arts. 321 a 350 do CPP.

§ 3º. O juiz decidirá, motivadamente, no caso de manutenção, revogação ou substituição da prisão ou medida restritiva de liberdade anteriormente decretada e, tratando-se de acusado solto, sobre a necessidade da decretação da prisão ou imposição de quaisquer das medidas previstas no Título IX do Livro I deste Código.
* § 3º acrescido pela Lei nº 11.689/2008.
* Vide Súmula 21 do STJ.

Art. 414. Não se convencendo da materialidade do fato ou da existência de indícios suficientes de autoria ou de participação, o juiz, fundamentadamente, impronunciará o acusado.
* Art. 414, *caput*, com redação dada pela Lei nº 11.689/2008.

Parágrafo único. Enquanto não ocorrer a extinção da punibilidade, poderá ser formulada nova denúncia ou queixa se houver prova nova.
* Parágrafo único acrescido pela Lei nº 11.689/2008.

Art. 415. O juiz, fundamentadamente, absolverá desde logo o acusado, quando:
* V. arts. 574, II; e 596 do CPP.

I – provada a inexistência do fato;

II – provado não ser ele autor ou partícipe do fato;

III – o fato não constituir infração penal;

IV – demonstrada causa de isenção de pena ou de exclusão do crime.
* Art. 415, *caput*, com redação dada pela Lei nº 11.689/2008.

Parágrafo único. Não se aplica o disposto no inciso IV do *caput* deste artigo ao caso de inimputabilidade prevista no *caput* do art. 26 do Decreto-Lei nº 2.848, de 7 de dezembro de

1940 – Código Penal, salvo quando esta for a única tese defensiva.
* Parágrafo único acrescido pela Lei nº 11.689/2008.

Art. 416. Contra a sentença de impronúncia ou de absolvição sumária caberá apelação.
* Art. 416 com redação dada pela Lei nº 11.689/2008.

Art. 417. Se houver indícios de autoria ou de participação de outras pessoas não incluídas na acusação, o juiz, ao pronunciar ou impronunciar o acusado, determinará o retorno dos autos ao Ministério Público, por 15 (quinze) dias, aplicável, no que couber, o art. 80 deste Código.
* Art. 417 com redação dada pela Lei nº 11.689/2008.
* V. art. 28 do CPP.

Art. 418. O juiz poderá dar ao fato definição jurídica diversa da constante da acusação, embora o acusado fique sujeito a pena mais grave.
* Art. 418 com redação dada pela Lei nº 11.689/2008.

Art. 419. Quando o juiz se convencer, em discordância com a acusação, da existência de crime diverso dos referidos no § 1º do art. 74 deste Código e não for competente para o julgamento, remeterá os autos ao juiz que o seja.
* Art. 419, *caput*, com redação dada pela Lei nº 11.689/2008.
* V. arts. 81, parágrafo único; e 581, II, do CPP.
* Vide Súmula 603 do STF.

Parágrafo único. Remetidos os autos do processo a outro juiz, à disposição deste ficará o acusado preso.
* Parágrafo único acrescido pela Lei nº 11.689/2008.

Art. 420. A intimação da decisão de pronúncia será feita:
* Art. 420, *caput*, com redação dada pela Lei nº 11.689/2008.

I – pessoalmente ao acusado, ao defensor nomeado e ao Ministério Público;
* Inciso I acrescido pela Lei nº 11.689/2008.

II – ao defensor constituído, ao querelante e ao assistente do Ministério Público, na forma do disposto no § 1º do art. 370 deste Código.
* Inciso II acrescido pela Lei nº 11.689/2008.

Parágrafo único. Será intimado por edital o acusado solto que não for encontrado.
* Parágrafo único acrescido pela Lei nº 11.689/2008.

Art. 421. Preclusa a decisão de pronúncia, os autos serão encaminhados ao juiz presidente do Tribunal do Júri.
* Art. 421, *caput*, com redação dada pela Lei nº 11.689/2008.

§ 1º. Ainda que preclusa a decisão de pronúncia, havendo circunstância superveniente que altere a classificação do crime, o juiz ordenará a remessa dos autos ao Ministério Público.
* § 1º acrescido pela Lei nº 11.689/2008.

§ 2º. Em seguida, os autos serão conclusos ao juiz para decisão.
* § 2º acrescido pela Lei nº 11.689/2008.

Seção III
DA PREPARAÇÃO DO PROCESSO PARA JULGAMENTO EM PLENÁRIO
* Seção III com redação dada pela Lei nº 11.689/2008.

Art. 422. Ao receber os autos, o presidente do Tribunal do Júri determinará a intimação do órgão do Ministério Público ou do querelante, no caso de queixa, e do defensor, para, no prazo de 5 (cinco) dias, apresentarem rol de testemunhas que irão depor em

plenário, até o máximo de 5 (cinco), oportunidade em que poderão juntar documentos e requerer diligência.
* Art. 422 com redação dada pela Lei nº 11.689/2008.
* V. art. 461 do CPP.

Art. 423. Deliberando sobre os requerimentos de provas a serem produzidas ou exibidas no plenário do júri, e adotadas as providências devidas, o juiz presidente:
* Art. 423, *caput*, com redação dada pela Lei nº 11.689/2008.

I – ordenará as diligências necessárias para sanar qualquer nulidade ou esclarecer fato que interesse ao julgamento da causa;
* Inciso I acrescido pela Lei nº 11.689/2008.

II – fará relatório sucinto do processo, determinando sua inclusão em pauta da reunião do Tribunal do Júri.
* Inciso II acrescido pela Lei nº 11.689/2008.

Art. 424. Quando a lei local de organização judiciária não atribuir ao presidente do Tribunal do Júri o preparo para julgamento, o juiz competente remeter-lhe-á os autos do processo preparado até 5 (cinco) dias antes do sorteio a que se refere o art. 433 deste Código.

Parágrafo único. Deverão ser remetidos, também, os processos preparados até o encerramento da reunião, para a realização de julgamento.
* Art. 424 com redação dada pela Lei nº 11.689/2008.

Seção IV
DO ALISTAMENTO DOS JURADOS
* Seção IV com redação dada pela Lei nº 11.689/2008.

Art. 425. Anualmente, serão alistados pelo presidente do Tribunal do Júri de 800 (oitocentos) a 1.500 (um mil e quinhentos) jurados nas comarcas de mais de 1.000.000 (um milhão) de habitantes, de 300 (trezentos) a 700 (setecentos) nas comarcas de mais de 100.000 (cem mil) habitantes e de 80 (oitenta) a 400 (quatrocentos) nas comarcas de menor população.
* Art. 425, *caput*, com redação dada pela Lei nº 11.689/2008.

§ 1º. Nas comarcas onde for necessário, poderá ser aumentado o número de jurados e, ainda, organizada lista de suplentes, depositadas as cédulas em urna especial, com as cautelas mencionadas na parte final do § 3º do art. 426 deste Código.
* § 1º acrescido pela Lei nº 11.689/2008.

§ 2º. O juiz presidente requisitará às autoridades locais, associações de classe e de bairro, entidades associativas e culturais, instituições de ensino em geral, universidades, sindicatos, repartições públicas e outros núcleos comunitários a indicação de pessoas que reúnam as condições para exercer a função de jurado.
* § 2º acrescido pela Lei nº 11.689/2008.

Art. 426. A lista geral dos jurados, com indicação das respectivas profissões, será publicada pela imprensa até o dia 10 de outubro de cada ano e divulgada em editais afixados à porta do Tribunal do Júri.
* Art. 426, *caput*, com redação dada pela Lei nº 11.689/2008.

§ 1º. A lista poderá ser alterada, de ofício ou mediante reclamação de qualquer do povo ao juiz presidente

até o dia 10 de novembro, data de sua publicação definitiva.
- § 1º acrescido pela Lei nº 11.689/2008.
- V. arts. 581, XIV; e 586, parágrafo único, do CPP.

§ 2º. Juntamente com a lista, serão transcritos os arts. 436 a 446 deste Código.
- § 2º acrescido pela Lei nº 11.689/2008.

§ 3º. Os nomes e endereços dos alistados, em cartões iguais, após serem verificados na presença do Ministério Público, de advogado indicado pela Seção local da Ordem dos Advogados do Brasil e de defensor indicado pelas Defensorias Públicas competentes, permanecerão guardados em urna fechada a chave, sob a responsabilidade do juiz presidente.
- § 3º acrescido pela Lei nº 11.689/2008.
- V. art. 425, § 1º, do CPP.

§ 4º. O jurado que tiver integrado o Conselho de Sentença nos 12 (doze) meses que antecederem à publicação da lista geral fica dela excluído.
- § 4º acrescido pela Lei nº 11.689/2008.

§ 5º. Anualmente, a lista geral de jurados será, obrigatoriamente, completada.
- § 5º acrescido pela Lei nº 11.689/2008.

Seção V
DO DESAFORAMENTO
- Seção V com redação dada pela Lei nº 11.689/2008.

Art. 427. Se o interesse da ordem pública o reclamar ou houver dúvida sobre a imparcialidade do júri ou a segurança pessoal do acusado, o Tribunal, a requerimento do Ministério Público, do assistente, do querelante ou do acusado ou mediante representação do juiz competente, poderá determinar o desaforamento do julgamento para outra comarca da mesma região, onde não existam aqueles motivos, preferindo-se as mais próximas.
- Art. 427, *caput*, com redação dada pela Lei nº 11.689/2008.

§ 1º. O pedido de desaforamento será distribuído imediatamente e terá preferência de julgamento na Câmara ou Turma competente.
- § 1º acrescido pela Lei nº 11.689/2008.

§ 2º. Sendo relevantes os motivos alegados, o relator poderá determinar, fundamentadamente, a suspensão do julgamento pelo júri.
- § 2º acrescido pela Lei nº 11.689/2008.

§ 3º. Será ouvido o juiz presidente, quando a medida não tiver sido por ele solicitada.
- § 3º acrescido pela Lei nº 11.689/2008.

§ 4º. Na pendência de recurso contra a decisão de pronúncia ou quando efetivado o julgamento, não se admitirá o pedido de desaforamento, salvo, nesta última hipótese, quanto a fato ocorrido durante ou após a realização de julgamento anulado.
- § 4º acrescido pela Lei nº 11.689/2008.

Art. 428. O desaforamento também poderá ser determinado, em razão do comprovado excesso de serviço, ouvidos o juiz presidente e a parte contrária, se o julgamento não puder ser realizado no prazo de 6 (seis) meses, contado do trânsito em julgado da decisão de pronúncia.
- Art. 428, *caput*, com redação dada pela Lei nº 11.689/2008.

§ 1º. Para a contagem do prazo referido neste artigo, não se computará o tempo de adiamentos, diligências ou incidentes de interesse da defesa.
• § 1º acrescido pela Lei nº 11.689/2008.
• Vide Súmula 64 do STJ.

§ 2º. Não havendo excesso de serviço ou existência de processos aguardando julgamento em quantidade que ultrapasse a possibilidade de apreciação pelo Tribunal do Júri, nas reuniões periódicas previstas para o exercício, o acusado poderá requerer ao Tribunal que determine a imediata realização do julgamento.
• § 2º acrescido pela Lei nº 11.689/2008.
• Vide Súmula 21 do STJ.

Seção VI
DA ORGANIZAÇÃO DA PAUTA
• Seção VI acrescida pela Lei nº 11.689/2008.

Art. 429. Salvo motivo relevante que autorize alteração na ordem dos julgamentos, terão preferência:
• Art. 429, *caput*, com redação dada pela Lei nº 11.689/2008.
• V. art. 469, § 2º, do CPP.

I – os acusados presos;
• Inciso I acrescido pela Lei nº 11.689/2008.

II – dentre os acusados presos, aqueles que estiverem há mais tempo na prisão;
• Inciso II acrescido pela Lei nº 11.689/2008.

III – em igualdade de condições, os precedentemente pronunciados.
• Inciso III acrescido pela Lei nº 11.689/2008.

§ 1º. Antes do dia designado para o primeiro julgamento da reunião periódica, será afixada na porta do edifício do Tribunal do Júri a lista dos processos a serem julgados, obedecida a ordem prevista no *caput* deste artigo.
• § 1º com redação dada pela Lei nº 11.689/2008.

§ 2º. O juiz presidente reservará datas na mesma reunião periódica para a inclusão de processo que tiver o julgamento adiado.
• § 2º com redação dada pela Lei nº 11.689/2008.

Art. 430. O assistente somente será admitido se tiver requerido sua habilitação até 5 (cinco) dias antes da data da sessão na qual pretenda atuar.
• Art. 430 com redação dada pela Lei nº 11.689/2008.
• V. arts. 268 e 269 do CPP.

Art. 431. Estando o processo em ordem, o juiz presidente mandará intimar as partes, o ofendido, se for possível, as testemunhas e os peritos, quando houver requerimento, para a sessão de instrução e julgamento, observando, no que couber, o disposto no art. 420 deste Código.
• Art. 431 com redação dada pela Lei nº 11.689/2008.

Seção VII
DO SORTEIO E DA CONVOCAÇÃO DOS JURADOS
• Seção VII acrescida pela Lei nº 11.689/2008.

Art. 432. Em seguida à organização da pauta, o juiz presidente determinará a intimação do Ministério Público, da Ordem dos Advogados do Brasil e da Defensoria Pública para acompanharem, em dia e hora designados, o sorteio dos jurados que atuarão na reunião periódica.
• Art. 432 com redação dada pela Lei nº 11.689/2008.

Art. 433. O sorteio, presidido pelo juiz, far-se-á a portas abertas, cabendo-lhe retirar as cédulas até completar o número de 25 (vinte e cinco) jurados, para a reunião periódica ou extraordinária.
- Art. 433, *caput*, com redação dada pela Lei nº 11.689/2008.
- V. art. 564, III, "j", do CPP.

§ 1º. O sorteio será realizado entre o 15º (décimo quinto) e o 10º (décimo) dia útil antecedente à instalação da reunião.
- § 1º acrescido pela Lei nº 11.689/2008.

§ 2º. A audiência de sorteio não será adiada pelo não comparecimento das partes.
- § 2º acrescido pela Lei nº 11.689/2008.

§ 3º. O jurado não sorteado poderá ter o seu nome novamente incluído para as reuniões futuras.
- § 3º acrescido pela Lei nº 11.689/2008.

Art. 434. Os jurados sorteados serão convocados pelo correio ou por qualquer outro meio hábil para comparecer no dia e hora designados para a reunião, sob as penas da lei.
- Art. 434, *caput*, com redação dada pela Lei nº 11.689/2008.

Parágrafo único. No mesmo expediente de convocação serão transcritos os arts. 436 a 446 deste Código.
- Parágrafo único acrescido pela Lei nº 11.689/2008.

Art. 435. Serão afixados na porta do edifício do Tribunal do Júri a relação dos jurados convocados, os nomes do acusado e dos procuradores das partes, além do dia, hora e local das sessões de instrução e julgamento.
- Art. 435 com redação dada pela Lei nº 11.689/2008.

Seção VIII
DA FUNÇÃO DO JURADO
- Seção VIII acrescida pela Lei nº 11.689/2008.

Art. 436. O serviço do júri é obrigatório. O alistamento compreenderá os cidadãos maiores de 18 (dezoito) anos de notória idoneidade.
- Art. 436, *caput*, com redação dada pela Lei nº 11.689/2008.

§ 1º. Nenhum cidadão poderá ser excluído dos trabalhos do júri ou deixar de ser alistado em razão de cor ou etnia, raça, credo, sexo, profissão, classe social ou econômica, origem ou grau de instrução.
- § 1º acrescido pela Lei nº 11.689/2008.

§ 2º. A recusa injustificada ao serviço do júri acarretará multa no valor de 1 (um) a 10 (dez) salários mínimos, a critério do juiz, de acordo com a condição econômica do jurado.
- § 2º acrescido pela Lei nº 11.689/2008.
- V. art. 458 do CPP.

Art. 437. Estão isentos do serviço do júri:
- Art. 437, caput, com redação dada pela Lei nº 11.689/2008.

I – o Presidente da República e os Ministros de Estado;
- Inciso I acrescido pela Lei nº 11.689/2008.

II – os Governadores e seus respectivos Secretários;
- Inciso II acrescido pela Lei nº 11.689/2008.

III – os membros do Congresso Nacional, das Assembleias Legislativas e das Câmaras Distrital e Municipais;
- Inciso III acrescido pela Lei nº 11.689/2008.

IV – os Prefeitos Municipais;
- Inciso IV acrescido pela Lei nº 11.689/2008.

V – os Magistrados e membros do Ministério Público e da Defensoria Pública;
- Inciso V acrescido pela Lei nº 11.689/2008.

VI – os servidores do Poder Judiciário, do Ministério Público e da Defensoria Pública;
- Inciso VI acrescido pela Lei nº 11.689/2008.

VII – as autoridades e os servidores da polícia e da segurança pública;
- Inciso VII acrescido pela Lei nº 11.689/2008.

VIII – os militares em serviço ativo;
- Inciso VIII acrescido pela Lei nº 11.689/2008.

IX – os cidadãos maiores de 70 (setenta) anos que requeiram sua dispensa;
- Inciso IX acrescido pela Lei nº 11.689/2008.

X – aqueles que o requererem, demonstrando justo impedimento.
- Inciso X acrescido pela Lei nº 11.689/2008.

Art. 438. A recusa ao serviço do júri fundada em convicção religiosa, filosófica ou política importará no dever de prestar serviço alternativo, sob pena de suspensão dos direitos políticos, enquanto não prestar o serviço imposto.
- Art. 438, *caput*, com redação dada pela Lei nº 11.689/2008.

§ 1º. Entende-se por serviço alternativo o exercício de atividades de caráter administrativo, assistencial, filantrópico ou mesmo produtivo, no Poder Judiciário, na Defensoria Pública, no Ministério Público ou em entidade conveniada para esses fins.
- § 1º acrescido pela Lei nº 11.689/2008.

§ 2º. O juiz fixará o serviço alternativo atendendo aos princípios da proporcionalidade e da razoabilidade.
- § 2º acrescido pela Lei nº 11.689/2008.

Art. 439. O exercício efetivo da função de jurado constituirá serviço público relevante e estabelecerá presunção de idoneidade moral.
- Art. 439 com redação dada pela Lei nº 12.403/2011.
- V. art. 295, X, do CPP.

Art. 440. Constitui também direito do jurado, na condição do art. 439 deste Código, preferência, em igualdade de condições, nas licitações públicas e no provimento, mediante concurso, de cargo ou função pública, bem como nos casos de promoção funcional ou remoção voluntária.
- Art. 440 com redação dada pela Lei nº 11.689/2008.

Art. 441. Nenhum desconto será feito nos vencimentos ou salário do jurado sorteado que comparecer à sessão do júri.
- Art. 441 com redação dada pela Lei nº 11.689/2008.

Art. 442. Ao jurado que, sem causa legítima, deixar de comparecer no dia marcado para a sessão ou retirar-se antes de ser dispensado pelo presidente será aplicada multa de 1 (um) a 10 (dez) salários mínimos, a critério do juiz, de acordo com a sua condição econômica.
- Art. 442 com redação dada pela Lei nº 11.689/2008.

Art. 443. Somente será aceita escusa fundada em motivo relevante devidamente comprovado e apresentada, ressalvadas as hipóteses de força maior, até o momento da chamada dos jurados.
- Art. 443 com redação dada pela Lei nº 11.689/2008.

Art. 444. O jurado somente será dispensado por decisão motivada do juiz presidente, consignada na ata dos trabalhos.
- Art. 444 com redação dada pela Lei nº 11.689/2008.

Art. 445. O jurado, no exercício da função ou a pretexto de exercê-la, será responsável criminalmente nos mesmos termos em que o são os juízes togados.
- Art. 445 com redação dada pela Lei nº 11.689/2008.

Art. 446. Aos suplentes, quando convocados, serão aplicáveis os dispositivos referentes às dispensas, faltas e escusas e à equiparação de responsabilidade penal prevista no art. 445 deste Código.
- Art. 446 com redação dada pela Lei nº 11.689/2008.

Seção IX
DA COMPOSIÇÃO DO TRIBUNAL DO JÚRI E DA FORMAÇÃO DO CONSELHO DE SENTENÇA
- Seção IX acrescida pela Lei nº 11.689/2008.

Art. 447. O Tribunal do Júri é composto por 1 (um) juiz togado, seu presidente e por 25 (vinte e cinco) jurados que serão sorteados dentre os alistados, 7 (sete) dos quais constituirão o Conselho de Sentença em cada sessão de julgamento.
- Art. 447 com redação dada pela Lei nº 11.689/2008.
- V. arts. 425; 426; e 564, III, "i", do CPP.

Art. 448. São impedidos de servir no mesmo Conselho:
- Art. 448, *caput*, com redação dada pela Lei nº 11.689/2008.
- V. arts. 252 e 253 do CPP.

I – marido e mulher;
- Inciso I acrescido pela Lei nº 11.689/2008.

II – ascendente e descendente;
- Inciso II acrescido pela Lei nº 11.689/2008.

III – sogro e genro ou nora;
- Inciso III acrescido pela Lei nº 11.689/2008.

IV – irmãos e cunhados, durante o cunhadio;
- Inciso IV acrescido pela Lei nº 11.689/2008.

V – tio e sobrinho;
- Inciso V acrescido pela Lei nº 11.689/2008.

VI – padrasto, madrasta ou enteado.
- Inciso VI acrescido pela Lei nº 11.689/2008.

§ 1º. O mesmo impedimento ocorrerá em relação às pessoas que mantenham união estável reconhecida como entidade familiar.
- § 1º acrescido pela Lei nº 11.689/2008.

§ 2º. Aplicar-se-á aos jurados o disposto sobre os impedimentos, a suspeição e as incompatibilidades dos juízes togados.
- § 2º acrescido pela Lei nº 11.689/2008.
- V. arts. 252 e 253 do CPP.

Art. 449. Não poderá servir o jurado que:
- Art. 449, *caput*, com redação dada pela Lei nº 11.689/2008.

I – tiver funcionado em julgamento anterior do mesmo processo, independentemente da causa determinante do julgamento posterior;
- Inciso I acrescido pela Lei nº 11.689/2008.
- Vide Súmula 206 do STF.

II – no caso do concurso de pessoas, houver integrado o Conselho de Sentença que julgou o outro acusado;
- Inciso II acrescido pela Lei nº 11.689/2008.

III – tiver manifestado prévia disposição para condenar ou absolver o acusado.
- Inciso III acrescido pela Lei nº 11.689/2008.

Art. 450. Dos impedidos entre si por parentesco ou relação de convivência, servirá o que houver sido sorteado em primeiro lugar.
- Art. 450 com redação dada pela Lei nº 11.689/2008.

Art. 451. Os jurados excluídos por impedimento, suspeição ou incompatibilidade serão considerados para a constituição do número legal exigível para a realização da sessão.
* Art. 451 com redação dada pela Lei nº 11.689/2008.
* V. art. 106 do CPP.

Art. 452. O mesmo Conselho de Sentença poderá conhecer de mais de um processo, no mesmo dia, se as partes o aceitarem, hipótese em que seus integrantes deverão prestar novo compromisso.
* Art. 452 com redação dada pela Lei nº 11.689/2008.

Seção X
DA REUNIÃO E DAS SESSÕES DO TRIBUNAL DO JÚRI
* Seção X acrescida pela Lei nº 11.689/2008.

Art. 453. O Tribunal do Júri reunir-se-á para as sessões de instrução e julgamento nos períodos e na forma estabelecida pela lei local de organização judiciária.
* Art. 453 com redação dada pela Lei nº 11.689/2008.

Art. 454. Até o momento de abertura dos trabalhos da sessão, o juiz presidente decidirá os casos de isenção e dispensa de jurados e o pedido de adiamento de julgamento, mandando consignar em ata as deliberações.
* Art. 454 com redação dada pela Lei nº 11.689/2008.
* V. arts. 437 e 443 do CPP.

Art. 455. Se o Ministério Público não comparecer, o juiz presidente adiará o julgamento para o primeiro dia desimpedido da mesma reunião, cientificadas as partes e as testemunhas.
* Art. 455, *caput*, com redação dada pela Lei nº 11.689/2008.

Parágrafo único. Se a ausência não for justificada, o fato será imediatamente comunicado ao Procurador-Geral de Justiça com a data designada para a nova sessão.
* Parágrafo único acrescido pela Lei nº 11.689/2008.

Art. 456. Se a falta, sem escusa legítima, for do advogado do acusado, e se outro não for por este constituído, o fato será imediatamente comunicado ao presidente da seccional da Ordem dos Advogados do Brasil, com a data designada para a nova sessão.
* Art. 456, *caput*, com redação dada pela Lei nº 11.689/2008.
* V. art. 265 do CPP.

§ 1º. Não havendo escusa legítima, o julgamento será adiado somente uma vez, devendo o acusado ser julgado quando chamado novamente.
* § 1º acrescido pela Lei nº 11.689/2008.

§ 2º. Na hipótese do § 1º deste artigo, o juiz intimará a Defensoria Pública para o novo julgamento, que será adiado para o primeiro dia desimpedido, observado o prazo mínimo de 10 (dez) dias.
* § 2º acrescido pela Lei nº 11.689/2008.
* Vide Súmula 523 do STF.

Art. 457. O julgamento não será adiado pelo não comparecimento do acusado solto, do assistente ou do advogado do querelante, que tiver sido regularmente intimado.
* Art. 457, *caput*, com redação dada pela Lei nº 11.689/2008.

§ 1º. Os pedidos de adiamento e as justificações de não comparecimento deverão ser, salvo comprovado motivo de força maior, previamente submetidos à apreciação do juiz presidente do Tribunal do Júri.
* § 1º acrescido pela Lei nº 11.689/2008.

§ 2º. Se o acusado preso não for conduzido, o julgamento será adiado para o primeiro dia desimpedido da mesma reunião, salvo se houver pedido de dispensa de comparecimento subscrito por ele e seu defensor.
- § 2º acrescido pela Lei nº 11.689/2008.
- V. art. 564, III, "g", do CPP.

Art. 458. Se a testemunha, sem justa causa, deixar de comparecer, o juiz presidente, sem prejuízo da ação penal pela desobediência, aplicar-lhe-á a multa prevista no § 2º do art. 436 deste Código.
- Art. 458 com redação dada pela Lei nº 11.689/2008.

Art. 459. Aplicar-se-á às testemunhas a serviço do Tribunal do Júri o disposto no art. 441 deste Código.
- Art. 459 com redação dada pela Lei nº 11.689/2008.

Art. 460. Antes de constituído o Conselho de Sentença, as testemunhas serão recolhidas a lugar onde umas não possam ouvir os depoimentos das outras.
- Art. 460 com redação dada pela Lei nº 11.689/2008.
- V. art. 210 do CPP.

Art. 461. O julgamento não será adiado se a testemunha deixar de comparecer, salvo se uma das partes tiver requerido a sua intimação por mandado, na oportunidade de que trata o art. 422 deste Código, declarando não prescindir do depoimento e indicando a sua localização.
- Art. 461, *caput*, com redação dada pela Lei nº 11.689/2008.

§ 1º. Se, intimada, a testemunha não comparecer, o juiz presidente suspenderá os trabalhos e mandará conduzi-la ou adiará o julgamento para o primeiro dia desimpedido, ordenando a sua condução.
- § 1º acrescido pela Lei nº 11.689/2008.

§ 2º. O julgamento será realizado mesmo na hipótese de a testemunha não ser encontrada no local indicado, se assim for certificado por oficial de justiça.
- § 2º acrescido pela Lei nº 11.689/2008.

Art. 462. Realizadas as diligências referidas nos arts. 454 a 461 deste Código, o juiz presidente verificará se a urna contém as cédulas dos 25 (vinte e cinco) jurados sorteados, mandando que o escrivão proceda à chamada deles.
- Art. 462 com redação dada pela Lei nº 11.689/2008.

Art. 463. Comparecendo, pelo menos, 15 (quinze) jurados, o juiz presidente declarará instalados os trabalhos, anunciando o processo que será submetido a julgamento.
- Art. 463, *caput*, com redação dada pela Lei nº 11.689/2008.
- V. art. 464 do CPP.

§ 1º. O oficial de justiça fará o pregão, certificando a diligência nos autos.
- § 1º acrescido pela Lei nº 11.689/2008.

§ 2º. Os jurados excluídos por impedimento ou suspeição serão computados para a constituição do número legal.
- § 2º acrescido pela Lei nº 11.689/2008.

Art. 464. Não havendo o número referido no art. 463 deste Código, proceder-se-á ao sorteio de tantos suplentes quantos necessários,

e designar-se-á nova data para a sessão do júri.
- Art. 464 com redação dada pela Lei nº 11.689/2008.
- V. arts. 471; e 564, III, "i", do CPP.

Art. 465. Os nomes dos suplentes serão consignados em ata, remetendo-se o expediente de convocação, com observância do disposto nos arts. 434 e 435 deste Código.
- Art. 465 com redação dada pela Lei nº 11.689/2008.

Art. 466. Antes do sorteio dos membros do Conselho de Sentença, o juiz presidente esclarecerá sobre os impedimentos, a suspeição e as incompatibilidades constantes dos arts. 448 e 449 deste Código.
- Art. 466, *caput*, com redação dada pela Lei nº 11.689/2008.

§ 1º. O juiz presidente também advertirá os jurados de que, uma vez sorteados, não poderão comunicar-se entre si e com outrem, nem manifestar sua opinião sobre o processo, sob pena de exclusão do Conselho e multa, na forma do § 2º do art. 436 deste Código.
- § 1º com redação dada pela Lei nº 11.689/2008.
- V. art. 564, III, "j", do CPP.

§ 2º. A incomunicabilidade será certificada nos autos pelo oficial de justiça.
- § 2º com redação dada pela Lei nº 11.689/2008.

Art. 467. Verificando que se encontram na urna as cédulas relativas aos jurados presentes, o juiz presidente sorteará 7 (sete) dentre eles para a formação do Conselho de Sentença.
- Art. 467 com redação dada pela Lei nº 11.689/2008.
- V. art. 564, III, "j", do CPP.

Art. 468. À medida que as cédulas forem sendo retiradas da urna, o juiz presidente as lerá, e a defesa e, depois dela, o Ministério Público poderão recusar os jurados sorteados, até 3 (três) cada parte, sem motivar a recusa.
- Art. 468, *caput*, com redação dada pela Lei nº 11.689/2008.
- V. art. 495, XII, do CPP.

Parágrafo único. O jurado recusado imotivadamente por qualquer das partes será excluído daquela sessão de instrução e julgamento, prosseguindo-se o sorteio para a composição do Conselho de Sentença com os jurados remanescentes.
- Parágrafo único acrescido pela Lei nº 11.689/2008.

Art. 469. Se forem 2 (dois) ou mais os acusados, as recusas poderão ser feitas por um só defensor.
- Art. 469, *caput*, com redação dada pela Lei nº 11.689/2008.

§ 1º. A separação dos julgamentos somente ocorrerá se, em razão das recusas, não for obtido o número mínimo de 7 (sete) jurados para compor o Conselho de Sentença.
- § 1º acrescido pela Lei nº 11.689/2008.
- V. art. 79, § 2º, do CPP.

§ 2º. Determinada a separação dos julgamentos, será julgado em primeiro lugar o acusado a quem foi atribuída a autoria do fato ou, em caso de coautoria, aplicar-se-á o critério de preferência disposto no art. 429 deste Código.
- § 2º acrescido pela Lei nº 11.689/2008.

Art. 470. Desacolhida a arguição de impedimento, de suspeição ou de incompatibilidade contra o juiz presidente do Tribunal do Júri, órgão do Ministério Público, jurado ou qualquer funcionário, o julgamento não será suspenso, devendo, entretanto, constar da ata o seu fundamento e a decisão.

- Art. 470 com redação dada pela Lei nº 11.689/2008.
- V. arts. 254, 258 e 274 do CPP.

Art. 471. Se, em consequência do impedimento, suspeição, incompatibilidade, dispensa ou recusa, não houver número para a formação do Conselho, o julgamento será adiado para o primeiro dia desimpedido, após sorteados os suplentes, com observância do disposto no art. 464 deste Código.

- Art. 471 com redação dada pela Lei nº 11.689/2008.

Art. 472. Formado o Conselho de Sentença, o presidente, levantando-se, e, com ele, todos os presentes, fará aos jurados a seguinte exortação:

Em nome da lei, concito-vos a examinar esta causa com imparcialidade e a proferir a vossa decisão de acordo com a vossa consciência e os ditames da justiça.

Os jurados, nominalmente chamados pelo presidente, responderão:

Assim o prometo.

- Art. 472, caput, com redação dada pela Lei nº 11.689/2008.

Parágrafo único. O jurado, em seguida, receberá cópias da pronúncia ou, se for o caso, das decisões posteriores que julgaram admissível a acusação e do relatório do processo.

- Parágrafo único acrescido pela Lei nº 11.689/2008.

Seção XI
DA INSTRUÇÃO EM PLENÁRIO

- Seção XI acrescida pela Lei nº 11.689/2008.

Art. 473. Prestado o compromisso pelos jurados, será iniciada a instrução plenária quando o juiz presidente, o Ministério Público, o assistente, o querelante e o defensor do acusado tomarão, sucessiva e diretamente, as declarações do ofendido, se possível, e inquirirão as testemunhas arroladas pela acusação.

- Art. 473, caput, com redação dada pela Lei nº 11.689/2008.

§ 1º. Para a inquirição das testemunhas arroladas pela defesa, o defensor do acusado formulará as perguntas antes do Ministério Público e do assistente, mantidos no mais a ordem e os critérios estabelecidos neste artigo.

- § 1º acrescido pela Lei nº 11.689/2008.

§ 2º. Os jurados poderão formular perguntas ao ofendido e às testemunhas, por intermédio do juiz presidente.

- § 2º acrescido pela Lei nº 11.689/2008.

§ 3º. As partes e os jurados poderão requerer acareações, reconhecimento de pessoas e coisas e esclarecimento dos peritos, bem como a leitura de peças que se refiram, exclusivamente, às provas colhidas por carta precatória e às provas cautelares, antecipadas ou não repetíveis.

- § 3º acrescido pela Lei nº 11.689/2008.

Art. 474. A seguir será o acusado interrogado, se estiver presente, na forma estabelecida no Capítulo III do Título VII do Livro I deste Códi-

go, com as alterações introduzidas nesta Seção.
- Art. 474, *caput*, com redação dada pela Lei nº 11.689/2008.
- V. arts. 185 a 196 do CPP.

§ 1º. O Ministério Público, o assistente, o querelante e o defensor, nessa ordem, poderão formular, diretamente, perguntas ao acusado.
- § 1º com redação dada pela Lei nº 11.689/2008.

§ 2º. Os jurados formularão perguntas por intermédio do juiz presidente.
- § 2º com redação dada pela Lei nº 11.689/2008.

§ 3º. Não se permitirá o uso de algemas no acusado durante o período em que permanecer no plenário do júri, salvo se absolutamente necessário à ordem dos trabalhos, à segurança das testemunhas ou à garantia da integridade física dos presentes.
- § 3º acrescido pela Lei nº 11.689/2008.
- Vide Súmula Vinculante 11 do STF.

Art. 474-A. Durante a instrução em plenário, todas as partes e demais sujeitos processuais presentes no ato deverão respeitar a dignidade da vítima, sob pena de responsabilização civil, penal e administrativa, cabendo ao juiz presidente garantir o cumprimento do disposto neste artigo, vedadas:

I – a manifestação sobre circunstâncias ou elementos alheios aos fatos objeto de apuração nos autos;

II – a utilização de linguagem, de informações ou de material que ofendam a dignidade da vítima ou de testemunhas.
- Art. 474-A acrescido pela Lei nº 14.245/2021.

Art. 475. O registro dos depoimentos e do interrogatório será feito pelos meios ou recursos de gravação magnética, eletrônica, estenotipia ou técnica similar, destinada a obter maior fidelidade e celeridade na colheita da prova.
- Art. 475, *caput*, com redação dada pela Lei nº 11.689/2008.

Parágrafo único. A transcrição do registro, após feita a degravação, constará dos autos.
- Parágrafo único acrescido pela Lei nº 11.689/2008.

Seção XII
DOS DEBATES
- Seção XII acrescida pela Lei nº 11.689/2008.

Art. 476. Encerrada a instrução, será concedida a palavra ao Ministério Público, que fará a acusação, nos limites da pronúncia ou das decisões posteriores que julgaram admissível a acusação, sustentando, se for o caso, a existência de circunstância agravante.
- Art. 476, *caput*, com redação dada pela Lei nº 11.689/2008.

§ 1º. O assistente falará depois do Ministério Público.
- § 1º acrescido pela Lei nº 11.689/2008.

§ 2º. Tratando-se de ação penal de iniciativa privada, falará em primeiro lugar o querelante e, em seguida, o Ministério Público, salvo se este houver retomado a titularidade da ação, na forma do art. 29 deste Código.
- § 2º acrescido pela Lei nº 11.689/2008.

§ 3º. Finda a acusação, terá a palavra a defesa.
- § 3º acrescido pela Lei nº 11.689/2008.

§ 4º. A acusação poderá replicar e a defesa treplicar, sendo admitida a

reinquirição de testemunha já ouvida em plenário.
- § 4º acrescido pela Lei nº 11.689/2008.

Art. 477. O tempo destinado à acusação e à defesa será de uma hora e meia para cada, e de uma hora para a réplica e outro tanto para a tréplica.
- Art. 477, *caput*, com redação dada pela Lei nº 11.689/2008.

§ 1º. Havendo mais de um acusador ou mais de um defensor, combinarão entre si a distribuição do tempo, que, na falta de acordo, será dividido pelo juiz presidente, de forma a não exceder o determinado neste artigo.
- § 1º acrescido pela Lei nº 11.689/2008.

§ 2º. Havendo mais de 1 (um) acusado, o tempo para a acusação e a defesa será acrescido de 1 (uma) hora e elevado ao dobro o da réplica e da tréplica, observado o disposto no § 1º deste artigo.
- § 2º acrescido pela Lei nº 11.689/2008.

Art. 478. Durante os debates as partes não poderão, sob pena de nulidade, fazer referências:
- Art. 478, *caput*, com redação dada pela Lei nº 11.689/2008.

I – à decisão de pronúncia, às decisões posteriores que julgaram admissível a acusação ou à determinação do uso de algemas como argumento de autoridade que beneficiem ou prejudiquem o acusado;
- Inciso I acrescido pela Lei nº 11.689/2008.

II – ao silêncio do acusado ou à ausência de interrogatório por falta de requerimento, em seu prejuízo.
- Inciso II acrescido pela Lei nº 11.689/2008.
- V. art. 186, parágrafo único, do CPP.

Art. 479. Durante o julgamento não será permitida a leitura de documento ou a exibição de objeto que não tiver sido juntado aos autos com a antecedência mínima de 3 (três) dias úteis, dando-se ciência à outra parte.
- Art. 479, *caput*, com redação dada pela Lei nº 11.689/2008.
- V. art. 798, § 1º, do CPP.

Parágrafo único. Compreende-se na proibição deste artigo a leitura de jornais ou qualquer outro escrito, bem como a exibição de vídeos, gravações, fotografias, laudos, quadros, croqui ou qualquer outro meio assemelhado, cujo conteúdo versar sobre a matéria de fato submetida à apreciação e julgamento dos jurados.
- Parágrafo único acrescido pela Lei nº 11.689/2008.

Art. 480. A acusação, a defesa e os jurados poderão, a qualquer momento e por intermédio do juiz presidente, pedir ao orador que indique a folha dos autos onde se encontra a peça por ele lida ou citada, facultando-se, ainda, aos jurados solicitar-lhe, pelo mesmo meio, o esclarecimento de fato por ele alegado.
- Art. 480, *caput*, com redação dada pela Lei nº 11.689/2008.

§ 1º. Concluídos os debates, o presidente indagará dos jurados se estão habilitados a julgar ou se necessitam de outros esclarecimentos.
- § 1º acrescido pela Lei nº 11.689/2008.

§ 2º. Se houver dúvida sobre questão de fato, o presidente prestará esclarecimentos à vista dos autos.
- § 2º acrescido pela Lei nº 11.689/2008.

§ 3º. Os jurados, nesta fase do procedimento, terão acesso aos autos e aos instrumentos do crime se solicitarem ao juiz presidente.
* § 3º acrescido pela Lei nº 11.689/2008.

Art. 481. Se a verificação de qualquer fato, reconhecida como essencial para o julgamento da causa, não puder ser realizada imediatamente, o juiz presidente dissolverá o Conselho, ordenando a realização das diligências entendidas necessárias.
* V. art. 497, VII e XI, do CPP.

Parágrafo único. Se a diligência consistir na produção de prova pericial, o juiz presidente, desde logo, nomeará perito e formulará quesitos, facultando às partes também formulá-los e indicar assistentes técnicos, no prazo de 5 (cinco) dias.
* Art. 481 com redação dada pela Lei nº 11.689/2008.

Seção XIII
DO QUESTIONÁRIO E SUA VOTAÇÃO
* Seção XIII acrescida pela Lei nº 11.689/2008.

Art. 482. O Conselho de Sentença será questionado sobre matéria de fato e se o acusado deve ser absolvido.
* Art. 482, *caput*, com redação dada pela Lei nº 11.689/2008.

Parágrafo único. Os quesitos serão redigidos em proposições afirmativas, simples e distintas, de modo que cada um deles possa ser respondido com suficiente clareza e necessária precisão. Na sua elaboração, o presidente levará em conta os termos da pronúncia ou das decisões posteriores que julgaram admissível a acusação, do interrogatório e das alegações das partes.
* Parágrafo único acrescido pela Lei nº 11.689/2008.

Art. 483. Os quesitos serão formulados na seguinte ordem, indagando sobre:
* Art. 483, *caput*, com redação dada pela Lei nº 11.689/2008.
* V. art. 564, III, "k", do CPP.
* Vide Súmulas 156 e 162 do STF.

I – a materialidade do fato;
* Inciso I acrescido pela Lei nº 11.689/2008.

II – a autoria ou participação;
* Inciso II acrescido pela Lei nº 11.689/2008.

III – se o acusado deve ser absolvido;
* Inciso III acrescido pela Lei nº 11.689/2008.
* V. art. 593, § 3º, do CPP.

IV – se existe causa de diminuição de pena alegada pela defesa;
* Inciso IV acrescido pela Lei nº 11.689/2008.
* V. art. 593, § 3º, do CPP.

V – se existe circunstância qualificadora ou causa de aumento de pena reconhecidas na pronúncia ou em decisões posteriores que julgaram admissível a acusação.
* Inciso V acrescido pela Lei nº 11.689/2008.

§ 1º. A resposta negativa, de mais de 3 (três) jurados, a qualquer dos quesitos referidos nos incisos I e II do *caput* deste artigo encerra a votação e implica a absolvição do acusado.
* § 1º acrescido pela Lei nº 11.689/2008.

§ 2º. Respondidos afirmativamente por mais de 3 (três) jurados os quesitos relativos aos incisos I e II do *caput* deste artigo será formulado quesito com a seguinte redação:

O jurado absolve o acusado?
* § 2º acrescido pela Lei nº 11.689/2008.

§ 3º. Decidindo os jurados pela condenação, o julgamento prossegue, devendo ser formulados quesitos sobre:

I – causa de diminuição de pena alegada pela defesa;

II – circunstância qualificadora ou causa de aumento de pena, reconhecidas na pronúncia ou em decisões posteriores que julgaram admissível a acusação.
- § 3º acrescido pela Lei nº 11.689/2008.

§ 4º. Sustentada a desclassificação da infração para outra de competência do juiz singular, será formulado quesito a respeito, para ser respondido após o 2º (segundo) ou 3º (terceiro) quesito, conforme o caso.
- § 4º acrescido pela Lei nº 11.689/2008.
- V. art. 593, § 3º, do CPP.

§ 5º. Sustentada a tese de ocorrência do crime na sua forma tentada ou havendo divergência sobre a tipificação do delito, sendo este da competência do Tribunal do Júri, o juiz formulará quesito acerca destas questões, para ser respondido após o segundo quesito.
- § 5º acrescido pela Lei nº 11.689/2008.

§ 6º. Havendo mais de um crime ou mais de um acusado, os quesitos serão formulados em séries distintas.
- § 6º acrescido pela Lei nº 11.689/2008.

Art. 484. A seguir, o presidente lerá os quesitos e indagará das partes se têm requerimento ou reclamação a fazer, devendo qualquer deles, bem como a decisão, constar da ata.

Parágrafo único. Ainda em plenário, o juiz presidente explicará aos jurados o significado de cada quesito.
- Art. 484 com redação dada pela Lei nº 11.689/2008.
- V. art. 564, parágrafo único, do CPP.

Art. 485. Não havendo dúvida a ser esclarecida, o juiz presidente, os jurados, o Ministério Público, o assistente, o querelante, o defensor do acusado, o escrivão e o oficial de justiça dirigir-se-ão à sala especial a fim de ser procedida a votação.
- Art. 485, *caput*, com redação dada pela Lei nº 11.689/2008.

§ 1º. Na falta de sala especial, o juiz presidente determinará que o público se retire, permanecendo somente as pessoas mencionadas no *caput* deste artigo.
- § 1º acrescido pela Lei nº 11.689/2008.

§ 2º. O juiz presidente advertirá as partes de que não será permitida qualquer intervenção que possa perturbar a livre manifestação do Conselho e fará retirar da sala quem se portar inconvenientemente.
- § 2º acrescido pela Lei nº 11.689/2008.
- V. art. 251 do CPP.

Art. 486. Antes de proceder-se à votação de cada quesito, o juiz presidente mandará distribuir aos jurados pequenas cédulas, feitas de papel opaco e facilmente dobráveis, contendo 7 (sete) delas a palavra *sim*, 7 (sete) a palavra *não*.
- Art. 486 com redação dada pela Lei nº 11.689/2008.

Art. 487. Para assegurar o sigilo do voto, o oficial de justiça recolherá em urnas separadas as cédulas correspondentes aos votos e as não utilizadas.
- Art. 487 com redação dada pela Lei nº 11.689/2008.

Art. 488. Após a resposta, verificados os votos e as cédulas não utilizadas, o presidente determinará que o escrivão registre no termo a votação de

cada quesito, bem como o resultado do julgamento.
* Art. 488, *caput*, com redação dada pela Lei nº 11.689/2008.
* V. art. 491 do CPP.

Parágrafo único. Do termo também constará a conferência das cédulas não utilizadas.
* Parágrafo único acrescido pela Lei nº 11.689/2008.

Art. 489. As decisões do Tribunal do Júri serão tomadas por maioria de votos.
* Art. 489 com redação dada pela Lei nº 11.689/2008.

Art. 490. Se a resposta a qualquer dos quesitos estiver em contradição com outra ou outras já dadas, o presidente, explicando aos jurados em que consiste a contradição, submeterá novamente à votação os quesitos a que se referirem tais respostas.
* Art. 490, *caput*, com redação dada pela Lei nº 11.689/2008.
* V. art. 564, parágrafo único, do CPP.

Parágrafo único. Se, pela resposta dada a um dos quesitos, o presidente verificar que ficam prejudicados os seguintes, assim o declarará, dando por finda a votação.
* Parágrafo único acrescido pela Lei nº 11.689/2008.

Art. 491. Encerrada a votação, será o termo a que se refere o art. 488 deste Código assinado pelo presidente, pelos jurados e pelas partes.
* Art. 491 com redação dada pela Lei nº 11.689/2008.

Seção XIV
DA SENTENÇA
* Seção XIV acrescida pela Lei nº 11.689/2008.

Art. 492. Em seguida, o presidente proferirá sentença que:
* Art. 492, *caput*, com redação dada pela Lei nº 11.689/2008.
* V. art. 564, III, "m", do CPP.

I – no caso de condenação:
* Inciso I, *caput*, com redação dada pela Lei nº 11.689/2008.
* V. arts. 74, § 3º, e 699 do CPP.

a) fixará a pena-base;
* Alínea "a" acrescida pela Lei nº 11.689/2008.

b) considerará as circunstâncias agravantes ou atenuantes alegadas nos debates;
* Alínea "b" acrescida pela Lei nº 11.689/2008.

c) imporá os aumentos ou diminuições da pena, em atenção às causas admitidas pelo júri;
* Alínea "c" acrescida pela Lei nº 11.689/2008.

d) observará as demais disposições do art. 387 deste Código;
* Alínea "d" acrescida pela Lei nº 11.689/2008.

e) mandará o acusado recolher-se ou recomendá-lo-á à prisão em que se encontra, se presentes os requisitos da prisão preventiva, ou, no caso de condenação a uma pena igual ou superior a 15 (quinze) anos de reclusão, determinará a execução provisória das penas, com expedição do mandado de prisão, se for o caso, sem prejuízo do conhecimento de recursos que vierem a ser interpostos;
* Alínea "e" com redação dada pela Lei nº 13.964/2019.

f) estabelecerá os efeitos genéricos e específicos da condenação;
* Alínea "f" acrescida pela Lei nº 11.689/2008.

II – no caso de absolvição:
* Inciso II, *caput*, com redação dada pela Lei nº 11.689/2008.

a) mandará colocar em liberdade o acusado se por outro motivo não estiver preso;
* Alínea "a" com redação dada pela Lei nº 11.689/2008.
* V. art. 596 do CPP.

b) revogará as medidas restritivas provisoriamente decretadas;
- Alínea "b" com redação dada pela Lei nº 11.689/2008.

c) imporá, se for o caso, a medida de segurança cabível.
- Alínea "c" com redação dada pela Lei nº 11.689/2008.

§ 1º. Se houver desclassificação da infração para outra, de competência do juiz singular, ao presidente do Tribunal do Júri caberá proferir sentença em seguida, aplicando-se, quando o delito resultante da nova tipificação for considerado pela lei como infração penal de menor potencial ofensivo, o disposto nos arts. 69 e seguintes da Lei nº 9.099, de 26 de setembro de 1995.
- § 1º com redação dada pela Lei nº 11.689/2008.
- V. art. 74, § 3º, do CPP.

§ 2º. Em caso de desclassificação, o crime conexo que não seja doloso contra a vida será julgado pelo juiz presidente do Tribunal do Júri, aplicando-se, no que couber, o disposto no § 1º deste artigo.
- § 2º com redação dada pela Lei nº 11.689/2008.
- V. art. 74, § 3º, do CPP.

§ 3º. O presidente poderá, excepcionalmente, deixar de autorizar a execução provisória das penas de que trata a alínea "e" do inciso I do *caput* deste artigo, se houver questão substancial cuja resolução pelo tribunal ao qual competir o julgamento possa plausivelmente levar à revisão da condenação.
- § 3º acrescido pela Lei nº 13.964/2019.

§ 4º. A apelação interposta contra decisão condenatória do Tribunal do Júri a uma pena igual ou superior a 15 (quinze) anos de reclusão não terá efeito suspensivo.
- § 4º acrescido pela Lei nº 13.964/2019.

§ 5º. Excepcionalmente, poderá o tribunal atribuir efeito suspensivo à apelação de que trata o § 4º deste artigo, quando verificado cumulativamente que o recurso:

I – não tem propósito meramente protelatório; e

II – levanta questão substancial e que pode resultar em absolvição, anulação da sentença, novo julgamento ou redução da pena para patamar inferior a 15 (quinze) anos de reclusão.
- § 5º acrescido pela Lei nº 13.964/2019.

§ 6º. O pedido de concessão de efeito suspensivo poderá ser feito incidentemente na apelação ou por meio de petição em separado dirigida diretamente ao relator, instruída com cópias da sentença condenatória, das razões da apelação e de prova da tempestividade, das contrarrazões e das demais peças necessárias à compreensão da controvérsia.
- § 6º acrescido pela Lei nº 13.964/2019.

Art. 493. A sentença será lida em plenário pelo presidente antes de encerrada a sessão de instrução e julgamento.
- Art. 493 com redação dada pela Lei nº 11.689/2008.
- V. arts. 495, XVII; e 571, VIII, do CPP.

Seção XV
DA ATA DOS TRABALHOS
- Seção XV acrescida pela Lei nº 11.689/2008.

Art. 494. De cada sessão de julgamento o escrivão lavrará ata, assinada pelo presidente e pelas partes.
- Art. 494 com redação dada pela Lei nº 11.689/2008.

Art. 495. A ata descreverá fielmente todas as ocorrências, mencionando obrigatoriamente:

I – a data e a hora da instalação dos trabalhos;

II – o magistrado que presidiu a sessão e os jurados presentes;

III – os jurados que deixaram de comparecer, com escusa ou sem ela, e as sanções aplicadas;

IV – o ofício ou requerimento de isenção ou dispensa;

V – o sorteio dos jurados suplentes;

VI – o adiamento da sessão, se houver ocorrido, com a indicação do motivo;

VII – a abertura da sessão e a presença do Ministério Público, do querelante e do assistente, se houver, e a do defensor do acusado;

VIII – o pregão e a sanção imposta, no caso de não comparecimento;

IX – as testemunhas dispensadas de depor;

X – o recolhimento das testemunhas a lugar de onde umas não pudessem ouvir o depoimento das outras;

XI – a verificação das cédulas pelo juiz presidente;

XII – a formação do Conselho de Sentença, com o registro dos nomes dos jurados sorteados e recusas;

XIII – o compromisso e o interrogatório, com simples referência ao termo;

XIV – os debates e as alegações das partes com os respectivos fundamentos;

XV – os incidentes;

XVI – o julgamento da causa;

XVII – a publicidade dos atos da instrução plenária, das diligências e da sentença.
- Art. 495 com redação dada pela Lei nº 11.689/2008.

Art. 496. A falta da ata sujeitará o responsável a sanções administrativa e penal.
- Art. 496 com redação dada pela Lei nº 11.689/2008.

Seção XVI
DAS ATRIBUIÇÕES DO PRESIDENTE DO TRIBUNAL DO JÚRI
- Seção XVI acrescida pela Lei nº 11.689/2008.

Art. 497. São atribuições do juiz presidente do Tribunal do Júri, além de outras expressamente referidas neste Código:
- Art. 497, *caput*, com redação dada pela Lei nº 11.689/2008.
- V. art. 251 do CPP.

I – regular a polícia das sessões e prender os desobedientes;
- Inciso I com redação dada pela Lei nº 11.689/2008.
- V. art. 795, parágrafo único, do CPP.

II – requisitar o auxílio da força pública, que ficará sob sua exclusiva autoridade;
- Inciso II com redação dada pela Lei nº 11.689/2008.
- V. art. 794 do CPP.

III – dirigir os debates, intervindo em caso de abuso, excesso de linguagem

ou mediante requerimento de uma das partes;
- Inciso III com redação dada pela Lei nº 11.689/2008.
- V. arts. 476 a 481 do CPP.

IV – resolver as questões incidentes que não dependam de pronunciamento do júri;
- Inciso IV com redação dada pela Lei nº 11.689/2008.

V – nomear defensor ao acusado, quando considerá-lo indefeso, podendo, neste caso, dissolver o Conselho e designar novo dia para o julgamento, com a nomeação ou a constituição de novo defensor;
- Inciso V com redação dada pela Lei nº 11.689/2008.
- V. arts. 261 a 267 do CPP.

VI – mandar retirar da sala o acusado que dificultar a realização do julgamento, o qual prosseguirá sem a sua presença;
- Inciso VI com redação dada pela Lei nº 11.689/2008.
- V. arts. 217 e 796 do CPP.

VII – suspender a sessão pelo tempo indispensável à realização das diligências requeridas ou entendidas necessárias, mantida a incomunicabilidade dos jurados;
- Inciso VII com redação dada pela Lei nº 11.689/2008.
- V. arts. 481; e 564, III, "j", do CPP.

VIII – interromper a sessão por tempo razoável, para proferir sentença e para repouso ou refeição dos jurados;
- Inciso VIII com redação dada pela Lei nº 11.689/2008.
- V. art. 564, III, "j", do CPP.

IX – decidir, de ofício, ouvidos o Ministério Público e a defesa, ou a requerimento de qualquer destes, a arguição de extinção de punibilidade;
- Inciso IX com redação dada pela Lei nº 11.689/2008.
- V. arts. 61; e 67, II, do CPP.

X – resolver as questões de direito suscitadas no curso do julgamento;
- Inciso X com redação dada pela Lei nº 11.689/2008.

XI – determinar, de ofício ou a requerimento das partes ou de qualquer jurado, as diligências destinadas a sanar nulidade ou a suprir falta que prejudique o esclarecimento da verdade;
- Inciso XI com redação dada pela Lei nº 11.689/2008.
- V. art. 481 do CPP.

XII – regulamentar, durante os debates, a intervenção de uma das partes, quando a outra estiver com a palavra, podendo conceder até 3 (três) minutos para cada aparte requerido, que serão acrescidos ao tempo desta última.
- Inciso XII acrescido pela Lei nº 11.689/2008.

CAPÍTULO III
DO PROCESSO E DO JULGAMENTO DOS CRIMES DA COMPETÊNCIA DO JUIZ SINGULAR

Arts. 498 a 502. (Revogados).
- Arts. 498 a 502 revogados pela Lei nº 11.719/2008.

TÍTULO II
DOS PROCESSOS ESPECIAIS

CAPÍTULO I
DO PROCESSO E DO JULGAMENTO DOS CRIMES DE FALÊNCIA

Arts. 503 a 512. (Revogados).
- Arts. 503 a 512 revogados pela Lei nº 11.101/2005.

CAPÍTULO II
DO PROCESSO E DO JULGAMENTO DOS CRIMES DE RESPONSABILIDADE DOS FUNCIONÁRIOS PÚBLICOS

Art. 513. Os crimes de responsabilidade dos funcionários públicos, cujo processo e julgamento competirão aos juízes de direito, a queixa ou a denúncia será instruída com documentos ou justificação que façam presumir a existência do delito ou com declaração fundamentada da impossibilidade de apresentação de qualquer dessas provas.

Art. 514. Nos crimes afiançáveis, estando a denúncia ou queixa em devida forma, o juiz mandará autuá-la e ordenará a notificação do acusado, para responder por escrito, dentro do prazo de 15 (quinze) dias.
* V. arts. 323 e 324 do CPP.
* Vide Súmula 330 do STJ.

Parágrafo único. Se não for conhecida a residência do acusado, ou este se achar fora da jurisdição do juiz, ser-lhe-á nomeado defensor, a quem caberá apresentar a resposta preliminar.
* V. arts. 261 a 263; e 564, III, "c", do CPP.

Art. 515. No caso previsto no artigo anterior, durante o prazo concedido para a resposta, os autos permanecerão em cartório, onde poderão ser examinados pelo acusado ou por seu defensor.

Parágrafo único. A resposta poderá ser instruída com documentos e justificações.

Art. 516. O juiz rejeitará a queixa ou denúncia, em despacho fundamentado, se convencido, pela resposta do acusado ou do seu defensor, da inexistência do crime ou da improcedência da ação.
* V. arts. 386; 395; 581, I; e 583, II, do CPP.

Art. 517. Recebida a denúncia ou a queixa, será o acusado citado, na forma estabelecida no Capítulo I do Título X do Livro I.

Art. 518. Na instrução criminal e nos demais termos do processo, observar-se-á o disposto nos Capítulos I e III♦, Título I, deste Livro.
* ♦ Os arts. 498 a 502 (Capítulo III) foram revogados pela Lei nº 11.719/2008.
* V. arts. 394 a 405 do CPP (Capítulo I).

CAPÍTULO III
DO PROCESSO E DO JULGAMENTO DOS CRIMES DE CALÚNIA E INJÚRIA, DE COMPETÊNCIA DO JUIZ SINGULAR

Art. 519. No processo por crime de calúnia ou injúria, para o qual não haja outra forma estabelecida em lei especial, observar-se-á o disposto nos Capítulos I e III♦, Título I, deste Livro, com as modificações constantes dos artigos seguintes.
* ♦ Os arts. 498 a 502 (Capítulo III) foram revogados pela Lei nº 11.719/2008.
* V. arts. 394 a 405 CPP (Capítulo I).

Art. 520. Antes de receber a queixa, o juiz oferecerá às partes oportunidade para se reconciliarem, fazendo-as comparecer em juízo e ouvindo-as, separadamente, sem a presença dos seus advogados, não se lavrando termo.

Art. 521. Se depois de ouvir o querelante e o querelado, o juiz achar provável a reconciliação, promoverá entendimento entre eles, na sua presença.

Art. 522. No caso de reconciliação, depois de assinado pelo querelante o termo da desistência, a queixa será arquivada.

Art. 523. Quando for oferecida a exceção da verdade ou da notoriedade do fato imputado, o querelante poderá contestar a exceção no prazo de 2 (dois) dias, podendo ser inquiridas as testemunhas arroladas na queixa, ou outras indicadas naquele prazo, em substituição às primeiras, ou para completar o máximo legal.

CAPÍTULO IV
DO PROCESSO E DO JULGAMENTO DOS CRIMES CONTRA A PROPRIEDADE IMATERIAL

Art. 524. No processo e julgamento dos crimes contra a propriedade imaterial, observar-se-á o disposto nos Capítulos I e III* do Título I deste Livro, com as modificações constantes dos artigos seguintes.
* ♦ Os arts. 498 a 502 (Capítulo III) foram revogados pela Lei nº 11.719/2008.
* • V. arts. 394 a 405 CPP (Capítulo I).

Art. 525. No caso de haver o crime deixado vestígio, a queixa ou a denúncia não será recebida se não for instruída com o exame pericial dos objetos que constituam o corpo de delito.
* • V. arts. 158; 167; 395; e 564, III, "b", do CPP.

Art. 526. Sem a prova de direito à ação, não será recebida a queixa, nem ordenada qualquer diligência preliminarmente requerida pelo ofendido.

Art. 527. A diligência de busca ou de apreensão será realizada por 2 (dois) peritos nomeados pelo juiz, que verificarão a existência de fundamento para a apreensão, e quer esta se realize, quer não, o laudo pericial será apresentado dentro de 3 (três) dias após o encerramento da diligência.
* • V. arts. 159 e 240 a 250 do CPP.

Parágrafo único. O requerente da diligência poderá impugnar o laudo contrário à apreensão, e o juiz ordenará que esta se efetue, se reconhecer a improcedência das razões aduzidas pelos peritos.

Art. 528. Encerradas as diligências, os autos serão conclusos ao juiz para homologação do laudo.

Art. 529. Nos crimes de ação privativa do ofendido, não será admitida queixa com fundamento em apreensão e em perícia, se decorrido o prazo de 30 (trinta) dias, após a homologação do laudo.
* • V. arts. 29 e 38 do CPP.

Parágrafo único. Será dada vista ao Ministério Público dos autos de busca e apreensão requeridas pelo ofendido, se o crime for de ação pública e não tiver sido oferecida queixa no prazo fixado neste artigo.

Art. 530. Se ocorrer prisão em flagrante e o réu não for posto em liberdade, o prazo a que se refere o artigo anterior será de 8 (oito) dias.

Art. 530-A. O disposto nos arts. 524 a 530 será aplicável aos crimes em que se proceda mediante queixa.
* • Art. 530-A acrescido pela Lei nº 10.695/2003.

Art. 530-B. Nos casos das infrações previstas nos §§ 1º, 2º e 3º do art. 184 do Código Penal, a autoridade policial procederá à apreensão dos bens ilicitamente produzidos ou reproduzidos, em sua totalidade, juntamente com os equipamentos, suportes e materiais que possibilitaram a sua existência, desde que estes se destinem precipuamente à prática do ilícito.
• Art. 530-B acrescido pela Lei nº 10.695/2003.

Art. 530-C. Na ocasião da apreensão será lavrado termo, assinado por 2 (duas) ou mais testemunhas, com a descrição de todos os bens apreendidos e informações sobre suas origens, o qual deverá integrar o inquérito policial ou o processo.
• Art. 530-C acrescido pela Lei nº 10.695/2003.

Art. 530-D. Subsequente à apreensão, será realizada, por perito oficial, ou, na falta deste, por pessoa tecnicamente habilitada, perícia sobre todos os bens apreendidos e elaborado o laudo que deverá integrar o inquérito policial ou o processo.
• Art. 530-D acrescido pela Lei nº 10.695/2003.

Art. 530-E. Os titulares de direito de autor e os que lhe são conexos serão os fiéis depositários de todos os bens apreendidos, devendo colocá-los à disposição do juiz quando do ajuizamento da ação.
• Art. 530-E acrescido pela Lei nº 10.695/2003.

Art. 530-F. Ressalvada a possibilidade de se preservar o corpo de delito, o juiz poderá determinar, a requerimento da vítima, a destruição da produção ou reprodução apreendida quando não houver impugnação quanto à sua ilicitude ou quando a ação penal não puder ser iniciada por falta de determinação de quem seja o autor do ilícito.
• Art. 530-F acrescido pela Lei nº 10.695/2003.

Art. 530-G. O juiz, ao prolatar a sentença condenatória, poderá determinar a destruição dos bens ilicitamente produzidos ou reproduzidos e o perdimento dos equipamentos apreendidos, desde que precipuamente destinados à produção e reprodução dos bens, em favor da Fazenda Nacional, que deverá destruí-los ou doá-los aos Estados, Municípios e Distrito Federal, a instituições públicas de ensino e pesquisa ou de assistência social, bem como incorporá-los, por economia ou interesse público, ao patrimônio da União, que não poderão retorná-los aos canais de comércio.
• Art. 530-G acrescido pela Lei nº 10.695/2003.

Art. 530-H. As associações de titulares de direitos de autor e os que lhes são conexos poderão, em seu próprio nome, funcionar como assistente da acusação nos crimes previstos no art. 184 do Código Penal, quando praticado em detrimento de qualquer de seus associados.
• Art. 530-H acrescido pela Lei nº 10.695/2003.

Art. 530-I. Nos crimes em que caiba ação penal pública incondicionada ou condicionada, observar-se-ão as normas constantes dos arts. 530-B, 530-C, 530-D, 530-E, 530-F, 530-G e 530-H.
• Art. 530-I acrescido pela Lei nº 10.695/2003.

CAPÍTULO V
DO PROCESSO SUMÁRIO

Art. 531. Na audiência de instrução e julgamento, a ser realizada no prazo máximo de 30 (trinta) dias, proceder-se-á à tomada de declarações do ofendido, se possível, à inquirição das testemunhas arroladas pela acusação e pela defesa, nesta ordem, ressalvado o disposto no art. 222 deste Código, bem como aos esclarecimentos dos peritos, às acareações e ao reconhecimento de pessoas e coisas, interrogando-se, em seguida, o acusado e procedendo-se, finalmente, ao debate.
- Art. 531 com redação dada pela Lei nº 11.719/2008.
- V. arts. 185, § 4º; e 209 do CPP.

Art. 532. Na instrução, poderão ser inquiridas até 5 (cinco) testemunhas arroladas pela acusação e 5 (cinco) pela defesa.
- Art. 532 com redação dada pela Lei nº 11.719/2008.

Art. 533. Aplica-se ao procedimento sumário o disposto nos parágrafos do art. 400 deste Código.
- Art. 533 com redação dada pela Lei nº 11.719/2008.

§§ 1º ao 4º. (Revogados).
- §§ 1º ao 4º revogados pela Lei nº 11.719/2008.

Art. 534. As alegações finais serão orais, concedendo-se a palavra, respectivamente, à acusação e à defesa, pelo prazo de 20 (vinte) minutos, prorrogáveis por mais 10 (dez), proferindo o juiz, a seguir, sentença.
- Art. 534, *caput*, com redação dada pela Lei nº 11.719/2008.

§ 1º. Havendo mais de um acusado, o tempo previsto para a defesa de cada um será individual.
- § 1º acrescido pela Lei nº 11.719/2008.

§ 2º. Ao assistente do Ministério Público, após a manifestação deste, serão concedidos 10 (dez) minutos, prorrogando-se por igual período o tempo de manifestação da defesa.
- § 2º acrescido pela Lei nº 11.719/2008.

Art. 535. Nenhum ato será adiado, salvo quando imprescindível a prova faltante, determinando o juiz a condução coercitiva de quem deva comparecer.
- Art. 535 com redação dada pela Lei nº 11.719/2008.

§§ 1º e 2º. (Revogados).
- §§ 1º e 2º revogados pela Lei nº 11.719/2008.

Art. 536. A testemunha que comparecer será inquirida, independentemente da suspensão da audiência, observada em qualquer caso a ordem estabelecida no art. 531 deste Código.
- Art. 536 com redação dada pela Lei nº 11.719/2008.

Art. 537. (Revogado).
- Art. 537 revogado pela Lei nº 11.719/2008.

Art. 538. Nas infrações penais de menor potencial ofensivo, quando o juizado especial criminal encaminhar ao juízo comum as peças existentes para a adoção de outro procedimento, observar-se-á o procedimento sumário previsto neste Capítulo.
- Art. 538 com redação dada pela Lei nº 11.719/2008.

§§ 1º ao 4º. (Revogados).
- §§ 1º ao 4º revogados pela Lei nº 11.719/2008.

Arts. 539 e 540. (Revogados).
- Arts. 539 e 540 revogados pela Lei nº 11.719/2008.

CAPÍTULO VI
DO PROCESSO DE RESTAURAÇÃO DE AUTOS EXTRAVIADOS OU DESTRUÍDOS

Art. 541. Os autos originais de processo penal extraviados ou destruídos, em primeira ou segunda instância, serão restaurados.

§ 1º. Se existir e for exibida cópia autêntica ou certidão do processo, será uma ou outra considerada como original.

§ 2º. Na falta de cópia autêntica ou certidão do processo, o juiz mandará, de ofício, ou a requerimento de qualquer das partes, que:

a) o escrivão certifique o estado do processo, segundo a sua lembrança, e reproduza o que houver a respeito em seus protocolos e registros;

b) sejam requisitadas cópias do que constar a respeito no Instituto Médico-Legal, no Instituto de Identificação e Estatística ou em estabelecimentos congêneres, repartições públicas, penitenciárias ou cadeias;

c) as partes sejam citadas pessoalmente, ou, se não forem encontradas, por edital, com o prazo de 10 (dez) dias, para o processo de restauração dos autos.

§ 3º. Proceder-se-á à restauração na primeira instância, ainda que os autos se tenham extraviado na segunda.

Art. 542. No dia designado, as partes serão ouvidas, mencionando-se em termo circunstanciado os pontos em que estiverem acordes e a exibição e a conferência das certidões e mais reproduções do processo apresentadas e conferidas.

Art. 543. O juiz determinará as diligências necessárias para a restauração, observando-se o seguinte:

I – caso ainda não tenha sido proferida a sentença, reinquirir-se-ão as testemunhas podendo ser substituídas as que tiverem falecido ou se encontrarem em lugar não sabido;

II – os exames periciais, quando possível, serão repetidos, e de preferência pelos mesmos peritos;

III – a prova documental será reproduzida por meio de cópia autêntica ou, quando impossível, por meio de testemunhas;

IV – poderão também ser inquiridas sobre os atos do processo, que deverá ser restaurado, as autoridades, os serventuários, os peritos e mais pessoas que tenham nele funcionado;

V – o Ministério Público e as partes poderão oferecer testemunhas e produzir documentos, para provar o teor do processo extraviado ou destruído.

Art. 544. Realizadas as diligências que, salvo motivo de força maior, deverão concluir-se dentro de 20 (vinte) dias, serão os autos conclusos para julgamento.

Parágrafo único. No curso do processo, e depois de subirem os autos conclusos para sentença, o juiz poderá, dentro em 5 (cinco) dias, requisitar de autoridades ou de repartições todos os esclarecimentos para a restauração.

Art. 545. Os selos e as taxas judiciárias, já pagos nos autos originais, não serão novamente cobrados.

Art. 546. Os causadores de extravio de autos responderão pelas custas, em dobro, sem prejuízo da responsabilidade criminal.

Art. 547. Julgada a restauração, os autos respectivos valerão pelos originais.
• V. art. 593, II, do CPP.

Parágrafo único. Se no curso da restauração aparecerem os autos originais, nestes continuará o processo, apensos a eles os autos da restauração.

Art. 548. Até à decisão que julgue restaurados os autos, a sentença condenatória em execução continuará a produzir efeito, desde que conste da respectiva guia arquivada na cadeia ou na penitenciária, onde o réu estiver cumprindo a pena, ou de registro que torne a sua existência inequívoca.

CAPÍTULO VII
DO PROCESSO DE APLICAÇÃO DE MEDIDA DE SEGURANÇA POR FATO NÃO CRIMINOSO

Art. 549. Se a autoridade policial tiver conhecimento de fato que, embora não constituindo infração penal, possa determinar a aplicação de medida de segurança (Código Penal, arts. 14 e 27), deverá proceder a inquérito, a fim de apurá-lo e averiguar todos os elementos que possam interessar à verificação da periculosidade do agente.

Art. 550. O processo será promovido pelo Ministério Público, mediante requerimento que conterá a exposição sucinta do fato, as suas circunstâncias e todos os elementos em que se fundar o pedido.

Art. 551. O juiz, ao deferir o requerimento, ordenará a intimação do interessado para comparecer em juízo, a fim de ser interrogado.

Art. 552. Após o interrogatório ou dentro do prazo de 2 (dois) dias, o interessado ou seu defensor poderá oferecer alegações.

Parágrafo único. O juiz nomeará defensor ao interessado que não o tiver.

Art. 553. O Ministério Público, ao fazer o requerimento inicial, e a defesa, no prazo estabelecido no artigo anterior, poderão requerer exames, diligências e arrolar até 3 (três) testemunhas.

Art. 554. Após o prazo de defesa ou a realização dos exames e diligências ordenados pelo juiz, de ofício ou a requerimento das partes, será marcada audiência, em que, inquiridas as testemunhas e produzidas alegações orais pelo órgão do Ministério

Público e pelo defensor, dentro de 10 (dez) minutos para cada um, o juiz proferirá sentença.

Parágrafo único. Se o juiz não se julgar habilitado a proferir a decisão, designará, desde logo, outra audiência, que se realizará dentro de 5 (cinco) dias, para publicar a sentença.

Art. 555. Quando, instaurado processo por infração penal, o juiz, absolvendo ou impronunciando o réu, reconhecer a existência de qualquer dos fatos previstos no art. 14 ou no art. 27 do Código Penal, aplicar-lhe-á, se for caso, medida de segurança.

TÍTULO III
DOS PROCESSOS DE COMPETÊNCIA DO SUPREMO TRIBUNAL FEDERAL E DOS TRIBUNAIS DE APELAÇÃO
- Título III revogado pela Lei nº 8.658/1993.

CAPÍTULO I
DA INSTRUÇÃO
- Capítulo I revogado pela Lei nº 8.658/1993.

Arts. 556 a 560. (Revogados).
- Arts. 556 a 560 revogados pela Lei nº 8.658/1993.

CAPÍTULO II
DO JULGAMENTO
- Capítulo II revogado pela Lei nº 8.658/1993.

Arts. 561 e 562. (Revogados).
- Arts. 561 e 562 revogados pela Lei nº 8.658/1993.

Livro III
DAS NULIDADES E DOS RECURSOS EM GERAL

TÍTULO I
DAS NULIDADES
- Vide Tema 240 do STF.

Art. 563. Nenhum ato será declarado nulo, se da nulidade não resultar prejuízo para a acusação ou para a defesa.
- V. art. 566 do CPP.
- Vide Súmulas 431, 523 e 707 do STF.

Art. 564. A nulidade ocorrerá nos seguintes casos:

I – por incompetência, suspeição ou suborno do juiz;
- V. arts. 96 a 109 do CPP.

II – por ilegitimidade de parte;
- V. arts. 95, IV; 110; e 568 do CPP.

III – por falta das fórmulas ou dos termos seguintes:
- V. arts. 569 e 603 do CPP.

a) a denúncia ou a queixa e a representação e, nos processos de contravenções penais, a portaria ou o auto de prisão em flagrante;
- V. arts. 26, 39, 41 e 44 do CPP.

b) o exame do corpo de delito nos crimes que deixam vestígios, ressalvado o disposto no art. 167;
- V. arts. 158 a 183 do CPP.

c) a nomeação de defensor ao réu presente, que o não tiver, ou ao ausente, e de curador ao menor de 21 (vinte e um) anos;
- V. arts. 261 a 267 do CPP.
- Vide Súmulas 352, 523 e 708 do STF.

d) a intervenção do Ministério Público em todos os termos da ação por ele intentada e nos da intentada pela parte ofendida, quando se tratar de crime de ação pública;
- V. arts. 24, 29 e 572 do CPP.

e) a citação do réu para ver-se processar, o seu interrogatório, quando presente, e os prazos concedidos à acusação e à defesa;
- V. arts. 185 a 196, 351 a 369 e 572 do CPP.
- Vide Súmulas 707 e 708 do STF.

f) a sentença de pronúncia, o libelo♦ e a entrega da respectiva cópia, com o rol de testemunhas, nos processos perante o Tribunal do Júri;
- ♦ A Lei nº 11.689/2008, que alterou os arts. 406 a 497 do CPP, extinguiu o libelo.

g) a intimação do réu para a sessão de julgamento, pelo Tribunal do Júri, quando a lei não permitir o julgamento à revelia;
- V. art. 457, § 2º, do CPP.
- Vide Súmula 712 do STF.

h) a intimação das testemunhas arroladas no libelo♦ e na contrariedade, nos termos estabelecidos pela lei;
- ♦ A Lei nº 11.689/2008, que alterou os arts. 406 a 497 do CPP, extinguiu o libelo.
- V. arts. 461 e 572 do CPP.

i) a presença pelo menos de 15 (quinze) jurados para a constituição do júri;
- V. art. 463 do CPP.

j) o sorteio dos jurados do conselho de sentença em número legal e sua incomunicabilidade;
- V. arts. 433; 466 a 468; e 495, XII, do CPP.

k) os quesitos e as respectivas respostas;
- V. arts. 455; 456, § 2º; e 482 a 484 do CPP.
- Vide Súmulas 156 e 162 do STF.

l) a acusação e a defesa, na sessão de julgamento;
- V. arts. 476 a 481 do CPP.

m) a sentença;
- V. arts. 381 a 392 do CPP.

n) o recurso de ofício, nos casos em que a lei o tenha estabelecido;
- V. arts. 574 e 576 do CPP.
- Vide Súmula 423 do STF.

o) a intimação, nas condições estabelecidas pela lei, para ciência de sentenças e despachos de que caiba recurso;
- V. arts. 370 a 372 e 390 a 392 do CPP.

p) no Supremo Tribunal Federal e nos Tribunais de Apelação♦, o *quorum* legal para o julgamento;
- ♦ Atual denominação: "Tribunais de Justiça", nos termos da CF/1946.

IV – por omissão de formalidade que constitua elemento essencial do ato;

V – em decorrência de decisão carente de fundamentação.
- Inciso V acrescido pela Lei nº 13.964/2019.

Parágrafo único. Ocorrerá ainda a nulidade, por deficiência dos quesitos ou das suas respostas, e contradição entre estas.
- Parágrafo único acrescido pela Lei nº 263/1948.
- V. arts. 483 a 490 do CPP.
- Vide Súmulas 156 e 162 do STF.

Art. 565. Nenhuma das partes poderá arguir nulidade a que haja dado causa, ou para que tenha concorrido, ou referente a formalidade cuja observância só à parte contrária interesse.
- V. art. 563 do CPP.

Art. 566. Não será declarada a nulidade de ato processual que não hou-

ver influído na apuração da verdade substancial ou na decisão da causa.
• Vide Súmulas 352 e 366 do STF.

Art. 567. A incompetência do juízo anula somente os atos decisórios, devendo o processo, quando for declarada a nulidade, ser remetido ao juiz competente.
• V. arts. 108, § 1º; e 564, I, do CPP.

Art. 568. A nulidade por ilegitimidade do representante da parte poderá ser a todo tempo sanada, mediante ratificação dos atos processuais.

Art. 569. As omissões da denúncia ou da queixa, da representação, ou, nos processos das contravenções penais, da portaria ou do auto de prisão em flagrante, poderão ser supridas a todo o tempo, antes da sentença final.

Art. 570. A falta ou a nulidade da citação, da intimação ou notificação estará sanada, desde que o interessado compareça, antes de o ato consumar-se, embora declare que o faz para o único fim de argui-la. O juiz ordenará, todavia, a suspensão ou o adiamento do ato, quando reconhecer que a irregularidade poderá prejudicar direito da parte.
• Vide Súmula 155 do STF.

Art. 571. As nulidades deverão ser arguidas:
• Vide Súmulas 155, 160 e 523 do STF.

I – as da instrução criminal dos processos da competência do júri, nos prazos a que se refere o art. 406;
• V. art. 411 do CPP.

II – as da instrução criminal dos processos de competência do juiz singular e dos processos especiais, salvo os dos Capítulos V e VII do Título II do Livro II, nos prazos a que se refere o art. 500♦;
♦ O art. 500 foi revogado pela Lei nº 11.719/2008.
V. atual art. 384 do CPP.
• V. art. 400 do CPP.

III – as do processo sumário, no prazo a que se refere o art. 537♦, ou, se verificadas depois desse prazo, logo depois de aberta a audiência e apregoadas as partes;
♦ O art. 537 foi revogado pela Lei nº 11.719/2008.
• V. art. 531 do CPP.

IV – as do processo regulado no Capítulo VII do Título II do Livro II, logo depois de aberta a audiência;
• V. arts. 549 a 555 do CPP.

V – as ocorridas posteriormente à pronúncia, logo depois de anunciado o julgamento e apregoadas as partes (art. 447)♦;
♦ Refere-se à redação anterior às alterações promovidas pela Lei nº 11.689/2008.
V. atual art. 454 do CPP.

VI – as de instrução criminal dos processos de competência do Supremo Tribunal Federal e dos Tribunais de Apelação♦, nos prazos a que se refere o art. 500♦♦;
♦ Atual denominação: "Tribunais de Justiça", nos termos da CF/1946.
♦♦ O art. 500 foi revogado pela Lei nº 11.719/2008.
V. atual art. 384 do CPP.

VII – se verificadas após a decisão da primeira instância, nas razões de recurso ou logo depois de anunciado o julgamento do recurso e apregoadas as partes;

VIII – as do julgamento em plenário, em audiência ou em sessão do tribunal, logo depois de ocorrerem.

Art. 572. As nulidades previstas no art. 564, III, "d" e "e", segunda parte, "g" e "h", e IV, considerar-se-ão sanadas:

I – se não forem arguidas, em tempo oportuno, de acordo com o disposto no artigo anterior;

II – se, praticado por outra forma, o ato tiver atingido o seu fim;

III – se a parte, ainda que tacitamente, tiver aceito os seus efeitos.

Art. 573. Os atos, cuja nulidade não tiver sido sanada, na forma dos artigos anteriores, serão renovados ou retificados.

§ 1º. A nulidade de um ato, uma vez declarada, causará a dos atos que dele diretamente dependam ou sejam consequência.

§ 2º. O juiz que pronunciar a nulidade declarará os atos a que ela se estende.

TÍTULO II
DOS RECURSOS EM GERAL

CAPÍTULO I
DISPOSIÇÕES GERAIS

Art. 574. Os recursos serão voluntários, excetuando-se os seguintes casos, em que deverão ser interpostos, de ofício, pelo juiz:
- V. art. 564, III, "n", do CPP.
- Vide Súmulas 160, 322 e 423 do STF.

I – da sentença que conceder *habeas corpus*;
- V. arts. 581, X; e 647 a 667 do CPP.
- Vide Súmula 344 do STF.

II – da que absolver desde logo o réu com fundamento na existência de circunstância que exclua o crime ou isente o réu de pena, nos termos do art. 411♦.
- ♦ Refere-se à redação anterior às alterações promovidas pela Lei nº 11.689/2008. V. atual art. 415 do CPP.

Art. 575. Não serão prejudicados os recursos que, por erro, falta ou omissão dos funcionários, não tiverem seguimento ou não forem apresentados dentro do prazo.
- V. art. 798, § 4º, do CPP.
- Vide Súmulas 320, 428 e 705 do STF.

Art. 576. O Ministério Público não poderá desistir de recurso que haja interposto.

Art. 577. O recurso poderá ser interposto pelo Ministério Público, ou pelo querelante, ou pelo réu, seu procurador ou seu defensor.
- Vide Súmulas 210 e 448 do STF.

Parágrafo único. Não se admitirá, entretanto, recurso da parte que não tiver interesse na reforma ou modificação da decisão.

Art. 578. O recurso será interposto por petição ou por termo nos autos, assinado pelo recorrente ou por seu representante.
- V. arts. 587 e 600 do CPP.
- Vide Súmulas 160, 320 e 428 do STF.

§ 1º. Não sabendo ou não podendo o réu assinar o nome, o termo será assinado por alguém, a seu rogo, na presença de 2 (duas) testemunhas.

§ 2º. A petição de interposição de recurso, com o despacho do juiz, será, até o dia seguinte ao último do prazo, entregue ao escrivão, que certificará no termo da juntada a data da entrega.

§ 3º. Interposto por termo o recurso, o escrivão, sob pena de suspensão por 10 (dez) a 30 (trinta) dias, fará conclusos os autos ao juiz, até o dia seguinte ao último do prazo.

Art. 579. Salvo a hipótese de má-fé, a parte não será prejudicada pela interposição de um recurso por outro.

Parágrafo único. Se o juiz, desde logo, reconhecer a impropriedade do recurso interposto pela parte, mandará processá-lo de acordo com o rito do recurso cabível.

Art. 580. No caso de concurso de agentes (Código Penal, art. 25♦), a decisão do recurso interposto por um dos réus, se fundado em motivos que não sejam de caráter exclusivamente pessoal, aproveitará aos outros.
- ♦ Refere-se à redação anterior às alterações promovidas pela Lei nº 7.209/1984. Vide atual art. 29 do CP.

CAPÍTULO II
DO RECURSO EM SENTIDO ESTRITO

Art. 581. Caberá recurso, no sentido estrito, da decisão, despacho ou sentença:
- V. art. 593, § 4º, do CPP.
- Vide Súmula 604 do STJ.

I – que não receber a denúncia ou a queixa;
- V. art. 395 do CPP.

II – que concluir pela incompetência do juízo;
- V. art. 567 do CPP.
- Vide Súmula 33 do STJ.

III – que julgar procedentes as exceções, salvo a de suspeição;
- V. arts. 95 a 111 do CPP.

IV – que pronunciar o réu;
- Inciso IV com redação dada pela Lei nº 11.689/2008.
- V. art. 413 do CPP.

V – que conceder, negar, arbitrar, cassar ou julgar inidônea a fiança, indeferir requerimento de prisão preventiva ou revogá-la, conceder liberdade provisória ou relaxar a prisão em flagrante;
- Inciso V com redação dada pela Lei nº 7.780/1989.
- V. arts. 310, 316 e 322 do CPP.

VI – (revogado);
- Inciso VI revogado pela Lei nº 11.689/2008.

VII – que julgar quebrada a fiança ou perdido o seu valor;
- V. arts. 341 a 347 do CPP.

VIII – que decretar a prescrição ou julgar, por outro modo, extinta a punibilidade;
- V. art. 61 do CPP.

IX – que indeferir o pedido de reconhecimento da prescrição ou de outra causa extintiva da punibilidade;

X – que conceder ou negar a ordem de *habeas corpus*;
- V. arts. 647 a 667 do CPP.
- Vide Súmula 423 do STF.

XI – que conceder, negar ou revogar a suspensão condicional da pena;
- V. arts. 696 a 709 do CPP.
- Vide arts. 66, 156 a 163 e 197 da LEP.

XII – que conceder, negar ou revogar livramento condicional;
- V. arts. 710 a 733 do CPP.
- Vide arts. 131 a 146 e 197 da LEP.

XIII – que anular o processo da instrução criminal, no todo ou em parte;

XIV – que incluir jurado na lista geral ou desta o excluir;
- V. arts. 426, § 1º; e 586, parágrafo único, do CPP.

XV – que denegar a apelação ou a julgar deserta;
• V. arts. 593, 639, I; e 806, § 2º, do CPP.

XVI – que ordenar a suspensão do processo, em virtude de questão prejudicial;
• V. arts. 92 a 94 do CPP.

XVII – que decidir sobre a unificação de penas;
• Vide arts. 111 e 197 da LEP.

XVIII – que decidir o incidente de falsidade;
• V. arts. 145 a 148 do CPP.

XIX – que decretar medida de segurança, depois de transitar a sentença em julgado;
• V. arts. 752 e 753 do CPP.
• Vide arts. 183 e 184 da LEP.

XX – que impuser medida de segurança por transgressão de outra;
• V. arts. 772 a 774 do CPP.

XXI – que mantiver ou substituir a medida de segurança, nos casos do art. 774;

XXII – que revogar a medida de segurança;
• V. arts. 775 a 777 do CPP.
• Vide arts. 175 a 179 da LEP.

XXIII – que deixar de revogar a medida de segurança, nos casos em que a lei admita a revogação;
• Vide arts. 175 a 179 da LEP.

XXIV – que converter a multa em detenção ou em prisão simples;
• V. art. 689 do CPP.

XXV – que recusar homologação à proposta de acordo de não persecução penal, previsto no art. 28-A desta Lei.
• Inciso XXV acrescido pela Lei nº 13.964/2019.

Art. 582. Os recursos serão sempre para o Tribunal de Apelação♦, salvo nos casos dos nºs V, X e XIV.
♦ Atual denominação: "Tribunal de Justiça", nos termos da CF/1946.

Parágrafo único. O recurso, no caso do nº XIV, será para o presidente do Tribunal de Apelação♦.
♦ Atual denominação: "Tribunal de Justiça", nos termos da CF/1946.

Art. 583. Subirão nos próprios autos os recursos:

I – quando interpostos de ofício;

II – nos casos do art. 581, I, III, IV, VI, VIII e X;

III – quando o recurso não prejudicar o andamento do processo.

Parágrafo único. O recurso da pronúncia subirá em traslado, quando, havendo 2 (dois) ou mais réus, qualquer deles se conformar com a decisão ou todos não tiverem sido ainda intimados da pronúncia.

Art. 584. Os recursos terão efeito suspensivo nos casos de perda da fiança, de concessão de livramento condicional e dos nºs XV, XVII e XXIV do art. 581.
• Vide Súmula 604 do STJ.

§ 1º. Ao recurso interposto de sentença de impronúncia ou no caso do no VIII do art. 581, aplicar-se-á o disposto nos arts. 596 e 598.
• V. art. 271 do CPP.
• Vide Súmula 210 do STF.

§ 2º. O recurso da pronúncia suspenderá tão somente o julgamento.

§ 3º. O recurso do despacho que julgar quebrada a fiança suspenderá unicamente o efeito de perda da metade do seu valor.

Art. 585. O réu não poderá recorrer da pronúncia senão depois de preso, salvo se prestar fiança, nos casos em que a lei a admitir.

Art. 586. O recurso voluntário poderá ser interposto no prazo de 5 (cinco) dias.
• Vide Súmulas 319 e 700 do STF.

Parágrafo único. No caso do art. 581, XIV, o prazo será de 20 (vinte) dias, contado da data da publicação definitiva da lista de jurados.

Art. 587. Quando o recurso houver de subir por instrumento, a parte indicará, no respectivo termo, ou em requerimento avulso, as peças dos autos de que pretenda traslado.
• Vide Súmula 288 do STF.

Parágrafo único. O traslado será extraído, conferido e concertado no prazo de 5 (cinco) dias, e dele constarão sempre a decisão recorrida, a certidão de sua intimação, se por outra forma não for possível verificar-se a oportunidade do recurso, e o termo de interposição.

Art. 588. Dentro de 2 (dois) dias, contados da interposição do recurso, ou do dia em que o escrivão, extraído o traslado, o fizer com vista ao recorrente, este oferecerá as razões e, em seguida, será aberta vista ao recorrido por igual prazo.
• V. art. 643 do CPP.
• Vide Súmula 707 do STF.

Parágrafo único. Se o recorrido for o réu, será intimado do prazo na pessoa do defensor.

Art. 589. Com a resposta do recorrido ou sem ela, será o recurso concluso ao juiz, que, dentro de 2 (dois) dias, reformará ou sustentará o seu despacho, mandando instruir o recurso com os traslados que lhe parecerem necessários.
• V. art. 643 do CPP.

Parágrafo único. Se o juiz reformar o despacho recorrido, a parte contrária, por simples petição, poderá recorrer da nova decisão, se couber recurso, não sendo mais lícito ao juiz modificá-la. Neste caso, independentemente de novos arrazoados, subirá o recurso nos próprios autos ou em traslado.

Art. 590. Quando for impossível ao escrivão extrair o traslado no prazo da lei, poderá o juiz prorrogá-lo até o dobro.
• V. art. 643 do CPP.

Art. 591. Os recursos serão apresentados ao juiz ou tribunal *ad quem*, dentro de 5 (cinco) dias da publicação da resposta do juiz *a quo*, ou entregues ao Correio dentro do mesmo prazo.
• V. art. 643 do CPP.

Art. 592. Publicada a decisão do juiz ou do tribunal *ad quem*, deverão os autos ser devolvidos, dentro de 5 (cinco) dias, ao juiz *a quo*.
• V. art. 643 do CPP.

CAPÍTULO III
DA APELAÇÃO

Art. 593. Caberá apelação no prazo de 5 (cinco) dias:
• V. art. 609 do CPP.
• Vide Súmulas 320, 428 e 713 do STF.
• Vide Súmula 604 do STJ.

I – das sentenças definitivas de condenação ou absolvição proferidas por juiz singular;

II – das decisões definitivas, ou com força de definitivas, proferidas por juiz singular nos casos não previstos no Capítulo anterior;

III – das decisões do Tribunal do Júri, quando:

a) ocorrer nulidade posterior à pronúncia;

b) for a sentença do juiz-presidente contrária à lei expressa ou à decisão dos jurados;
* V. art. 593, § 1º, do CPP.

c) houver erro ou injustiça no tocante à aplicação da pena ou da medida de segurança;
* V. art. 593, § 2º, do CPP.

d) for a decisão dos jurados manifestamente contrária à prova dos autos.
* V. art. 593, § 3º, do CPP.
* Art. 593, *caput* e incisos, com redação dada pela Lei nº 263/1948.

§ 1º. Se a sentença do juiz-presidente for contrária à lei expressa ou divergir das respostas dos jurados aos quesitos, o tribunal *ad quem* fará a devida retificação.
* § 1º acrescido pela Lei nº 263/1948.

§ 2º. Interposta a apelação com fundamento no nº III, "c", deste artigo, o tribunal *ad quem*, se lhe der provimento, retificará a aplicação da pena ou da medida de segurança.
* § 2º acrescido pela Lei nº 263/1948.

§ 3º. Se a apelação se fundar no nº III, "d", deste artigo, e o tribunal *ad quem* se convencer de que a decisão dos jurados é manifestamente contrária à prova dos autos, dar-lhe-á provimento para sujeitar o réu a novo julgamento; não se admite, porém, pelo mesmo motivo, segunda apelação.
* § 3º acrescido pela Lei nº 263/1948.

§ 4º. Quando cabível a apelação, não poderá ser usado o recurso em sentido estrito, ainda que somente de parte da decisão se recorra.
* § 4º renumerado pela Lei nº 263/1948.

Arts. 594 e 595. (Revogados).
* Arts. 594 e 595 revogados pela Lei nº 11.719/2008.

Art. 596. A apelação da sentença absolutória não impedirá que o réu seja posto imediatamente em liberdade.

Parágrafo único. A apelação não suspenderá a execução da medida de segurança aplicada provisoriamente.
* Art. 596 com redação dada pela Lei nº 263/1948.

Art. 597. A apelação de sentença condenatória terá efeito suspensivo, salvo o disposto no art. 393•, a aplicação provisória de interdições de direitos e de medidas de segurança (arts. 374 e 378), e o caso de suspensão condicional de pena.
* ♦ O art. 393 foi revogado pela Lei nº 12.403/2011.
* Vide Súmula 713 do STF.
* Vide Súmula 604 do STJ.

Art. 598. Nos crimes de competência do Tribunal do Júri, ou do juiz singular, se da sentença não for interposta apelação pelo Ministério Público no prazo legal, o ofendido ou qualquer das pessoas enumeradas no art. 31, ainda que não se tenha habilitado como assistente, poderá interpor apelação, que não terá, porém, efeito suspensivo.

Parágrafo único. O prazo para interposição desse recurso será de 15 (quinze) dias e correrá do dia em que terminar o do Ministério Público.
* V. art. 271 do CPP.
* Vide Súmulas 210 e 713 do STF.

Art. 599. As apelações poderão ser interpostas quer em relação a todo o julgado, quer em relação a parte dele.

Art. 600. Assinado o termo de apelação, o apelante e, depois dele, o apelado terão o prazo de 8 (oito) dias cada um para oferecer razões, salvo nos processos de contravenção, em que o prazo será de 3 (três) dias.

§ 1º. Se houver assistente, este arrazoará, no prazo de 3 (três) dias, após o Ministério Público.

§ 2º. Se a ação penal for movida pela parte ofendida, o Ministério Público terá vista dos autos, no prazo do parágrafo anterior.

§ 3º. Quando forem 2 (dois) ou mais os apelantes ou apelados, os prazos serão comuns.

§ 4º. Se o apelante declarar, na petição ou no termo, ao interpor a apelação, que deseja arrazoar na superior instância serão os autos remetidos ao tribunal *ad quem* onde será aberta vista às partes, observados os prazos legais, notificadas as partes pela publicação oficial.
* § 4º acrescido pela Lei nº 4.336/1964.

Art. 601. Findos os prazos para razões, os autos serão remetidos à instância superior, com as razões ou sem elas, no prazo de 5 (cinco) dias, salvo no caso do art. 603, segunda parte, em que o prazo será de 30 (trinta) dias.

§ 1º. Se houver mais de um réu, e não houverem todos sido julgados, ou não tiverem todos apelado, caberá ao apelante promover extração do traslado dos autos, o qual deverá ser remetido à instância superior no prazo de 30 (trinta) dias, contado da data da entrega das últimas razões de apelação, ou do vencimento do prazo para a apresentação das do apelado.

§ 2º. As despesas do traslado correrão por conta de quem o solicitar, salvo se o pedido for de réu pobre ou do Ministério Público.

Art. 602. Os autos serão, dentro dos prazos do artigo anterior, apresentados ao tribunal *ad quem* ou entregues ao Correio, sob registro.

Art. 603. A apelação subirá nos autos originais e, a não ser no Distrito Federal e nas comarcas que forem sede de Tribunal de Apelação♦, ficará em cartório traslado dos termos essenciais do processo referidos no art. 564, III.
* ♦ Atual denominação: "Tribunal de Justiça", nos termos da CF/1946.
* V. art. 601, *caput*, parte final, do CPP.

Arts. 604. a 606 (Revogados).
* Arts. 604 a 606 revogados pela Lei nº 263/1948.

CAPÍTULO IV
DO PROTESTO POR NOVO JÚRI
* Capítulo IV revogado pela Lei nº 11.689/2008.

Arts. 607 e 608. (Revogados).
* Arts. 607 e 608 revogados pela Lei nº 11.689/2008.

CAPÍTULO V
DO PROCESSO E DO JULGAMENTO DOS RECURSOS EM SENTIDO ESTRITO E DAS APELAÇÕES, NOS TRIBUNAIS DE APELAÇÃO*

♦ Atual denominação: "Tribunais de Justiça", nos termos da CF/1946.

Art. 609. Os recursos, apelações e embargos serão julgados pelos Tribunais de Justiça, câmaras ou turmas criminais, de acordo com a competência estabelecida nas leis de organização judiciária.

- Art. 609, *caput*, com redação dada pela Lei nº 1.720-B/1952.

Parágrafo único. Quando não for unânime a decisão de segunda instância, desfavorável ao réu, admitem-se embargos infringentes e de nulidade, que poderão ser opostos dentro de 10 (dez) dias, a contar da publicação de acórdão, na forma do art. 613. Se o desacordo for parcial, os embargos serão restritos à matéria objeto de divergência.

- Parágrafo único acrescido pela Lei nº 1.720-B/1952.
- Vide Súmula 293 do STF.

Art. 610. Nos recursos em sentido estrito, com exceção do de *habeas corpus*, e nas apelações interpostas das sentenças em processo de contravenção ou de crime a que a lei comine pena de detenção, os autos irão imediatamente com vista ao procurador-geral pelo prazo de 5 (cinco) dias, e, em seguida, passarão, por igual prazo, ao relator, que pedirá designação de dia para o julgamento.

Parágrafo único. Anunciado o julgamento pelo presidente, e apregoadas as partes, com a presença destas ou à sua revelia, o relator fará a exposição do feito e, em seguida, o presidente concederá, pelo prazo de 10 (dez) minutos, a palavra aos advogados ou às partes que a solicitarem e ao procurador-geral, quando o requerer, por igual prazo.

- Entendemos prejudicado este art. 610 ante o advento das Leis nº 9.099/1995 e nº 10.259/2001.

Art. 611. (Revogado).
- Art. 611 revogado pelo Decreto-Lei nº 552/1969.

Art. 612. Os recursos de *habeas corpus*, designado o relator, serão julgados na primeira sessão.
- Vide Súmula 431 do STF.

Art. 613. As apelações interpostas das sentenças proferidas em processos por crime a que a lei comine pena de reclusão, deverão ser processadas e julgadas pela forma estabelecida no art. 610, com as seguintes modificações:
- V. art. 609 do CPP.

I – exarado o relatório nos autos, passarão estes ao revisor, que terá igual prazo para o exame do processo e pedirá designação de dia para o julgamento;

II – os prazos serão ampliados ao dobro;

III – o tempo para os debates será de 1/4 (um quarto) de hora.

Art. 614. No caso de impossibilidade de observância de qualquer dos prazos marcados nos arts. 610 e 613, os motivos da demora serão declarados nos autos.

Art. 615. O tribunal decidirá por maioria de votos.

§ 1º. Em todos os julgamentos em matéria penal ou processual penal em órgãos colegiados, havendo empate, prevalecerá a decisão mais favorável ao indivíduo imputado, proclamando-se de imediato esse resultado, ainda que, nas hipóteses de vaga aberta a ser preenchida, de impedimento, de suspeição ou de ausência, tenha sido o julgamento tomado sem a totalidade dos integrantes do colegiado.
* § 1º com redação dada pela Lei nº 14.836/2024.

§ 2º. O acórdão será apresentado à conferência na primeira sessão seguinte à do julgamento, ou no prazo de 2 (duas) sessões, pelo juiz incumbido de lavrá-lo.
* V. arts. 185 a 196 do CPP.

Art. 616. No julgamento das apelações poderá o tribunal, câmara ou turma proceder a novo interrogatório do acusado, reinquirir testemunhas ou determinar outras diligências.

Art. 617. O tribunal, câmara ou turma atenderá nas suas decisões ao disposto nos arts. 383, 386 e 387, no que for aplicável, não podendo, porém, ser agravada a pena, quando somente o réu houver apelado da sentença.
* Vide Súmulas 160, 453 e 525 do STF.

Art. 618. Os regimentos dos Tribunais de Apelação♦ estabelecerão as normas complementares para o processo e julgamento dos recursos e apelações.
♦ Atual denominação: "Tribunais de Justiça", nos termos da CF/1946.

CAPÍTULO VI
DOS EMBARGOS

Art. 619. Aos acórdãos proferidos pelos Tribunais de Apelação♦, câmaras ou turmas, poderão ser opostos embargos de declaração, no prazo de 2 (dois) dias contados da sua publicação, quando houver na sentença ambiguidade, obscuridade, contradição ou omissão.
♦ Atual denominação: "Tribunais de Justiça", nos termos da CF/1946.

Art. 620. Os embargos de declaração serão deduzidos em requerimento de que constem os pontos em que o acórdão é ambíguo, obscuro, contraditório ou omisso.

§ 1º. O requerimento será apresentado pelo relator e julgado, independentemente de revisão, na primeira sessão.

§ 2º. Se não preenchidas as condições enumeradas neste artigo, o relator indeferirá desde logo o requerimento.

CAPÍTULO VII
DA REVISÃO

Art. 621. A revisão dos processos findos será admitida:

I – quando a sentença condenatória for contrária ao texto expresso da lei penal ou à evidência dos autos;

II – quando a sentença condenatória se fundar em depoimentos, exames ou documentos comprovadamente falsos;

III – quando, após a sentença, se descobrirem novas provas de inocência

do condenado ou de circunstância que determine ou autorize diminuição especial da pena.
• Vide Súmula 611 do STF.

Art. 622. A revisão poderá ser requerida em qualquer tempo, antes da extinção da pena ou após.
• Vide Súmula 393 do STF.

Parágrafo único. Não será admissível a reiteração do pedido, salvo se fundado em novas provas.

Art. 623. A revisão poderá ser pedida pelo próprio réu ou por procurador legalmente habilitado ou, no caso de morte do réu, pelo cônjuge, ascendente, descendente ou irmão.

Art. 624. As revisões criminais serão processadas e julgadas:

I – pelo Supremo Tribunal Federal, quanto às condenações por ele proferidas;

II – pelo Tribunal Federal de Recursos*, Tribunais de Justiça ou de Alçada**, nos demais casos.
• Art. 624, *caput*, com redação dada pelo Decreto-Lei nº 504/1969.
♦ O Tribunal Federal de Recursos foi extinto pela CF/1988.
♦♦ Os Tribunais de Alçada foram extintos pela EC nº 45/2004.

§ 1º. No Supremo Tribunal Federal e no Tribunal Federal de Recursos* o processo e julgamento obedecerão ao que for estabelecido no respectivo regimento interno.
• § 1º acrescido pelo Decreto-Lei nº 504/1969.
♦ O Tribunal Federal de Recursos foi extinto pela CF/1988.

§ 2º. Nos Tribunais de Justiça ou de Alçada*, o julgamento será efetuado pelas câmaras ou turmas criminais, reunidas em sessão conjunta, quando houver mais de uma, e, no caso contrário, pelo tribunal pleno.
• § 2º acrescido pelo Decreto-Lei nº 504/1969.
♦ Os Tribunais de Alçada foram extintos pela EC nº 45/2004.

§ 3º. Nos tribunais onde houver 4 (quatro) ou mais câmaras ou turmas criminais, poderão ser constituídos 2 (dois) ou mais grupos de câmaras ou turmas para o julgamento de revisão, obedecido o que for estabelecido no respectivo regimento interno.
• § 3º acrescido pelo Decreto-Lei nº 504/1969.

Art. 625. O requerimento será distribuído a um relator e a um revisor, devendo funcionar como relator um desembargador que não tenha pronunciado decisão em qualquer fase do processo.

§ 1º. O requerimento será instruído com a certidão de haver passado em julgado a sentença condenatória e com as peças necessárias à comprovação dos fatos arguidos.

§ 2º. O relator poderá determinar que se apensem os autos originais, se daí não advier dificuldade à execução normal da sentença.

§ 3º. Se o relator julgar insuficientemente instruído o pedido e inconveniente ao interesse da justiça que se apensem os autos originais, indeferi-lo-á *in limine*, dando recurso para as câmaras reunidas ou para o tribunal, conforme o caso (art. 624, parágrafo único)*.
• Atuais §§ 1º ao 3º, ante as alterações promovidas pelo Decreto-Lei nº 504/1969.

§ 4º. Interposto o recurso por petição e independentemente de termo, o relator apresentará o processo em mesa para o julgamento e o relatará, sem tomar parte na discussão.

§ 5º. Se o requerimento não for indeferido *in limine*, abrir-se-á vista dos autos ao procurador-geral, que dará parecer no prazo de 10 (dez) dias. Em seguida, examinados os autos, sucessivamente, em igual prazo, pelo relator e revisor, julgar-se-á o pedido na sessão que o presidente designar.

Art. 626. Julgando procedente a revisão, o tribunal poderá alterar a classificação da infração, absolver o réu, modificar a pena ou anular o processo.

Parágrafo único. De qualquer maneira, não poderá ser agravada a pena imposta pela decisão revista.
• Vide Súmulas 160 e 453 do STF.

Art. 627. A absolvição implicará o restabelecimento de todos os direitos perdidos em virtude da condenação, devendo o tribunal, se for caso, impor a medida de segurança cabível.

Art. 628. Os regimentos internos dos Tribunais de Apelação♦ estabelecerão as normas complementares para o processo e julgamento das revisões criminais.
♦ Atual denominação: "Tribunais de Justiça", nos termos da CF/1946.

Art. 629. À vista da certidão do acórdão que cassar a sentença condenatória, o juiz mandará juntá-la imediatamente aos autos, para inteiro cumprimento da decisão.

Art. 630. O tribunal, se o interessado o requerer, poderá reconhecer o direito a uma justa indenização pelos prejuízos sofridos.

§ 1º. Por essa indenização, que será liquidada no juízo cível, responderá a União, se a condenação tiver sido proferida pela justiça do Distrito Federal ou de Território, ou o Estado, se o tiver sido pela respectiva justiça.

§ 2º. A indenização não será devida:

a) se o erro ou a injustiça da condenação proceder de ato ou falta imputável ao próprio impetrante, como a confissão ou a ocultação de prova em seu poder;

b) se a acusação houver sido meramente privada.

Art. 631. Quando, no curso da revisão, falecer a pessoa, cuja condenação tiver de ser revista, o presidente do tribunal nomeará curador para a defesa.

CAPÍTULO VIII
DO RECURSO EXTRAORDINÁRIO

Arts. 632 a 636. (Revogados).
• Arts. 632 a 636 revogados pela Lei nº 3.396/1958.

Art. 637. O recurso extraordinário não tem efeito suspensivo, e uma vez arrazoados pelo recorrido os autos do traslado, os originais baixarão à primeira instância, para a execução da sentença.
• Vide Súmula 602 do STF.
• Vide Súmula 267 do STJ.

Art. 638. O recurso extraordinário e o recurso especial serão processados e julgados no Supremo Tribunal Federal e no Superior Tribunal de Justiça na forma estabelecida por leis especiais, pela lei processual civil e pelos respectivos regimentos internos.

* Art. 638 com redação dada pela Lei nº 13.964/2019.

CAPÍTULO IX
DA CARTA TESTEMUNHÁVEL

Art. 639. Dar-se-á carta testemunhável:

I – da decisão que denegar o recurso;

II – da que, admitindo embora o recurso, obstar à sua expedição e seguimento para o juízo *ad quem*.

Art. 640. A carta testemunhável será requerida ao escrivão, ou ao secretário do tribunal, conforme o caso, nas 48 (quarenta e oito) horas seguintes ao despacho que denegar o recurso, indicando o requerente as peças do processo que deverão ser trasladadas.

Art. 641. O escrivão, ou o secretário do tribunal, dará recibo da petição à parte e, no prazo máximo de 5 (cinco) dias, no caso de recurso no sentido estrito, ou de 60 (sessenta) dias, no caso de recurso extraordinário, fará entrega da carta, devidamente conferida e concertada.

Art. 642. O escrivão, ou o secretário do tribunal, que se negar a dar o recibo, ou deixar de entregar, sob qualquer pretexto, o instrumento, será suspenso por 30 (trinta) dias. O juiz, ou o presidente do Tribunal de Apelação♦, em face de representação do testemunhante, imporá a pena e mandará que seja extraído o instrumento, sob a mesma sanção, pelo substituto do escrivão ou do secretário do tribunal. Se o testemunhante não for atendido, poderá reclamar ao presidente do tribunal *ad quem*, que avocará os autos, para o efeito do julgamento do recurso e imposição da pena.

♦ Atual denominação: "Tribunal de Justiça", nos termos da CF/1946.

Art. 643. Extraído e autuado o instrumento, observar-se-á o disposto nos arts. 588 a 592, no caso de recurso em sentido estrito, ou o processo estabelecido para o recurso extraordinário, se deste se tratar.

Art. 644. O tribunal, câmara ou turma a que competir o julgamento da carta, se desta tomar conhecimento, mandará processar o recurso, ou, se estiver suficientemente instruída, decidirá logo, *de meritis*.

Art. 645. O processo da carta testemunhável na instância superior seguirá o processo do recurso denegado.

Art. 646. A carta testemunhável não terá efeito suspensivo.

CAPÍTULO X
DO *HABEAS CORPUS* E SEU PROCESSO

* Vide Tema 154 do STF.
* Vide Súmula 648 do STJ.

Art. 647. Dar-se-á *habeas corpus* sempre que alguém sofrer ou se achar na iminência de sofrer violência ou coação ilegal na sua liberdade de ir e vir, salvo nos casos de punição disciplinar.

* V. arts. 574, I; e 581, X, do CPP.
* Vide Súmulas 395, 431, 606, 693, 694 e 695 do STF.

Art. 647-A. No âmbito de sua competência jurisdicional, qualquer autoridade judicial poderá expedir de ofício ordem de *habeas corpus*, individual ou coletivo, quando, no curso de qualquer processo judicial, verificar que, por violação ao ordenamento jurídico, alguém sofre ou se acha ameaçado de sofrer violência ou coação em sua liberdade de locomoção.

Parágrafo único. A ordem de *habeas corpus* poderá ser concedida de ofício pelo juiz ou pelo tribunal em processo de competência originária ou recursal, ainda que não conhecidos a ação ou o recurso em que veiculado o pedido de cessação de coação ilegal.
- Art. 647-A acrescido pela Lei nº 14.836/2024.

Art. 648. A coação considerar-se-á ilegal:

I – quando não houver justa causa;

II – quando alguém estiver preso por mais tempo do que determina a lei;
- V. arts. 10 e 46 do CPP.

III – quando quem ordenar a coação não tiver competência para fazê-lo;
- V. arts. 69 a 87 do CPP.

IV – quando houver cessado o motivo que autorizou a coação;

V – quando não for alguém admitido a prestar fiança, nos casos em que a lei a autoriza;
- V. arts. 323 e 324 do CPP.

VI – quando o processo for manifestamente nulo;
- V. arts. 563 a 573 do CPP.

VII – quando extinta a punibilidade.

Art. 649. O juiz ou o tribunal, dentro dos limites da sua jurisdição, fará passar imediatamente a ordem impetrada, nos casos em que tenha cabimento, seja qual for a autoridade coatora.

Art. 650. Competirá conhecer, originariamente, do pedido de *habeas corpus*:

I – ao Supremo Tribunal Federal, nos casos previstos no art. 101, I, "g", da Constituição♦;
♦ Refere-se à Constituição dos Estados Unidos do Brasil/1937. Vide art. 102, I, "d" e "i", da CF/1988.

II – aos Tribunais de Apelação♦, sempre que os atos de violência ou coação forem atribuídos aos governadores ou interventores dos Estados ou Territórios e ao prefeito do Distrito Federal, ou a seus secretários, ou aos chefes de Polícia.
♦ Atual denominação: "Tribunais de Justiça", nos termos da CF/1946.

§ 1º. A competência do juiz cessará sempre que a violência ou coação provier de autoridade judiciária de igual ou superior jurisdição.

§ 2º. Não cabe o *habeas corpus* contra a prisão administrativa, atual ou iminente, dos responsáveis por dinheiro ou valor pertencente à Fazenda Pública, alcançados ou omissos em fazer o seu recolhimento nos prazos legais, salvo se o pedido for acompanhado de prova de quitação ou de depósito do alcance verificado, ou se a prisão exceder o prazo legal.

Art. 651. A concessão do *habeas corpus* não obstará, nem porá termo ao processo, desde que este não esteja em conflito com os fundamentos daquela.

Art. 652. Se o *habeas corpus* for concedido em virtude de nulidade do processo, este será renovado.

Art. 653. Ordenada a soltura do paciente em virtude de *habeas corpus*, será condenada nas custas a autoridade que, por má-fé ou evidente abuso de poder, tiver determinado a coação.

Parágrafo único. Neste caso, será remetida ao Ministério Público cópia das peças necessárias para ser promovida a responsabilidade da autoridade.

Art. 654. O *habeas corpus* poderá ser impetrado por qualquer pessoa, em seu favor ou de outrem, bem como pelo Ministério Público.

§ 1º. A petição de *habeas corpus* conterá:
- V. art. 662 do CPP.

a) o nome da pessoa que sofre ou está ameaçada de sofrer violência ou coação e o de quem exercer a violência, coação ou ameaça;

b) a declaração da espécie de constrangimento ou, em caso de simples ameaça de coação, as razões em que funda o seu temor;

c) a assinatura do impetrante, ou de alguém a seu rogo, quando não souber ou não puder escrever, e a designação das respectivas residências.

§ 2º. Os juízes e os tribunais têm competência para expedir de ofício ordem de *habeas corpus*, quando no curso de processo verificarem que alguém sofre ou está na iminência de sofrer coação ilegal.

Art. 655. O carcereiro ou o diretor da prisão, o escrivão, o oficial de justiça ou a autoridade judiciária ou policial que embaraçar ou procrastinar a expedição de ordem de *habeas corpus*, as informações sobre a causa da prisão, a condução e apresentação do paciente, ou a sua soltura, será multado na quantia de 200 (duzentos) mil-réis a 1 (um) conto de réis, sem prejuízo das penas em que incorrer. As multas serão impostas pelo juiz do tribunal que julgar o *habeas corpus*, salvo quando se tratar de autoridade judiciária, caso em que caberá ao Supremo Tribunal Federal ou ao Tribunal de Apelação♦ impor as multas.

♦ Atual denominação: "Tribunal de Justiça", nos termos da CF/1946.

Art. 656. Recebida a petição de *habeas corpus*, o juiz, se julgar necessário, e estiver preso o paciente, mandará que este lhe seja imediatamente apresentado em dia e hora que designar.

Parágrafo único. Em caso de desobediência, será expedido mandado de prisão contra o detentor, que será processado na forma da lei, e o juiz providenciará para que o paciente seja tirado da prisão e apresentado em juízo.

Art. 657. Se o paciente estiver preso, nenhum motivo escusará a sua apresentação, salvo:

I – grave enfermidade do paciente;

II – não estar ele sob a guarda da pessoa a quem se atribui a detenção;

III – se o comparecimento não tiver sido determinado pelo juiz ou pelo tribunal.

Parágrafo único. O juiz poderá ir ao local em que o paciente se encontrar, se este não puder ser apresentado por motivo de doença.

Art. 658. O detentor declarará à ordem de quem o paciente estiver preso.

Art. 659. Se o juiz ou o tribunal verificar que já cessou a violência ou coação ilegal, julgará prejudicado o pedido.
• Vide Súmula 695 do STF.

Art. 660. Efetuadas as diligências, e interrogado o paciente, o juiz decidirá, fundamentadamente, dentro de 24 (vinte e quatro) horas.

§ 1º. Se a decisão for favorável ao paciente, será logo posto em liberdade, salvo se por outro motivo dever ser mantido na prisão.

§ 2º. Se os documentos que instruírem a petição evidenciarem a ilegalidade da coação, o juiz ou o tribunal ordenará que cesse imediatamente o constrangimento.
• Vide Súmula 431 do STF.

§ 3º. Se a ilegalidade decorrer do fato de não ter sido o paciente admitido a prestar fiança, o juiz arbitrará o valor desta, que poderá ser prestada perante ele, remetendo, neste caso, à autoridade os respectivos autos, para serem anexados aos do inquérito policial ou aos do processo judicial.

§ 4º. Se a ordem de *habeas corpus* for concedida para evitar ameaça de violência ou coação ilegal, dar-se-á ao paciente salvo-conduto assinado pelo juiz.

§ 5º. Será *incontinenti* enviada cópia da decisão à autoridade que tiver ordenado a prisão ou tiver o paciente à sua disposição, a fim de juntar-se aos autos do processo.

§ 6º. Quando o paciente estiver preso em lugar que não seja o da sede do juízo ou do tribunal que conceder a ordem, o alvará de soltura será expedido pelo telégrafo, se houver, observadas as formalidades estabelecidas no art. 289, parágrafo único, *in fine*, ou por via postal.

Art. 661. Em caso de competência originária do Tribunal de Apelação♦, a petição de *habeas corpus* será apresentada ao secretário, que a enviará imediatamente ao presidente do tribunal, ou da câmara criminal, ou da turma, que estiver reunida, ou primeiro tiver de reunir-se.
♦ Atual denominação: "Tribunal de Justiça", nos termos da CF/1946.

Art. 662. Se a petição contiver os requisitos do art. 654, § 1º, o presidente, se necessário, requisitará da autoridade indicada como coatora informações por escrito. Faltando, porém, qualquer daqueles requisitos, o presidente mandará preenchê-lo, logo que lhe for apresentada a petição.

Art. 663. As diligências do artigo anterior não serão ordenadas, se o presidente entender que o *habeas corpus* deva ser indeferido *in limine*. Nesse caso, levará a petição ao tribunal, câmara ou turma, para que delibere a respeito.

Art. 664. Recebidas as informações, ou dispensadas, o *habeas corpus* será julgado na primeira sessão, podendo, entretanto, adiar-se o julgamento para a sessão seguinte.
• Vide Súmula 431 do STF.

Parágrafo único. A decisão será tomada por maioria de votos. Havendo empate, se o presidente não tiver tomado parte na votação, proferirá voto de desempate; no caso contrário, prevalecerá a decisão mais favorável ao paciente.

Art. 665. O secretário do tribunal lavrará a ordem que, assinada pelo presidente do tribunal, câmara ou turma, será dirigida, por ofício ou telegrama, ao detentor, ao carcereiro ou autoridade que exercer ou ameaçar exercer o constrangimento.

Parágrafo único. A ordem transmitida por telegrama obedecerá ao disposto no art. 289, parágrafo único, *in fine*♦.

♦ Atual § 1º, ante as alterações promovidas pela Lei nº 12.403/2011.

Art. 666. Os regimentos dos Tribunais de Apelação♦ estabelecerão as normas complementares para o processo e julgamento do pedido de *habeas corpus* de sua competência originária.

♦ Atual denominação: "Tribunais de Justiça", nos termos da CF/1946.

Art. 667. No processo e julgamento do *habeas corpus* de competência originária do Supremo Tribunal Federal, bem como nos de recurso das decisões de última ou única instância, denegatórias de *habeas corpus*, observar-se-á, no que lhes for aplicável, o disposto nos artigos anteriores, devendo o regimento interno do tribunal estabelecer as regras complementares.

Livro IV
DA EXECUÇÃO

TÍTULO I
DISPOSIÇÕES GERAIS

Art. 668. A execução, onde não houver juiz especial, incumbirá ao juiz da sentença, ou, se a decisão for do Tribunal do Júri, ao seu presidente.
• Vide art. 65 da LEP.

Parágrafo único. Se a decisão for de tribunal superior, nos casos de sua competência originária, caberá ao respectivo presidente prover-lhe a execução.

Art. 669. Só depois de passar em julgado, será exequível a sentença, salvo:

I – quando condenatória, para o efeito de sujeitar o réu a prisão, ainda no caso de crime afiançável, enquanto não for prestada a fiança;

II – quando absolutória, para o fim de imediata soltura do réu, desde que não proferida em processo por crime a que a lei comine pena de reclusão, no máximo, por tempo igual ou superior a 8 (oito) anos.
• Vide art. 105 da LEP.

Art. 670. No caso de decisão absolutória confirmada ou proferida em grau de apelação, incumbirá ao relator fazer expedir o alvará de soltura, de que dará imediatamente conhecimento ao juiz de primeira instância.

Art. 671. Os incidentes da execução serão resolvidos pelo respectivo juiz.

Art. 672. Computar-se-á na pena privativa da liberdade o tempo:

I – de prisão preventiva no Brasil ou no estrangeiro;

II – de prisão provisória no Brasil ou no estrangeiro;

III – de internação em hospital ou manicômio.

Art. 673. Verificado que o réu, pendente a apelação por ele interposta, já sofreu prisão por tempo igual ao da pena a que foi condenado, o relator do feito mandará pô-lo imediatamente em liberdade, sem prejuízo do julgamento do recurso, salvo se, no caso de crime a que a lei comine pena de reclusão, no máximo, por tempo igual ou superior a 8 (oito) anos, o querelante ou o Ministério Público também houver apelado da sentença condenatória.

- V. art. 12 da LICPP.

TÍTULO II
DA EXECUÇÃO DAS PENAS EM ESPÉCIE

CAPÍTULO I
DAS PENAS PRIVATIVAS DE LIBERDADE

- Vide arts. 105 a 146-E da LEP.

Art. 674. Transitando em julgado a sentença que impuser pena privativa de liberdade, se o réu já estiver preso, ou vier a ser preso, o juiz ordenará a expedição de carta de guia para o cumprimento da pena.

Parágrafo único. Na hipótese do art. 82, última parte, a expedição da carta de guia será ordenada pelo juiz competente para a soma ou unificação das penas.

Art. 675. No caso de ainda não ter sido expedido mandado de prisão, por tratar-se de infração penal em que o réu se livra solto ou por estar afiançado, o juiz, ou o presidente da câmara ou tribunal, se tiver havido recurso, fará expedir o mandado de prisão, logo que transite em julgado a sentença condenatória.

§ 1º. No caso de reformada pela superior instância, em grau de recurso, a sentença absolutória, estando o réu solto, o presidente da câmara ou do tribunal fará, logo após sessão de julgamento, remeter ao chefe de Polícia o mandado de prisão do condenado.

§ 2º. Se o réu estiver em prisão especial, deverá, ressalvado o disposto na legislação relativa aos militares, ser expedida ordem para sua imediata remoção para prisão comum, até que se verifique a expedição de carta de guia para o cumprimento da pena.

Art. 676. A carta de guia, extraída pelo escrivão e assinada pelo juiz, que a rubricará em todas as folhas, será remetida ao diretor do estabelecimento em que tenha de ser cumprida a sentença condenatória, e conterá:

I – o nome do réu e a alcunha por que for conhecido;

II – a sua qualificação civil (naturalidade, filiação, idade, estado, profissão), instrução e, se constar, número do registro geral do Instituto de Identificação e Estatística ou de repartição congênere;

III – o teor integral da sentença condenatória e a data da terminação da pena.

Parágrafo único. Expedida carta de guia para cumprimento de uma pena, se o réu estiver cumprindo outra, só depois de terminada a execução desta será aquela executada. Retificar-se-á a carta de guia sempre que sobrevenha modificação quanto ao início da execução ou ao tempo de duração da pena.

Art. 677. Da carta de guia e seus aditamentos se remeterá cópia ao Conselho Penitenciário.

Art. 678. O diretor do estabelecimento, em que o réu tiver de cumprir a pena, passará recibo da carta de guia para juntar-se aos autos do processo.

Art. 679. As cartas de guia serão registradas em livro especial, segundo a ordem cronológica do recebimento, fazendo-se no curso da execução as anotações necessárias.

Art. 680. Computar-se-á no tempo da pena o período em que o condenado, por sentença irrecorrível, permanecer preso em estabelecimento diverso do destinado ao cumprimento dela.

Art. 681. Se impostas cumulativamente penas privativas da liberdade, será executada primeiro a de reclusão, depois a de detenção e por último a de prisão simples.

Art. 682. O sentenciado a que sobrevier doença mental, verificada por perícia médica, será internado em manicômio judiciário, ou, à falta, em outro estabelecimento adequado, onde lhe seja assegurada a custódia.

- V. art. 154 do CPP.
- Vide arts. 99 a 101 e 183 da LEP.

§ 1º. Em caso de urgência, o diretor do estabelecimento penal poderá determinar a remoção do sentenciado, comunicando imediatamente a providência ao juiz, que, em face da perícia médica, ratificará ou revogará a medida.

§ 2º. Se a internação se prolongar até o término do prazo restante da pena e não houver sido imposta medida de segurança detentiva, o indivíduo terá o destino aconselhado pela sua enfermidade, feita a devida comunicação ao juiz de incapazes.

Art. 683. O diretor da prisão a que o réu tiver sido recolhido provisoriamente ou em cumprimento de pena comunicará imediatamente ao juiz o óbito, a fuga ou a soltura do detido ou sentenciado para que fique constando dos autos.

Parágrafo único. A certidão de óbito acompanhará a comunicação.

Art. 684. A recaptura do réu evadido não depende de prévia ordem judicial e poderá ser efetuada por qualquer pessoa.

Art. 685. Cumprida ou extinta a pena, o condenado será posto, imediatamente, em liberdade, mediante alvará do juiz, no qual se ressalvará a hipótese de dever o condenado continuar na prisão por outro motivo legal.

Parágrafo único. Se tiver sido imposta medida de segurança detentiva, o condenado será removido para estabelecimento adequado (art. 762).

CAPÍTULO II
DAS PENAS PECUNIÁRIAS
• Vide arts. 164 a 170 da LEP.

Art. 686. A pena de multa será paga dentro em 10 (dez) dias após haver transitado em julgado a sentença que a impuser.

Parágrafo único. Se interposto recurso da sentença, esse prazo será contado do dia em que o juiz ordenar o cumprimento da decisão da superior instância.

Art. 687. O juiz poderá, desde que o condenado o requeira:

I – prorrogar o prazo do pagamento da multa até 3 (três) meses, se as circunstâncias justificarem essa prorrogação;

II – permitir, nas mesmas circunstâncias, que o pagamento se faça em parcelas mensais, no prazo que fixar, mediante caução real ou fidejussória, quando necessário.
• Inciso II com redação dada pela Lei nº 6.416/1977.

§ 1º. O requerimento, tanto no caso do nº I, como no do nº II, será feito dentro do decêndio concedido para o pagamento da multa.

§ 2º. A permissão para o pagamento em parcelas será revogada, se o juiz verificar que o condenado dela se vale para fraudar a execução da pena. Nesse caso, a caução resolver-se-á em valor monetário, devolvendo-se ao condenado o que exceder à satisfação da multa e das custas processuais.
• § 2º com redação dada pela Lei nº 6.416/1977.

Art. 688. Findo o decêndio ou a prorrogação sem que o condenado efetue o pagamento, ou ocorrendo a hipótese prevista no § 2º do artigo anterior, observar-se-á o seguinte:
• V. art. 720 do CPP.

I – possuindo o condenado bens sobre os quais possa recair a execução, será extraída certidão da sentença condenatória, a fim de que o Ministério Público proceda à cobrança judicial;

II – sendo o condenado insolvente, far-se-á a cobrança:

a) mediante desconto de quarta parte de sua remuneração (arts. 29, § 1º, e 37 do Código Penal)♦, quando cumprir pena privativa da liberdade, cumulativamente imposta com a de multa;
♦ Refere-se à redação anterior às alterações promovidas pela Lei nº 7.209/1984. Vide atuais arts. 34, § 1º; e 50, do CP.

b) mediante desconto em seu vencimento ou salário, se, cumprida a pena privativa da liberdade, ou concedido o livramento condicional, a multa não houver sido resgatada;

c) mediante esse desconto, se a multa for a única pena imposta ou no caso de suspensão condicional da pena.

§ 1º. O desconto, nos casos das letras "b" e "c", será feito mediante ordem ao empregador, à repartição competente ou à administração da entidade paraestatal, e, antes de fixá-lo, o juiz requisitará informações e ordenará diligências, inclusive arbitramento, quando necessário, para observância do art. 37, § 3º, do Código Penal*.

♦ Refere-se à redação anterior às alterações promovidas pela Lei nº 7.209/1984. Vide atual art. 50, § 2º, do CP.

§ 2º. Sob pena de desobediência e sem prejuízo da execução a que ficará sujeito, o empregador será intimado a recolher mensalmente, até o dia fixado pelo juiz, a importância correspondente ao desconto, em selo penitenciário, que será inutilizado nos autos pelo juiz.

§ 3º. Se o condenado for funcionário estadual ou municipal ou empregado de entidade paraestatal, a importância do desconto será, semestralmente, recolhida ao Tesouro Nacional, delegacia fiscal ou coletoria federal, como receita do selo penitenciário.

§ 4º. As quantias descontadas em folha de pagamento de funcionário federal constituirão renda do selo penitenciário.

Art. 689. A multa será convertida, à razão de 10 (dez) mil-réis por dia, em detenção ou prisão simples, no caso de crime ou de contravenção:

I – se o condenado solvente frustrar o pagamento da multa;

II – se não forem pagas pelo condenado solvente as parcelas mensais autorizadas sem garantia.

• Inciso II com redação dada pela Lei nº 6.416/1977.

§ 1º. Se o juiz reconhecer desde logo a existência de causa para a conversão, a ela procederá de ofício ou a requerimento do Ministério Público, independentemente de audiência do condenado; caso contrário, depois de ouvir o condenado, se encontrado no lugar da sede do juízo, poderá admitir a apresentação de prova pelas partes, inclusive testemunhal, no prazo de 3 (três) dias.

§ 2º. O juiz, desde que transite em julgado a decisão, ordenará a expedição de mandado de prisão ou aditamento à carta de guia, conforme esteja o condenado solto ou em cumprimento de pena privativa da liberdade.

§ 3º. Na hipótese do inciso II deste artigo, a conversão será feita pelo valor das parcelas não pagas.

• § 3º acrescido pela Lei nº 6.416/1977.

Art. 690. O juiz tornará sem efeito a conversão, expedindo alvará de soltura ou cassando a ordem de prisão, se o condenado, em qualquer tempo:

I – pagar a multa;

II – prestar caução real ou fidejussória que lhe assegure o pagamento.

Parágrafo único. No caso do nº II, antes de homologada a caução, será ouvido o Ministério Público dentro do prazo de 2 (dois) dias.

CAPÍTULO III
DAS PENAS ACESSÓRIAS

Art. 691. O juiz dará à autoridade administrativa competente conhecimento da sentença transitada em julgado, que impuser ou de que resultar a perda da função pública ou a incapacidade temporária para investidura em função pública ou para exercício de profissão ou atividade.

Art. 692. No caso de incapacidade temporária ou permanente para o

exercício do pátrio poder♦, da tutela ou da curatela, o juiz providenciará para que sejam acautelados, no juízo competente, a pessoa e os bens do menor ou do interdito.
♦ Atual denominação: "poder familiar", nos termos do CC/2002.

Art. 693. A incapacidade permanente ou temporária para o exercício da autoridade marital ou do pátrio poder♦ será averbada no registro civil.
♦ Atual denominação: "poder familiar", nos termos do CC/2002.

Art. 694. As penas acessórias consistentes em interdições de direitos serão comunicadas ao Instituto de Identificação e Estatística ou estabelecimento congênere, figurarão na folha de antecedentes do condenado e serão mencionadas no rol de culpados.

Art. 695. Iniciada a execução das interdições temporárias (art. 72, "a" e "b", do Código Penal)♦, o juiz, de ofício, a requerimento do Ministério Público ou do condenado, fixará o seu termo final, completando as providências determinadas nos artigos anteriores.
♦ Refere-se à redação anterior às alterações promovidas pela Lei nº 7.209/1984. Vide atual art. 47 do CP.

TÍTULO III
DOS INCIDENTES DA EXECUÇÃO

CAPÍTULO I
DA SUSPENSÃO CONDICIONAL DA PENA
• Vide arts. 156 a 163 da LEP.

Art. 696. O juiz poderá suspender, por tempo não inferior a 2 (dois) nem superior a 6 (seis) anos, a execução das penas de reclusão e de detenção que não excedam a 2 (dois) anos, ou, por tempo não inferior a 1 (um) nem superior a 3 (três) anos, a execução da pena de prisão simples, desde que o sentenciado:
• Art. 696, *caput*, com redação dada pela Lei nº 6.416/1977.

I – não haja sofrido, no País ou no estrangeiro, condenação irrecorrível por outro crime a pena privativa da liberdade, salvo o disposto no parágrafo único do art. 46 do Código Penal♦;
• Inciso I com redação dada pela Lei nº 6.416/1977.
♦ Refere-se à redação anterior às alterações promovidas pela Lei nº 7.209/1984. Vide atual art. 64, I, do CP.

II – os antecedentes e a personalidade do sentenciado, os motivos e as circunstâncias do crime autorizem a presunção de que não tornará a delinquir.

Parágrafo único. Processado o beneficiário por outro crime ou contravenção, considerar-se-á prorrogado o prazo da suspensão da pena até o julgamento definitivo.

Art. 697. O juiz ou tribunal, na decisão que aplicar pena privativa da liberdade não superior a 2 (dois) anos, deverá pronunciar-se, motivadamente, sobre a suspensão condicional, quer a conceda quer a denegue.
• Art. 697 com redação dada pela Lei nº 6.416/1977.

Art. 698. Concedida a suspensão, o juiz especificará as condições a que fica sujeito o condenado, pelo prazo previsto, começando este a correr da audiência em que se der conhe-

cimento da sentença ao beneficiário e lhe for entregue documento similar ao descrito no art. 724.
- Art. 698, *caput*, com redação dada pela Lei nº 6.416/1977.

§ 1º. As condições serão adequadas ao delito e à personalidade do condenado.
- § 1º acrescido pela Lei nº 6.416/1977.
- V. art. 718 do CPP.

§ 2º. Poderão ser impostas, além das estabelecidas no art. 767, como normas de conduta e obrigações, as seguintes condições:
- V. art. 718 do CPP.

I – frequentar curso de habilitação profissional ou de instrução escolar;

II – prestar serviços em favor da comunidade;

III – atender aos encargos de família;

IV – submeter-se a tratamento de desintoxicação.
- § 2º acrescido pela Lei nº 6.416/1977.

§ 3º. O juiz poderá fixar, a qualquer tempo, de ofício ou a requerimento do Ministério Público, outras condições além das especificadas na sentença e das referidas no parágrafo anterior, desde que as circunstâncias o aconselhem.
- § 3º acrescido pela Lei nº 6.416/1977.

§ 4º. A fiscalização do cumprimento das condições deverá ser regulada, nos Estados, Territórios e Distrito Federal, por normas supletivas e atribuída a serviço social penitenciário, patronato, conselho de comunidade ou entidades similares, inspecionadas pelo Conselho Penitenciário, pelo Ministério Público ou ambos, devendo o juiz da execução na comarca suprir, por ato, a falta das normas supletivas.
- § 4º acrescido pela Lei nº 6.416/1977.

§ 5º. O beneficiário deverá comparecer periodicamente à entidade fiscalizadora, para comprovar a observância das condições a que está sujeito, comunicando, também, a sua ocupação, os salários ou proventos de que vive, as economias que conseguiu realizar e as dificuldades materiais ou sociais que enfrenta.
- § 5º acrescido pela Lei nº 6.416/1977.
- V. art. 718 do CPP.

§ 6º. A entidade fiscalizadora deverá comunicar imediatamente ao órgão de inspeção, para os fins legais (arts. 730 e 731), qualquer fato capaz de acarretar a revogação do benefício, a prorrogação do prazo ou a modificação das condições.
- § 6º acrescido pela Lei nº 6.416/1977.

§ 7º. Se for permitido ao beneficiário mudar-se, será feita comunicação ao juiz e à entidade fiscalizadora do local da nova residência, aos quais deverá apresentar-se imediatamente.
- § 7º acrescido pela Lei nº 6.416/1977.

Art. 699. No caso de condenação pelo Tribunal do Júri, a suspensão condicional da pena competirá ao seu presidente.

Art. 700. A suspensão não compreende a multa, as penas acessórias, os efeitos da condenação nem as custas.

Art. 701. O juiz, ao conceder a suspensão, fixará, tendo em conta as condições econômicas ou profissionais do réu, o prazo para o pagamento, integral ou em prestações, das custas do processo e taxa penitenciária.

Art. 702. Em caso de coautoria, a suspensão poderá ser concedida a uns e negada a outros réus.

Art. 703. O juiz que conceder a suspensão lerá ao réu, em audiência, a sentença respectiva, e o advertirá das consequências de nova infração penal e da transgressão das obrigações impostas.
• V. art. 705 do CPP.

Art. 704. Quando for concedida a suspensão pela superior instância, a esta caberá estabelecer-lhe as condições, podendo a audiência ser presidida por qualquer membro do tribunal ou câmara, pelo juiz do processo ou por outro designado pelo presidente do tribunal ou câmara.

Art. 705. Se, intimado pessoalmente ou por edital com prazo de 20 (vinte) dias, o réu não comparecer à audiência a que se refere o art. 703, a suspensão ficará sem efeito e será executada imediatamente a pena, salvo prova de justo impedimento, caso em que será marcada nova audiência.

Art. 706. A suspensão também ficará sem efeito se, em virtude de recurso, for aumentada a pena de modo que exclua a concessão do benefício.
• Art. 706 com redação dada pela Lei nº 6.416/1977.

Art. 707. A suspensão será revogada se o beneficiário:

I – é condenado, por sentença irrecorrível, a pena privativa da liberdade;

II – frustra, embora solvente, o pagamento da multa, ou não efetua, sem motivo justificado, a reparação do dano.

Parágrafo único. O juiz poderá revogar a suspensão, se o beneficiário deixa de cumprir qualquer das obrigações constantes da sentença, de observar proibições inerentes à pena acessória, ou é irrecorrivelmente condenado a pena que não seja privativa da liberdade; se não a revogar, deverá advertir o beneficiário, ou exacerbar as condições ou, ainda, prorrogar o período da suspensão até o máximo, se esse limite não foi o fixado.
• Art. 707 com redação dada pela Lei nº 6.416/1977.

Art. 708. Expirado o prazo de suspensão ou a prorrogação, sem que tenha ocorrido motivo de revogação, a pena privativa de liberdade será declarada extinta.

Parágrafo único. O juiz, quando julgar necessário, requisitará, antes do julgamento, nova folha de antecedentes do beneficiário.

Art. 709. A condenação será inscrita, com a nota de suspensão, em livros especiais do Instituto de Identificação e Estatística, ou repartição congênere, averbando-se, mediante comunicação do juiz ou do tribunal, a revogação da suspensão ou a extinção da pena. Em caso de revogação, será feita a averbação definitiva no registro geral.

§ 1º. Nos lugares onde não houver Instituto de Identificação e Estatística ou repartição congênere, o registro e a averbação serão feitos em livro próprio no juízo ou no tribunal.

§ 2º. O registro será secreto, salvo para efeito de informações requisitadas por autoridade judiciária, no caso de novo processo.

§ 3º. Não se aplicará o disposto no § 2º, quando houver sido imposta ou resultar de condenação pena acessória consistente em interdição de direitos.

CAPÍTULO II
DO LIVRAMENTO CONDICIONAL

- Vide arts. 131 a 146 da LEP.

Art. 710. O livramento condicional poderá ser concedido ao condenado a pena privativa da liberdade igual ou superior a 2 (dois) anos, desde que se verifiquem as condições seguintes:
- Art. 710, caput, com redação dada pela Lei nº 6.416/1977.

I – cumprimento de mais da metade da pena, ou mais de 3/4 (três quartos), se reincidente o sentenciado;
- Inciso I com redação dada pela Lei nº 6.416/1977.
- V. art. 717 do CPP.

II – ausência ou cessação de periculosidade;

III – bom comportamento durante a vida carcerária;

IV – aptidão para prover à própria subsistência mediante trabalho honesto;

V – reparação do dano causado pela infração, salvo impossibilidade de fazê-lo.
- Inciso V com redação dada pela Lei nº 6.416/1977.

Art. 711. As penas que correspondem a infrações diversas podem somar-se, para efeito do livramento.
- Art. 711 com redação dada pela Lei nº 6.416/1977.

Art. 712. O livramento condicional poderá ser concedido mediante requerimento do sentenciado, de seu cônjuge ou de parente em linha reta, ou por proposta do diretor do estabelecimento penal, ou por iniciativa do Conselho Penitenciário.
- Art. 712, caput, com redação dada pelo Decreto-Lei nº 6.109/1943.

Parágrafo único. No caso do artigo anterior, a concessão do livramento competirá ao juiz da execução da pena que o condenado estiver cumprindo.

Art. 713. As condições de admissibilidade, conveniência e oportunidade da concessão do livramento serão verificadas pelo Conselho Penitenciário, a cujo parecer não ficará, entretanto, adstrito o juiz.

Art. 714. O diretor do estabelecimento penal remeterá ao Conselho Penitenciário minucioso relatório sobre:

I – o caráter do sentenciado, revelado pelos seus antecedentes e conduta na prisão;

II – o procedimento do liberando na prisão, sua aplicação ao trabalho e seu trato com os companheiros e funcionários do estabelecimento;

III – suas relações, quer com a família, quer com estranhos;

IV – seu grau de instrução e aptidão profissional, com a indicação dos serviços em que haja sido empregado e da especialização anterior ou adquirida na prisão;

V – sua situação financeira, e seus propósitos quanto ao seu futuro meio de vida, juntando o diretor, quando dada por pessoa idônea, promessa escrita de colocação do liberando, com indicação do serviço e do salário.

Parágrafo único. O relatório será, dentro do prazo de 15 (quinze) dias, remetido ao Conselho, com o prontuário do sentenciado, e, na falta, o Conselho opinará livremente, comunicando à autoridade competente a omissão do diretor da prisão.

Art. 715. Se tiver sido imposta medida de segurança detentiva, o livramento não poderá ser concedido sem que se verifique, mediante exame das condições do sentenciado, a cessação da periculosidade.

Parágrafo único. Consistindo a medida de segurança em internação em casa de custódia e tratamento*, proceder-se-á a exame mental do sentenciado.

♦ Atual denominação: "Hospital de Custódia e Tratamento Psiquiátrico", nos termos do art. 99 da LEP.

Art. 716. A petição ou a proposta de livramento será remetida ao juiz ou ao tribunal por ofício do presidente do Conselho Penitenciário, com a cópia do respectivo parecer e do relatório do diretor da prisão.

§ 1º. Para emitir parecer, o Conselho poderá determinar diligências e requisitar os autos do processo.

§ 2º. O juiz ou o tribunal mandará juntar a petição ou a proposta, com o ofício ou documento que a acompanhar, aos autos do processo, e proferirá sua decisão, previamente ouvido o Ministério Público.

Art. 717. Na ausência da condição prevista no art. 710, I, o requerimento será liminarmente indeferido.
• Art. 717 com redação dada pela Lei nº 6.416/1977.

Art. 718. Deferido o pedido, o juiz, ao especificar as condições a que ficará subordinado o livramento, atenderá ao disposto no art. 698, §§ 1º, 2º e 5º.
• V. art. 724, § 2º, do CPP.

§ 1º. Se for permitido ao liberado residir fora da jurisdição do juiz da execução, remeter-se-á cópia da sentença do livramento à autoridade judiciária do lugar para onde ele se houver transferido, e à entidade de observação cautelar e proteção.

§ 2º. O liberado será advertido da obrigação de apresentar-se imediatamente à autoridade judiciária e à entidade de observação cautelar e proteção.
• Art. 718 com redação dada pela Lei nº 6.416/1977.

Art. 719. O livramento ficará também subordinado à obrigação de pagamento das custas do processo e da taxa penitenciária, salvo caso de insolvência comprovada.

Parágrafo único. O juiz poderá fixar o prazo para o pagamento integral ou em prestações, tendo em consideração as condições econômicas ou profissionais do liberado.

Art. 720. A forma de pagamento da multa, ainda não paga pelo liberando, será determinada de acordo com o disposto no art. 688.

Art. 721. Reformada a sentença denegatória do livramento, os autos baixarão ao juiz da primeira instância, a fim de que determine as condições que devam ser impostas ao liberando.

Art. 722. Concedido o livramento, será expedida carta de guia, com a cópia integral da sentença em 2 (duas) vias, remetendo-se uma ao diretor do estabelecimento penal e outra ao presidente do Conselho Penitenciário.

Art. 723. A cerimônia do livramento condicional será realizada solenemente, em dia marcado pela autoridade que deva presidi-la, observando-se o seguinte:

I – a sentença será lida ao liberando, na presença dos demais presos, salvo motivo relevante, pelo presidente do Conselho Penitenciário, ou pelo seu representante junto ao estabelecimento penal, ou, na falta, pela autoridade judiciária local;
- V. art. 731 do CPP.

II – o diretor do estabelecimento penal chamará a atenção do liberando para as condições impostas na sentença de livramento;
- V. art. 731 do CPP.

III – o preso declarará se aceita as condições.
- V. art. 731 do CPP.

§ 1º. De tudo, em livro próprio, se lavrará termo, subscrito por quem presidir a cerimônia, e pelo liberando, ou alguém a seu rogo, se não souber ou não puder escrever.
- V. art. 731 do CPP.

§ 2º. Desse termo, se remeterá cópia ao juiz do processo.
- V. art. 731 do CPP.

Art. 724. Ao sair da prisão o liberado, ser-lhe-á entregue, além do saldo do seu pecúlio e do que lhe pertencer, uma caderneta que exibirá à autoridade judiciária ou administrativa sempre que lhe for exigido. Essa caderneta conterá:
- V. art. 698, *caput*, do CPP.

I – a reprodução da ficha de identidade, ou o retrato do liberado, sua qualificação e sinais característicos;

II – o texto impresso dos artigos do presente capítulo;

III – as condições impostas ao liberado;

IV – a pena acessória a que esteja sujeito.
- Inciso IV acrescido pela Lei nº 6.416/1977.

§ 1º. Na falta de caderneta, será entregue ao liberado um salvo-conduto, em que constem as condições do livramento e a pena acessória, podendo substituir-se a ficha de identidade ou o retrato do liberado pela descrição dos sinais que possam identificá-lo.
- § 1º acrescido pela Lei nº 6.416/1977.

§ 2º. Na caderneta e no salvo-conduto deve haver espaço para consignar o cumprimento das condições referidas no art. 718.
- § 2º acrescido pela Lei nº 6.416/1977.

Art. 725. A observação cautelar e proteção realizadas por serviço social penitenciário, patronato, conselho de comunidade ou entidades similares, terá a finalidade de:

I – fazer observar o cumprimento da pena acessória, bem como das condições especificadas na sentença concessiva do benefício;

II – proteger o beneficiário, orientando-o na execução de suas obrigações e auxiliando-o na obtenção de atividade laborativa.

Parágrafo único. As entidades encarregadas de observação cautelar e proteção do liberado apresentarão relatório ao Conselho Penitenciário, para efeito da representação prevista nos arts. 730 e 731.
• Art. 725 com redação dada pela Lei nº 6.416/1977.

Art. 726. Revogar-se-á o livramento condicional, se o liberado vier, por crime ou contravenção, a ser condenado por sentença irrecorrível a pena privativa de liberdade.

Art. 727. O juiz pode, também, revogar o livramento, se o liberado deixar de cumprir qualquer das obrigações constantes da sentença, de observar proibições inerentes à pena acessória ou for irrecorrivelmente condenado, por crime, à pena que não seja privativa da liberdade.
• Art. 727, *caput*, com redação dada pela Lei nº 6.416/1977.

Parágrafo único. Se o juiz não revogar o livramento, deverá advertir o liberado ou exacerbar as condições.
• Parágrafo único acrescido pela Lei nº 6.416/1977.

Art. 728. Se a revogação for motivada por infração penal anterior à vigência do livramento, computar-se-á no tempo da pena o período em que esteve solto o liberado, sendo permitida, para a concessão de novo livramento, a soma do tempo das 2 (duas) penas.

Art. 729. No caso de revogação por outro motivo, não se computará na pena o tempo em que esteve solto o liberado, e tampouco se concederá, em relação à mesma pena, novo livramento.

Art. 730. A revogação do livramento será decretada mediante representação do Conselho Penitenciário, ou a requerimento do Ministério Público, ou de ofício, pelo juiz, que, antes, ouvirá o liberado, podendo ordenar diligências e permitir a produção de prova, no prazo de 5 (cinco) dias.
• Art. 730 com redação dada pela Lei nº 6.416/1977.
• V. arts. 698, § 6º; e 725, parágrafo único, do CPP.

Art. 731. O juiz, de ofício, a requerimento do Ministério Público, ou mediante representação do Conselho Penitenciário, poderá modificar as condições ou normas de conduta especificadas na sentença, devendo a respectiva decisão ser lida ao liberado por uma das autoridades ou por um dos funcionários indicados no inciso I do art. 723, observado o disposto nos incisos II e III, e §§ 1º e 2º do mesmo artigo.
• Art. 731 com redação dada pela Lei nº 6.416/1977.
• V. arts. 698, § 6º; e 725, parágrafo único, do CPP.

Art. 732. Praticada pelo liberado nova infração, o juiz ou o tribunal poderá ordenar a sua prisão, ouvido o Conselho Penitenciário, suspendendo o curso do livramento condicional, cuja revogação ficará, entretanto, dependendo da decisão final no novo processo.

Art. 733. O juiz, de ofício, ou a requerimento do interessado, do Ministério Público, ou do Conselho Penitenciário, julgará extinta a pena privativa de liberdade, se expirar o prazo do livramento sem revogação, ou na hipótese do artigo anterior, for o liberado absolvido por sentença irrecorrível.

TÍTULO IV
DA GRAÇA, DO INDULTO, DA ANISTIA E DA REABILITAÇÃO

CAPÍTULO I
DA GRAÇA, DO INDULTO E DA ANISTIA

- Vide arts. 187 a 193 da LEP.
- Vide Tema 371 do STF.

Art. 734. A graça poderá ser provocada por petição do condenado, de qualquer pessoa do povo, do Conselho Penitenciário, ou do Ministério Público, ressalvada, entretanto, ao Presidente da Republica, a faculdade de concedê-la espontaneamente.

Art. 735. A petição de graça, acompanhada dos documentos com que o impetrante a instruir, será remetida ao Ministro da Justiça por intermédio do Conselho Penitenciário.

Art. 736. O Conselho Penitenciário, à vista dos autos do processo, e depois de ouvir o diretor do estabelecimento penal a que estiver recolhido o condenado, fará, em relatório, a narração do fato criminoso, examinará as provas, mencionará qualquer formalidade ou circunstância omitida na petição e exporá os antecedentes do condenado e seu procedimento depois de preso, opinando sobre o mérito do pedido.

Art. 737. Processada no Ministério da Justiça, com os documentos e o relatório do Conselho Penitenciário, a petição subirá a despacho do Presidente da República, a quem serão presentes os autos do processo ou a certidão de qualquer de suas peças, se ele o determinar.

Art. 738. Concedida a graça e junta aos autos cópia do decreto, o juiz declarará extinta a pena ou penas, ou ajustará a execução aos termos do decreto, no caso de redução ou comutação de pena.

- V. art. 741 do CPP.

Art. 739. O condenado poderá recusar a comutação da pena.

Art. 740. Os autos da petição de graça serão arquivados no Ministério da Justiça.

Art. 741. Se o réu for beneficiado por indulto, o juiz, de ofício ou a requerimento do interessado, do Ministério Público ou por iniciativa do Conselho Penitenciário, providenciará de acordo com o disposto no art. 738.

Art. 742. Concedida a anistia após transitar em julgado a sentença condenatória, o juiz, de ofício ou a requerimento do interessado, do Ministério Público ou por iniciativa do Conselho Penitenciário, declarará extinta a pena.

CAPÍTULO II
DA REABILITAÇÃO

Art. 743. A reabilitação será requerida ao juiz da condenação, após o decurso de 4 (quatro) ou 8 (oito) anos, pelo menos, conforme se trate de condenado ou reincidente, contados do dia em que houver terminado a execução da pena principal ou da medida de segurança detentiva, devendo o requerente indicar as comarcas em que haja residido durante aquele tempo.

Art. 744. O requerimento será instruído com:

I – certidões comprobatórias de não ter o requerente respondido, nem estar respondendo a processo penal, em qualquer das comarcas em que houver residido durante o prazo a que se refere o artigo anterior;

II – atestados de autoridades policiais ou outros documentos que comprovem ter residido nas comarcas indicadas e mantido, efetivamente, bom comportamento;

III – atestados de bom comportamento fornecidos por pessoas a cujo serviço tenha estado;

IV – quaisquer outros documentos que sirvam como prova de sua regeneração;

V – prova de haver ressarcido o dano causado pelo crime ou persistir a impossibilidade de fazê-lo.

Art. 745. O juiz poderá ordenar as diligências necessárias para apreciação do pedido, cercando-as do sigilo possível e, antes da decisão final, ouvirá o Ministério Público.

Art. 746. Da decisão que conceder a reabilitação haverá recurso de ofício.

Art. 747. A reabilitação, depois de sentença irrecorrível, será comunicada ao Instituto de Identificação e Estatística ou repartição congênere.

Art. 748. A condenação ou condenações anteriores não serão mencionadas na folha de antecedentes do reabilitado, nem em certidão extraída dos livros do juízo, salvo quando requisitadas por juiz criminal.

Art. 749. Indeferida a reabilitação, o condenado não poderá renovar o pedido senão após o decurso de 2 (dois) anos, salvo se o indeferimento tiver resultado de falta ou insuficiência de documentos.

Art. 750. A revogação de reabilitação (Código Penal, art. 120)♦ será decretada pelo juiz, de ofício ou a requerimento do Ministério Público.

♦ Refere-se à redação anterior às alterações promovidas pela Lei nº 7.209/1984. Vide atual art. 95 do CP.

TÍTULO V
DA EXECUÇÃO DAS MEDIDAS DE SEGURANÇA

• Vide arts. 171 a 179 da LEP.

Art. 751. Durante a execução da pena ou durante o tempo em que a ela se furtar o condenado, poderá ser imposta medida de segurança, se:

• V. arts. 754 e 755 do CPP.

I – o juiz ou o tribunal, na sentença:

a) omitir sua decretação, nos casos de periculosidade presumida;
- V. art. 756 do CPP.

b) deixar de aplicá-la ou de excluí-la expressamente;
- V. art. 756 do CPP.

c) declarar os elementos constantes do processo insuficientes para a imposição ou exclusão da medida e ordenar indagações para a verificação da periculosidade do condenado;
- V. art. 757 do CPP.

II – tendo sido, expressamente, excluída na sentença a periculosidade do condenado, novos fatos demonstrarem ser ele perigoso.
- V. art. 757 do CPP.

Art. 752. Poderá ser imposta medida de segurança, depois de transitar em julgado a sentença, ainda quando não iniciada a execução da pena, por motivo diverso de fuga ou ocultação do condenado:
- V. arts. 754 e 755 do CPP.

I – no caso da letra "a" do nº I do artigo anterior, bem como no da letra "b", se tiver sido alegada a periculosidade;
- V. art. 756 do CPP.

II – no caso da letra "c" do nº I do mesmo artigo.
- V. art. 757 do CPP.

Art. 753. Ainda depois de transitar em julgado a sentença absolutória, poderá ser imposta a medida de segurança, enquanto não decorrido tempo equivalente ao da sua duração mínima, a indivíduo que a lei presuma perigoso.
- V. arts. 754, 755 e 759 do CPP.

Art. 754. A aplicação da medida de segurança, nos casos previstos nos arts. 751 e 752, competirá ao juiz da execução da pena, e, no caso do art. 753, ao juiz da sentença.

Art. 755. A imposição da medida de segurança, nos casos dos arts. 751 a 753, poderá ser decretada de ofício ou a requerimento do Ministério Público.

Parágrafo único. O diretor do estabelecimento penal, que tiver conhecimento de fatos indicativos da periculosidade do condenado a quem não tenha sido imposta medida de segurança, deverá logo comunicá-los ao juiz.

Art. 756. Nos casos do nº I, "a" e "b", do art. 751, e nº I do art. 752, poderá ser dispensada nova audiência do condenado.

Art. 757. Nos casos do nº I, "c", e nº II do art. 751 e nº II do art. 752, o juiz, depois de proceder às diligências que julgar convenientes, ouvirá o Ministério Público e concederá ao condenado o prazo de 3 (três) dias para alegações, devendo a prova requerida ou reputada necessária pelo juiz ser produzida dentro em 10 (dez) dias.

§ 1º. O juiz nomeará defensor ao condenado que o requerer.

§ 2º. Se o réu estiver foragido, o juiz procederá às diligências que julgar convenientes, concedendo o prazo de provas, quando requerido pelo Ministério Público.

§ 3º. Findo o prazo de provas, o juiz proferirá a sentença dentro de 3 (três) dias.

Art. 758. A execução da medida de segurança incumbirá ao juiz da execução da sentença.

Art. 759. No caso do art. 753, o juiz ouvirá o curador já nomeado ou que então nomear, podendo mandar submeter o condenado a exame mental, internando-o, desde logo, em estabelecimento adequado.

Art. 760. Para a verificação da periculosidade, no caso do § 3º do art. 78 do Código Penal♦, observar-se-á o disposto no art. 757, no que for aplicável.
- ♦ Refere-se à redação anterior às alterações promovidas pela Lei nº 7.209/1984. Sem correspondência no Código Penal em vigor.

Art. 761. Para a providência determinada no art. 84, § 2º, do Código Penal,♦ se as sentenças forem proferidas por juízes diferentes, será competente o juiz que tiver sentenciado por último ou a autoridade de jurisdição prevalente no caso do art. 82.
- ♦ Refere-se à redação anterior às alterações promovidas pela Lei nº 7.209/1984. Sem correspondência no Código Penal em vigor.
- Vide arts. 171 a 179 da LEP, sobre execução das medidas de segurança.
- Vide arts. 96 a 99 do CP (medida de segurança).

Art. 762. A ordem de internação, expedida para executar-se medida de segurança detentiva, conterá:

I – a qualificação do internando;

II – o teor da decisão que tiver imposto a medida de segurança;

III – a data em que terminará o prazo mínimo da internação.

Art. 763. Se estiver solto o internando, expedir-se-á mandado de captura, que será cumprido por oficial de justiça ou por autoridade policial.

Art. 764. O trabalho nos estabelecimentos referidos no art. 88, § 1º, III, do Código Penal♦, será educativo e remunerado, de modo que assegure ao internado meios de subsistência, quando cessar a internação.
- ♦ Refere-se à redação anterior às alterações promovidas pela Lei nº 7.209/1984. Sem correspondência no Código Penal em vigor.
- Vide arts. 171 a 179 da LEP, sobre execução das medidas de segurança.
- Vide arts. 96 a 99 do CP (medida de segurança).

§ 1º. O trabalho poderá ser praticado ao ar livre.

§ 2º. Nos outros estabelecimentos, o trabalho dependerá das condições pessoais do internado.

Art. 765. A quarta parte do salário caberá ao Estado ou, no Distrito Federal e nos Territórios, à União, e o restante será depositado em nome do internado ou, se este preferir, entregue à sua família.

Art. 766. A internação das mulheres será feita em estabelecimento próprio ou em seção especial.

Art. 767. O juiz fixará as normas de conduta que serão observadas durante a liberdade vigiada.
- V. art. 698, § 2º, do CPP.

§ 1º. Serão normas obrigatórias, impostas ao indivíduo sujeito à liberdade vigiada:

a) tomar ocupação, dentro de prazo razoável, se for apto para o trabalho;

b) não mudar do território da jurisdição do juiz, sem prévia autorização deste.

§ 2º. Poderão ser impostas ao indivíduo sujeito à liberdade vigiada, entre outras obrigações, as seguintes:

a) não mudar de habitação sem aviso prévio ao juiz, ou à autoridade incumbida da vigilância;

b) recolher-se cedo à habitação;

c) não trazer consigo armas ofensivas ou instrumentos capazes de ofender;

d) não frequentar casas de bebidas ou de tavolagem, nem certas reuniões, espetáculos ou diversões públicas.

§ 3º. Será entregue ao indivíduo sujeito à liberdade vigiada uma caderneta, de que constarão as obrigações impostas.

Art. 768. As obrigações estabelecidas na sentença serão comunicadas à autoridade policial.
* V. art. 771, § 2º, do CPP.

Art. 769. A vigilância será exercida discretamente, de modo que não prejudique o indivíduo a ela sujeito.

Art. 770. Mediante representação da autoridade incumbida da vigilância, a requerimento do Ministério Público ou de ofício, poderá o juiz modificar as normas fixadas ou estabelecer outras.

Art. 771. Para execução do exílio local, o juiz comunicará sua decisão à autoridade policial do lugar ou dos lugares onde o exilado está proibido de permanecer ou de residir.

§ 1º. O infrator da medida será conduzido à presença do juiz que poderá mantê-lo detido até proferir decisão.

§ 2º. Se for reconhecida a transgressão e imposta, consequentemente, a liberdade vigiada, determinará o juiz que a autoridade policial providencie a fim de que o infrator siga imediatamente para o lugar de residência por ele escolhido, e oficiará à autoridade policial desse lugar, observando-se o disposto no art. 768.

Art. 772. A proibição de frequentar determinados lugares será comunicada pelo juiz à autoridade policial, que lhe dará conhecimento de qualquer transgressão.

Art. 773. A medida de fechamento de estabelecimento ou de interdição de associação será comunicada pelo juiz à autoridade policial, para que a execute.

Art. 774. Nos casos do parágrafo único do art. 83 do Código Penal♦, ou quando a transgressão de uma medida de segurança importar a imposição de outra, observar-se-á o disposto no art. 757, no que for aplicável.
* ♦ Refere-se à redação anterior às alterações promovidas pela Lei nº 7.209/1984. Sem correspondência no Código Penal em vigor.
* Vide arts. 171 a 179 da LEP, sobre execução das medidas de segurança.
* Vide arts. 96 a 99 do CP (medida de segurança).

Art. 775. A cessação ou não da periculosidade se verificará ao fim do prazo mínimo de duração da medida de segurança pelo exame das condições da pessoa a que tiver sido imposta, observando-se o seguinte:

I – o diretor do estabelecimento de internação ou a autoridade policial incumbida da vigilância, até 1 (um) mês antes de expirado o prazo de duração mínima da medida, se não for inferior a 1 (um) ano, ou até 15 (quinze) dias nos outros casos, remeterá ao juiz da execução minucioso relatório, que o habilite a resolver sobre a cessação ou permanência da medida;
- V. art. 777, § 2º, do CPP.

II – se o indivíduo estiver internado em manicômio judiciário ou em casa de custódia e tratamento*, o relatório será acompanhado do laudo de exame pericial feito por 2 (dois) médicos designados pelo diretor do estabelecimento;
- ♦ Atual denominação: "Hospital de Custódia e Tratamento Psiquiátrico", nos termos do art. 99 da LEP.
- V. art. 777, § 2º, do CPP.

III – o diretor do estabelecimento de internação ou a autoridade policial deverá, no relatório, concluir pela conveniência da revogação, ou não, da medida de segurança;

IV – se a medida de segurança for o exílio local ou a proibição de frequentar determinados lugares, o juiz, até 1 (um) mês ou 15 (quinze) dias antes de expirado o prazo mínimo de duração, ordenará as diligências necessárias, para verificar se desapareceram as causas da aplicação da medida;
- V. art. 777, § 2º, do CPP.

V – junto aos autos o relatório, ou realizadas as diligências, serão ouvidos sucessivamente o Ministério Público e o curador ou o defensor, no prazo de 3 (três) dias para cada um;

VI – o juiz nomeará curador ou defensor ao interessado que o não tiver;

VII – o juiz, de ofício, ou a requerimento de qualquer das partes, poderá determinar novas diligências, ainda que já expirado o prazo de duração mínima da medida de segurança;

VIII – ouvidas as partes ou realizadas as diligências a que se refere o número anterior o juiz proferirá a sua decisão, no prazo de 3 (três) dias.

Art. 776. Nos exames sucessivos a que se referem o § 1º, II, e § 2º do art. 81 do Código Penal*, observar-se-á, no que lhes for aplicável, o disposto no artigo anterior.
- ♦ Refere-se à redação anterior às alterações promovidas pela Lei nº 7.209/1984. Sem correspondência no Código Penal em vigor.
- Vide arts. 171 a 179 da LEP, sobre execução das medidas de segurança.
- Vide art. 97, § 2º, do CP.

Art. 777. Em qualquer tempo, ainda durante o prazo mínimo de duração da medida de segurança, poderá o tribunal, câmara ou turma, a requerimento do Ministério Público ou do interessado, seu defensor ou curador, ordenar o exame, para a verificação da cessação da periculosidade.
- Vide Súmula 520 do STF.

§ 1º. Designado o relator e ouvido o procurador-geral, se a medida não tiver sido por ele requerida, o pedido será julgado na primeira sessão.

§ 2º. Deferido o pedido, a decisão será imediatamente comunicada ao juiz, que requisitará, marcando prazo, o relatório e o exame a que se referem os nºs I e II do art. 775 ou ordenará as diligências mencionadas no nº IV do mesmo artigo, prosseguindo de acordo com o disposto nos outros incisos do citado artigo.

Art. 778. Transitando em julgado a sentença de revogação, o juiz expedirá ordem para a desinternação, quando se tratar de medida detentiva, ou para que cesse a vigilância ou a proibição, nos outros casos.

Art. 779. O confisco dos instrumentos e produtos do crime, no caso previsto no art. 100 do Código Penal*, será decretado no despacho de arquivamento do inquérito, na sentença de impronúncia ou na sentença absolutória.

- Refere-se à redação anterior às alterações promovidas pela Lei nº 7.209/1984.
  Sem correspondência no Código Penal em vigor.
- Vide arts. 171 a 179 da LEP, sobre execução das medidas de segurança.
- Vide arts. 96 a 99 do CP (medida de segurança).

Livro V
DAS RELAÇÕES JURISDICIONAIS COM AUTORIDADE ESTRANGEIRA

TÍTULO ÚNICO

CAPÍTULO I
DISPOSIÇÕES GERAIS

Art. 780. Sem prejuízo de convenções ou tratados, aplicar-se-á o disposto neste Título à homologação de sentenças penais estrangeiras e à expedição e ao cumprimento de cartas rogatórias para citações, inquirições e outras diligências necessárias à instrução de processo penal.

Art. 781. As sentenças estrangeiras não serão homologadas, nem as cartas rogatórias cumpridas, se contrárias à ordem pública e aos bons costumes.
- V. art. 789, § 4º, do CPP.

Art. 782. O trânsito, por via diplomática, dos documentos apresentados constituirá prova bastante de sua autenticidade.

CAPÍTULO II
DAS CARTAS ROGATÓRIAS

Art. 783. As cartas rogatórias serão, pelo respectivo juiz, remetidas ao Ministro da Justiça, a fim de ser pedido o seu cumprimento, por via diplomática, às autoridades estrangeiras competentes.

Art. 784. As cartas rogatórias emanadas de autoridades estrangeiras competentes não dependem de homologação e serão atendidas se encaminhadas por via diplomática e desde que o crime, segundo a lei brasileira, não exclua a extradição.

§ 1º. As rogatórias, acompanhadas de tradução em língua nacional, feita por tradutor oficial ou juramentado, serão, após *exequatur* do presidente do Supremo Tribunal Federal, cumpridas pelo juiz criminal do lugar onde as diligências tenham de efetuar-se, observadas as formalidades prescritas neste Código.

§ 2º. A carta rogatória será pelo presidente do Supremo Tribunal Federal remetida ao presidente do Tribunal de Apelação• do Estado, do Distrito Federal, ou do Território, a fim de ser encaminhada ao juiz competente.
♦ Atual denominação: "Tribunal de Justiça", nos termos da CF/1946.

§ 3º. Versando sobre crime de ação privada, segundo a lei brasileira, o andamento, após o *exequatur*, dependerá do interessado, a quem incumbirá o pagamento das despesas.

§ 4º. Ficará sempre na secretaria do Supremo Tribunal Federal cópia da carta rogatória.

Art. 785. Concluídas as diligências, a carta rogatória será devolvida ao presidente do Supremo Tribunal Federal, por intermédio do presidente do Tribunal de Apelação•, o qual, antes de devolvê-la, mandará completar qualquer diligência ou sanar qualquer nulidade.
♦ Atual denominação: "Tribunal de Justiça", nos termos da CF/1946.

Art. 786. O despacho que conceder o *exequatur* marcará, para o cumprimento da diligência, prazo razoável, que poderá ser excedido, havendo justa causa, ficando esta consignada em ofício dirigido ao presidente do Supremo Tribunal Federal, juntamente com a carta rogatória.

CAPÍTULO III
DA HOMOLOGAÇÃO DAS SENTENÇAS ESTRANGEIRAS

Art. 787. As sentenças estrangeiras deverão ser previamente homologadas pelo Supremo Tribunal Federal• para que produzam os efeitos do art. 7º do Código Penal••.
♦ Com o advento da EC nº 45/2004, que acresceu ao art. 105, I, a alínea "i", da CF, a competência para homologar sentenças estrangeiras passou a ser do STJ.
♦♦ Refere-se à redação anterior às alterações promovidas pela Lei nº 7.209/1984. Vide atual art. 9º do CP.

Art. 788. A sentença penal estrangeira será homologada, quando a aplicação da lei brasileira produzir na espécie as mesmas consequências e concorrem os seguintes requisitos:
• V. art. 789, § 4º, do CPP.

I – estar revestida das formalidades externas necessárias, segundo a legislação do país de origem;

II – haver sido proferida por juiz competente, mediante citação regular, segundo a mesma legislação;

III – ter passado em julgado;

IV – estar devidamente autenticada por cônsul brasileiro;

V – estar acompanhada de tradução, feita por tradutor público.

Art. 789. O procurador-geral da República, sempre que tiver conhecimento da existência de sentença penal estrangeira, emanada de Estado que tenha com o Brasil tratado de extradição e que haja imposto medida de segurança pessoal ou pena acessória que deva ser cumprida no Brasil, pedirá ao Ministro da Justiça providências para obtenção de elementos que o habilitem a requerer a homologação da sentença.

§ 1º. A homologação de sentença emanada de autoridade judiciária de Estado, que não tiver tratado de extradição com o Brasil, dependerá de requisição do Ministro da Justiça.

§ 2º. Distribuído o requerimento de homologação, o relator mandará citar o interessado para deduzir embargos, dentro de 10 (dez) dias, se residir no Distrito Federal, de 30 (trinta) dias, no caso contrário.

§ 3º. Se nesse prazo o interessado não deduzir os embargos, ser-lhe-á pelo relator nomeado defensor, o qual dentro de 10 (dez) dias produzirá a defesa.

§ 4º. Os embargos somente poderão fundar-se em dúvida sobre a autenticidade do documento, sobre a inteligência da sentença, ou sobre a falta de qualquer dos requisitos enumerados nos arts. 781 e 788.

§ 5º. Contestados os embargos dentro de 10 (dez) dias, pelo procurador-geral, irá o processo ao relator e ao revisor, observando-se no seu julgamento o Regimento Interno do Supremo Tribunal Federal.

§ 6º. Homologada a sentença, a respectiva carta será remetida ao presidente do Tribunal de Apelação♦ do Distrito Federal, do Estado, ou do Território.
♦ Atual denominação: "Tribunal de Justiça", nos termos da CF/1946.

§ 7º. Recebida a carta de sentença, o presidente do Tribunal de Apelação♦ a remeterá ao juiz do lugar de residência do condenado, para a aplicação da medida de segurança ou da pena acessória, observadas as disposições do Título II, Capítulo III, e Título V do Livro IV deste Código.
♦ Atual denominação: "Tribunal de Justiça", nos termos da CF/1946.
● V. arts. 691 a 695 e 751 a 779 do CPP.

Art. 790. O interessado na execução de sentença penal estrangeira, para a reparação do dano, restituição e outros efeitos civis, poderá requerer ao Supremo Tribunal Federal a sua homologação, observando-se o que a respeito prescreve o Código de Processo Civil.

Livro VI
DISPOSIÇÕES GERAIS

Art. 791. Em todos os juízos e tribunais do crime, além das audiências e sessões ordinárias, haverá as extraordinárias, de acordo com as necessidades do rápido andamento dos feitos.

Art. 792. As audiências, sessões e os atos processuais serão, em regra, públicos e se realizarão nas sedes dos juízos e tribunais, com assistência dos escrivães, do secretário, do oficial de justiça que servir de porteiro, em dia e hora certos, ou previamente designados.

§ 1º. Se da publicidade da audiência, da sessão ou do ato processual, puder resultar escândalo, inconveniente grave ou perigo de perturbação da ordem, o juiz, ou o tribunal, câmara, ou turma, poderá, de ofício ou a requerimento da parte ou do Ministério Público, determinar que o ato seja realizado a portas fechadas, limitando o número de pessoas que possam estar presentes.

§ 2º. As audiências, as sessões e os atos processuais, em caso de necessidade, poderão realizar-se na residência do juiz, ou em outra casa por ele especialmente designada.

Art. 793. Nas audiências e nas sessões, os advogados, as partes, os escrivães e os espectadores poderão estar sentados. Todos, porém, se levantarão quando se dirigirem aos juízes ou quando estes se levantarem para qualquer ato do processo.

Parágrafo único. Nos atos da instrução criminal, perante os juízes singulares, os advogados poderão requerer sentados.

Art. 794. A polícia das audiências e das sessões compete aos respectivos juízes ou ao presidente do tribunal, câmara, ou turma, que poderão determinar o que for conveniente à manutenção da ordem. Para tal fim, requisitarão força pública, que ficará exclusivamente à sua disposição.

Art. 795. Os espectadores das audiências ou das sessões não poderão manifestar-se.

Parágrafo único. O juiz ou o presidente fará retirar da sala os desobedientes, que, em caso de resistência, serão presos e autuados.

Art. 796. Os atos de instrução ou julgamento prosseguirão com a assistência do defensor, se o réu se portar inconvenientemente.
• Vide Súmula 523 do STF.

Art. 797. Excetuadas as sessões de julgamento, que não serão marcadas para domingo ou dia feriado, os demais atos do processo poderão ser praticados em período de férias, em domingos e dias feriados. Todavia, os julgamentos iniciados em dia útil não se interromperão pela superveniência de feriado ou domingo.

Art. 798. Todos os prazos correrão em cartório e serão contínuos e peremptórios, não se interrompendo por férias, domingo ou dia feriado.

§ 1º. Não se computará no prazo o dia do começo, incluindo-se, porém, o do vencimento.
• Vide Súmula 310 do STF.

§ 2º. A terminação dos prazos será certificada nos autos pelo escrivão; será, porém, considerado findo o prazo, ainda que omitida aquela formalidade, se feita a prova do dia em que começou a correr.
• Vide Súmula 710 do STF.

§ 3º. O prazo que terminar em domingo ou dia feriado considerar-se-á prorrogado até o dia útil imediato.

§ 4º. Não correrão os prazos, se houver impedimento do juiz, força maior, ou obstáculo judicial oposto pela parte contrária.

§ 5º. Salvo os casos expressos, os prazos correrão:
- V. art. 800, § 2º, do CPP.

a) da intimação;

b) da audiência ou sessão em que for proferida a decisão, se a ela estiver presente a parte;

c) do dia em que a parte manifestar nos autos ciência inequívoca da sentença ou despacho.

Art. 798-A. Suspende-se o curso do prazo processual nos dias compreendidos entre 20 de dezembro e 20 de janeiro, inclusive, salvo nos seguintes casos:

I – que envolvam réus presos, nos processos vinculados a essas prisões;

II – nos procedimentos regidos pela Lei nº 11.340, de 7 de agosto de 2006 (Lei Maria da Penha);

III – nas medidas consideradas urgentes, mediante despacho fundamentado do juízo competente.

Parágrafo único. Durante o período a que se refere o *caput* deste artigo, fica vedada a realização de audiências e de sessões de julgamento, salvo nas hipóteses dos incisos I, II e III do *caput* deste artigo.
- Art. 798-A acrescido pela Lei nº 14.365/2022.

Art. 799. O escrivão, sob pena de multa de 50 (cinquenta) a 500 (quinhentos) mil-réis e, na reincidência, suspensão até 30 (trinta) dias, executará dentro do prazo de 2 (dois) dias os atos determinados em lei ou ordenados pelo juiz.
- V. art. 800, § 4º, do CPP.

Art. 800. Os juízes singulares darão seus despachos e decisões dentro dos prazos seguintes, quando outros não estiverem estabelecidos:

I – de 10 (dez) dias, se a decisão for definitiva, ou interlocutória mista;

II – de 5 (cinco) dias, se for interlocutória simples;

III – de 1 (um) dia, se se tratar de despacho de expediente.

§ 1º. Os prazos para o juiz contar-se-ão do termo de conclusão.

§ 2º. Os prazos do Ministério Público contar-se-ão do termo de vista, salvo para a interposição do recurso (art. 798, § 5º).

§ 3º. Em qualquer instância, declarando motivo justo, poderá o juiz exceder por igual tempo os prazos a ele fixados neste Código.

§ 4º. O escrivão que não enviar os autos ao juiz ou ao órgão do Ministério Público no dia em que assinar termo de conclusão ou de vista estará sujeito à sanção estabelecida no art. 799.

Art. 801. Findos os respectivos prazos, os juízes e os órgãos do Ministério Público, responsáveis pelo retardamento, perderão tantos dias de vencimentos quantos forem os excedidos. Na contagem do tempo de serviço, para o efeito de promoção e aposentadoria, a perda será do dobro dos dias excedidos.

Art. 802. O desconto referido no artigo antecedente far-se-á à vista da certidão do escrivão do processo ou do secretário do tribunal, que deverão, de ofício, ou a requerimento de qualquer interessado, remetê-la às repartições encarregadas do pagamento e da contagem do tempo de serviço, sob pena de incorrerem, de pleno direito, na multa de 500 (quinhentos) mil-réis, imposta por autoridade fiscal.

Art. 803. Salvo nos casos expressos em lei, é proibida a retirada de autos do cartório, ainda que em confiança, sob pena de responsabilidade do escrivão.
• V. arts. 150, § 2º; e 716, § 1º, do CPP.

Art. 804. A sentença ou o acórdão, que julgar a ação, qualquer incidente ou recurso, condenará nas custas o vencido.

Art. 805. As custas serão contadas e cobradas de acordo com os regulamentos expedidos pela União e pelos Estados.

Art. 806. Salvo o caso do art. 32, nas ações intentadas mediante queixa, nenhum ato ou diligência se realizará, sem que seja depositada em cartório a importância das custas.

§ 1º. Igualmente, nenhum ato requerido no interesse da defesa será realizado, sem o prévio pagamento das custas, salvo se o acusado for pobre.

§ 2º. A falta do pagamento das custas, nos prazos fixados em lei, ou marcados pelo juiz, importará renúncia à diligência requerida ou deserção do recurso interposto.

§ 3º. A falta de qualquer prova ou diligência que deixe de realizar-se em virtude do não pagamento de custas não implicará a nulidade do processo, se a prova de pobreza do acusado só posteriormente foi feita.

Art. 807. O disposto no artigo anterior não obstará à faculdade atribuída ao juiz de determinar de ofício inquirição de testemunhas ou outras diligências.

Art. 808. Na falta ou impedimento do escrivão e seu substituto, servirá pessoa idônea, nomeada pela autoridade, perante quem prestará compromisso, lavrando o respectivo termo.

Art. 809. A estatística judiciária criminal, a cargo do Instituto de Identificação e Estatística ou repartições congêneres, terá por base o *boletim individual*, que é parte integrante dos processos e versará sobre:

I – os crimes e as contravenções praticados durante o trimestre, com especificação da natureza de cada um, meios utilizados e circunstâncias de tempo e lugar;

II – as armas proibidas que tenham sido apreendidas;

III – o número de delinquentes, mencionadas as infrações que praticaram, sua nacionalidade, sexo, idade, filiação, estado civil, prole, residência, meios de vida e condições econômicas, grau de instrução, religião, e condições de saúde física e psíquica;

IV – o número dos casos de codelinquência;

V – a reincidência e os antecedentes judiciários;

VI – as sentenças condenatórias ou absolutórias, bem como as de pronúncia ou de impronúncia;

VII – a natureza das penas impostas;

VIII – a natureza das medidas de segurança aplicadas;

IX – a suspensão condicional da execução da pena, quando concedida;

X – as concessões ou denegações de *habeas corpus*.

§ 1º. Os dados acima enumerados constituem o mínimo exigível, podendo ser acrescidos de outros elementos úteis ao serviço da estatística criminal.

§ 2º. Esses dados serão lançados semestralmente em mapa e remetidos ao Serviço de Estatística Demográfica Moral e Política do Ministério da Justiça.

- § 2º com redação dada pela Lei nº 9.061/1995.

§ 3º. O *boletim individual* a que se refere este artigo é dividido em 3 (três) partes destacáveis, conforme modelo anexo a este Código, e será adotado nos Estados, no Distrito Federal e nos Territórios. A primeira parte ficará arquivada no cartório policial; a segunda será remetida ao Instituto de Identificação e Estatística, ou repartição congênere; e a terceira acompanhará o processo, e, depois de passar em julgado a sentença definitiva, lançados os dados finais, será enviada ao referido Instituto ou repartição congênere.

Art. 810. Este Código entrará em vigor no dia 1º de janeiro de 1942.

Art. 811. Revogam-se as disposições em contrário.

Rio de Janeiro, em 3 de outubro de 1941; 120º da Independência e 53º da República.

Getúlio Vargas

DOU de 13.10.1941

Retificado em 24.10.1941

LEI DE EXECUÇÃO PENAL

LEI Nº 7.210, DE 11 DE JULHO DE 1984

Atualizada até a Lei nº 14.994, de 9.10.2024.

Institui a Lei de Execução Penal.

O Presidente da República,

Faço saber que o Congresso Nacional decreta e eu sanciono a seguinte Lei:

TÍTULO I
DO OBJETO E DA APLICAÇÃO DA LEI DE EXECUÇÃO PENAL

Art. 1º. A execução penal tem por objetivo efetivar as disposições de sentença ou decisão criminal e proporcionar condições para a harmônica integração social do condenado e do internado.
- Vide Súmula 643 do STJ.

Art. 2º. A jurisdição penal dos Juízes ou Tribunais da Justiça ordinária, em todo o Território Nacional, será exercida, no processo de execução, na conformidade desta Lei e do Código de Processo Penal.
- Vide arts. 668 a 779 do CPP.
- Vide Súmula 192 do STJ.

Parágrafo único. Esta Lei aplicar-se-á igualmente ao preso provisório e ao condenado pela Justiça Eleitoral ou Militar, quando recolhido a estabelecimento sujeito à jurisdição ordinária.

Art. 3º. Ao condenado e ao internado serão assegurados todos os direitos não atingidos pela sentença ou pela lei.

Parágrafo único. Não haverá qualquer distinção de natureza racial, social, religiosa ou política.

Art. 4º. O Estado deverá recorrer à cooperação da comunidade nas atividades de execução da pena e da medida de segurança.
- Vide arts. 78 a 81 do CPP.

TÍTULO II
DO CONDENADO E DO INTERNADO

CAPÍTULO I
DA CLASSIFICAÇÃO

Art. 5º. Os condenados serão classificados, segundo os seus antecedentes e personalidade, para orientar a individualização da execução penal.

Art. 6º. A classificação será feita por Comissão Técnica de Classificação que elaborará o programa individualizador da pena privativa de liberdade adequada ao condenado ou preso provisório.
- Art. 6º com redação dada pela Lei nº 10.792/2003.

Art. 7º. A Comissão Técnica de Classificação, existente em cada estabelecimento, será presidida pelo diretor e composta, no mínimo, por 2 (dois) chefes de serviço, 1 (um) psiquiatra, 1 (um) psicólogo e 1 (um) assistente social, quando se tratar de condenado à pena privativa de liberdade.

Parágrafo único. Nos demais casos a Comissão atuará junto ao Juízo da Execução e será integrada por fiscais do serviço social.

Art. 8º. O condenado ao cumprimento de pena privativa de liberdade, em regime fechado, será submetido a exame criminológico para a obtenção dos elementos necessários a uma adequada classificação e com vistas à individualização da execução.
- V. art. 174 da LEP.
- Vide Súmula Vinculante 26 do STF.
- Vide Súmula 439 do STJ.

Parágrafo único. Ao exame de que trata este artigo poderá ser submetido o condenado ao cumprimento da pena privativa de liberdade em regime semiaberto.

Art. 9º. A Comissão, no exame para a obtenção de dados reveladores da personalidade, observando a ética profissional e tendo sempre presentes peças ou informações do processo, poderá:
- V. art. 174 da LEP.

I – entrevistar pessoas;

II – requisitar, de repartições ou estabelecimentos privados, dados e informações a respeito do condenado;

III – realizar outras diligências e exames necessários.

Art. 9º-A. O condenado por crime doloso praticado com violência grave contra a pessoa, bem como por crime contra a vida, contra a liberdade sexual ou por crime sexual contra vulnerável, será submetido, obrigatoriamente, à identificação do perfil genético, mediante extração de DNA (ácido desoxirribonucleico), por técnica adequada e indolor, por ocasião do ingresso no estabelecimento prisional.
- Art. 9º-A, *caput*, acrescido pela Lei nº 12.654/2012.

§ 1º. A identificação do perfil genético será armazenada em banco de dados sigiloso, conforme regulamento a ser expedido pelo Poder Executivo.
- § 1º acrescido pela Lei nº 12.654/2012.

§ 1º-A. A regulamentação deverá fazer constar garantias mínimas de proteção de dados genéticos, observando as melhores práticas da genética forense.
- § 1º-A acrescido pela Lei nº 13.964/2019.

§ 2º. A autoridade policial, federal ou estadual, poderá requerer ao juiz competente, no caso de inquérito instaurado, o acesso ao banco de dados de identificação de perfil genético.
- § 2º acrescido pela Lei nº 12.654/2012.

§ 3º. Deve ser viabilizado ao titular de dados genéticos o acesso aos seus dados constantes nos bancos de perfis genéticos, bem como a todos os documentos da cadeia de custódia que gerou esse dado, de maneira que possa ser contraditado pela defesa.
- § 3º acrescido pela Lei nº 13.964/2019.

§ 4º. O condenado pelos crimes previstos no *caput* deste artigo que não

tiver sido submetido à identificação do perfil genético por ocasião do ingresso no estabelecimento prisional deverá ser submetido ao procedimento durante o cumprimento da pena.
- § 4º acrescido pela Lei nº 13.964/2019.

§ 5º. A amostra biológica coletada só poderá ser utilizada para o único e exclusivo fim de permitir a identificação pelo perfil genético, não estando autorizadas as práticas de fenotipagem genética ou de busca familiar.
- § 5º acrescido pela Lei nº 13.964/2019.

§ 6º. Uma vez identificado o perfil genético, a amostra biológica recolhida nos termos do *caput* deste artigo deverá ser correta e imediatamente descartada, de maneira a impedir a sua utilização para qualquer outro fim.
- § 6º acrescido pela Lei nº 13.964/2019.

§ 7º. A coleta da amostra biológica e a elaboração do respectivo laudo serão realizadas por perito oficial.
- § 7º acrescido pela Lei nº 13.964/2019.

§ 8º. Constitui falta grave a recusa do condenado em submeter-se ao procedimento de identificação do perfil genético.
- § 8º acrescido pela Lei nº 13.964/2019.

CAPÍTULO II
DA ASSISTÊNCIA
- V. Capítulo IV "Dos Deveres, dos Direitos e da Disciplina", do Título II. A Seção II elenca os direitos do condenado (arts. 40 a 43), disciplinados neste Capítulo.

Seção I
DISPOSIÇÕES GERAIS

Art. 10. A assistência ao preso e ao internado é dever do Estado, objetivando prevenir o crime e orientar o retorno à convivência em sociedade.

Parágrafo único. A assistência estende-se ao egresso.
- V. art. 26 da LEP.

Art. 11. A assistência será:

I – material;

II – à saúde;

III – jurídica;

IV – educacional;

V – social;

VI – religiosa.

Seção II
DA ASSISTÊNCIA MATERIAL

Art. 12. A assistência material ao preso e ao internado consistirá no fornecimento de alimentação, vestuário e instalações higiênicas.

Art. 13. O estabelecimento disporá de instalações e serviços que atendam aos presos nas suas necessidades pessoais, além de locais destinados à venda de produtos e objetos permitidos e não fornecidos pela Administração.

Seção III
DA ASSISTÊNCIA À SAÚDE

Art. 14. A assistência à saúde do preso e do internado de caráter preventivo e curativo, compreenderá atendimento médico, farmacêutico e odontológico.

§ 1º. (Vetado).

§ 2º. Quando o estabelecimento penal não estiver aparelhado para pro-

ver a assistência médica necessária, esta será prestada em outro local, mediante autorização da direção do estabelecimento.
• V. art. 120, II, da LEP.

§ 3º. Será assegurado acompanhamento médico à mulher, principalmente no pré-natal e no pós-parto, extensivo ao recém-nascido.
• § 3º acrescido pela Lei nº 11.942/2009.

§ 4º. Será assegurado tratamento humanitário à mulher grávida durante os atos médico-hospitalares preparatórios para a realização do parto e durante o trabalho de parto, bem como à mulher no período de puerpério, cabendo ao poder público promover a assistência integral à sua saúde e à do recém-nascido.
• § 4º acrescido pela Lei nº 14.326/2022.

Seção IV
DA ASSISTÊNCIA JURÍDICA

Art. 15. A assistência jurídica é destinada aos presos e aos internados sem recursos financeiros para constituir advogado.
• Vide Súmula 533 do STJ.

Art. 16. As Unidades da Federação deverão ter serviços de assistência jurídica, integral e gratuita, pela Defensoria Pública, dentro e fora dos estabelecimentos penais.
• Art. 16, *caput*, com redação dada pela Lei nº 12.313/2010.

§ 1º. As Unidades da Federação deverão prestar auxílio estrutural, pessoal e material à Defensoria Pública, no exercício de suas funções, dentro e fora dos estabelecimentos penais.
• § 1º acrescido pela Lei nº 12.313/2010.

§ 2º. Em todos os estabelecimentos penais, haverá local apropriado destinado ao atendimento pelo Defensor Público.
• § 2º acrescido pela Lei nº 12.313/2010.

§ 3º. Fora dos estabelecimentos penais, serão implementados Núcleos Especializados da Defensoria Pública para a prestação de assistência jurídica integral e gratuita aos réus, sentenciados em liberdade, egressos e seus familiares, sem recursos financeiros para constituir advogado.
• § 3º acrescido pela Lei nº 12.313/2010.

Seção V
DA ASSISTÊNCIA EDUCACIONAL

Art. 17. A assistência educacional compreenderá a instrução escolar e a formação profissional do preso e do internado.

Art. 18. O ensino de 1º grau será obrigatório, integrando-se no sistema escolar da Unidade Federativa.

Art. 18-A. O ensino médio, regular ou supletivo, com formação geral ou educação profissional de nível médio, será implantado nos presídios, em obediência ao preceito constitucional de sua universalização.

§ 1º. O ensino ministrado aos presos e presas integrar-se-á ao sistema estadual e municipal de ensino e será mantido, administrativa e financeiramente, com o apoio da União, não só com os recursos destinados à educação, mas pelo sistema estadual de justiça ou administração penitenciária.

§ 2º. Os sistemas de ensino oferecerão aos presos e às presas cursos supletivos de educação de jovens e adultos.

§ 3º. A União, os Estados, os Municípios e o Distrito Federal incluirão em seus programas de educação à distância e de utilização de novas tecnologias de ensino, o atendimento aos presos e às presas.
- Art. 18-A acrescido pela Lei nº 13.163/2015.

Art. 19. O ensino profissional será ministrado em nível de iniciação ou de aperfeiçoamento técnico.

Parágrafo único. A mulher condenada terá ensino profissional adequado à sua condição.

Art. 20. As atividades educacionais podem ser objeto de convênio com entidades públicas ou particulares, que instalem escolas ou ofereçam cursos especializados.

Art. 21. Em atendimento às condições locais, dotar-se-á cada estabelecimento de uma biblioteca, para uso de todas as categorias de reclusos, provida de livros instrutivos, recreativos e didáticos.

Art. 21-A. O censo penitenciário deverá apurar:

I – o nível de escolaridade dos presos e das presas;

II – a existência de cursos nos níveis fundamental e médio e o número de presos e presas atendidos;

III – a implementação de cursos profissionais em nível de iniciação ou aperfeiçoamento técnico e o número de presos e presas atendidos;

IV – a existência de bibliotecas e as condições de seu acervo;

V – outros dados relevantes para o aprimoramento educacional de presos e presas.
- Art. 21-A acrescido pela Lei nº 13.163/2015.

Seção VI
DA ASSISTÊNCIA SOCIAL

Art. 22. A assistência social tem por finalidade amparar o preso e o internado e prepará-los para o retorno à liberdade.

Art. 23. Incumbe ao serviço de assistência social:

I – conhecer os resultados dos diagnósticos ou exames;

II – relatar, por escrito, ao Diretor do estabelecimento, os problemas e as dificuldades enfrentadas pelo assistido;

III – acompanhar o resultado das permissões de saídas e das saídas temporárias;

IV – promover, no estabelecimento, pelos meios disponíveis, a recreação;

V – promover a orientação do assistido, na fase final do cumprimento da pena, e do liberando, de modo a facilitar o seu retorno à liberdade;

VI – providenciar a obtenção de documentos, dos benefícios da Previdência Social e do seguro por acidente no trabalho;

VII – orientar e amparar, quando necessário, a família do preso, do internado e da vítima.

Seção VII
DA ASSISTÊNCIA RELIGIOSA

Art. 24. A assistência religiosa, com liberdade de culto, será prestada aos presos e aos internados, permitindo-se-lhes a participação nos serviços organizados no estabelecimento penal, bem como a posse de livros de instrução religiosa.

§ 1º. No estabelecimento haverá local apropriado para os cultos religiosos.

§ 2º. Nenhum preso ou internado poderá ser obrigado a participar de atividade religiosa.

Seção VIII
DA ASSISTÊNCIA AO EGRESSO

Art. 25. A assistência ao egresso consiste:

I – na orientação e apoio para reintegrá-lo à vida em liberdade;

II – na concessão, se necessário, de alojamento e alimentação, em estabelecimento adequado, pelo prazo de 2 (dois) meses.

Parágrafo único. O prazo estabelecido no inciso II poderá ser prorrogado uma única vez, comprovado, por declaração do assistente social, o empenho na obtenção de emprego.

Art. 26. Considera-se egresso para os efeitos desta Lei:
- V. art. 78 da LEP.

I – o liberado definitivo, pelo prazo de 1 (um) ano a contar da saída do estabelecimento;

II – o liberado condicional, durante o período de prova.

Art. 27. O serviço de assistência social colaborará com o egresso para a obtenção de trabalho.

CAPÍTULO III
DO TRABALHO

Seção I
DISPOSIÇÕES GERAIS

Art. 28. O trabalho do condenado, como dever social e condição de dignidade humana, terá finalidade educativa e produtiva.
- V. arts. 31 e 200 da LEP.

§ 1º. Aplicam-se à organização e aos métodos de trabalho as precauções relativas à segurança e à higiene.

§ 2º. O trabalho do preso não está sujeito ao regime da Consolidação das Leis do Trabalho.

Art. 29. O trabalho do preso será remunerado, mediante prévia tabela, não podendo ser inferior a 3/4 (três quartos) do salário mínimo.

§ 1º. O produto da remuneração pelo trabalho deverá atender:

a) à indenização dos danos causados pelo crime, desde que determinados judicialmente e não reparados por outros meios;

b) à assistência à família;

c) a pequenas despesas pessoais;

d) ao ressarcimento ao Estado das despesas realizadas com a manutenção do condenado, em proporção a ser fixada e sem prejuízo da destinação prevista nas letras anteriores.

§ 2º. Ressalvadas outras aplicações legais, será depositada a parte restante para constituição do pecúlio, em Caderneta de Poupança, que será entregue ao condenado quando posto em liberdade.

Art. 30. As tarefas executadas como prestação de serviço à comunidade não serão remuneradas.

Seção II
DO TRABALHO INTERNO

Art. 31. O condenado à pena privativa de liberdade está obrigado ao trabalho na medida de suas aptidões e capacidade.

Parágrafo único. Para o preso provisório, o trabalho não é obrigatório e só poderá ser executado no interior do estabelecimento.

Art. 32. Na atribuição do trabalho deverão ser levadas em conta a habilitação, a condição pessoal e as necessidades futuras do preso, bem como as oportunidades oferecidas pelo mercado.

§ 1º. Deverá ser limitado, tanto quanto possível, o artesanato sem expressão econômica, salvo nas regiões de turismo.

§ 2º. Os maiores de 60 (sessenta) anos poderão solicitar ocupação adequada à sua idade.

§ 3º. Os doentes ou deficientes físicos somente exercerão atividades apropriadas ao seu estado.

Art. 33. A jornada normal de trabalho não será inferior a 6 (seis) nem superior a 8 (oito) horas, com descanso nos domingos e feriados.

Parágrafo único. Poderá ser atribuído horário especial de trabalho aos presos designados para os serviços de conservação e manutenção do estabelecimento penal.

Art. 34. O trabalho poderá ser gerenciado por fundação, ou empresa pública, com autonomia administrativa, e terá por objetivo a formação profissional do condenado.

§ 1º. Nessa hipótese, incumbirá à entidade gerenciadora promover e supervisionar a produção, com critérios e métodos empresariais, encarregar-se de sua comercialização, bem como suportar despesas, inclusive pagamento de remuneração adequada.
- § 1º renumerado pela Lei nº 10.792/2003.

§ 2º. Os governos federal, estadual e municipal poderão celebrar convênio com a iniciativa privada, para implantação de oficinas de trabalho referentes a setores de apoio dos presídios.
- § 2º acrescido pela Lei nº 10.792/2003.

Art. 35. Os órgãos da Administração Direta ou Indireta da União, Estados, Territórios, Distrito Federal e dos Municípios adquirirão, com dispensa de concorrência pública, os bens ou produtos do trabalho prisional, sempre que não for possível ou recomendável realizar-se a venda a particulares.

Parágrafo único. Todas as importâncias arrecadadas com as vendas reverterão em favor da fundação ou empresa pública a que alude o artigo anterior ou, na sua falta, do estabelecimento penal.

Seção III
DO TRABALHO EXTERNO

- Vide Súmula 40 do STJ.

Art. 36. O trabalho externo será admissível para os presos em regime fechado somente em serviço ou obras públicas realizadas por órgãos da Administração Direta ou Indireta, ou entidades privadas, desde que tomadas as cautelas contra a fuga e em favor da disciplina.

§ 1º. O limite máximo do número de presos será de 10% (dez por cento) do total de empregados na obra.

§ 2º. Caberá ao órgão da administração, à entidade ou à empresa empreiteira a remuneração desse trabalho.

§ 3º. A prestação de trabalho à entidade privada depende do consentimento expresso do preso.

Art. 37. A prestação de trabalho externo, a ser autorizada pela direção do estabelecimento, dependerá de aptidão, disciplina e responsabilidade, além do cumprimento mínimo de 1/6 (um sexto) da pena.

Parágrafo único. Revogar-se-á a autorização de trabalho externo ao preso que vier a praticar fato definido como crime, for punido por falta grave, ou tiver comportamento contrário aos requisitos estabelecidos neste artigo.

CAPÍTULO IV
DOS DEVERES, DOS DIREITOS E DA DISCIPLINA

Seção I
DOS DEVERES

Art. 38. Cumpre ao condenado, além das obrigações legais inerentes ao seu estado, submeter-se às normas de execução da pena.

Art. 39. Constituem deveres do condenado:

I – comportamento disciplinado e cumprimento fiel da sentença;

II – obediência ao servidor e respeito a qualquer pessoa com quem deva relacionar-se;
- V. arts. 50, VI; e 51, III, da LEP.

III – urbanidade e respeito no trato com os demais condenados;

IV – conduta oposta aos movimentos individuais ou coletivos de fuga ou de subversão à ordem ou à disciplina;

V – execução do trabalho, das tarefas e das ordens recebidas;
- V. arts. 50, VI; e 51, III, da LEP.

VI – submissão à sanção disciplinar imposta;

VII – indenização à vitima ou aos seus sucessores;

VIII – indenização ao Estado, quando possível, das despesas realizadas com a sua manutenção, mediante desconto proporcional da remuneração do trabalho;

IX – higiene pessoal e asseio da cela ou alojamento;

X – conservação dos objetos de uso pessoal.

Parágrafo único. Aplica-se ao preso provisório, no que couber, o disposto neste artigo.
- V. art. 31, parágrafo único, da LEP.

Seção II
DOS DIREITOS

Art. 40. Impõe-se a todas as autoridades o respeito à integridade física e moral dos condenados e dos presos provisórios.

Art. 41. Constituem direitos do preso:

I – alimentação suficiente e vestuário;

II – atribuição de trabalho e sua remuneração;

III – Previdência Social;

IV – constituição de pecúlio;

V – proporcionalidade na distribuição do tempo para o trabalho, o descanso e a recreação;

VI – exercício das atividades profissionais, intelectuais, artísticas e desportivas anteriores, desde que compatíveis com a execução da pena;

VII – assistência material, à saúde, jurídica, educacional, social e religiosa;
- V. arts. 10 a 24 da LEP.

VIII – proteção contra qualquer forma de sensacionalismo;

IX – entrevista pessoal e reservada com o advogado;

X – visita do cônjuge, da companheira, de parentes e amigos em dias determinados;

XI – chamamento nominal;

XII – igualdade de tratamento salvo quanto às exigências da individualização da pena;

XIII – audiência especial com o diretor do estabelecimento;

XIV – representação e petição a qualquer autoridade, em defesa de direito;

XV – contato com o mundo exterior por meio de correspondência escrita, da leitura e de outros meios de informação que não comprometam a moral e os bons costumes;

XVI – atestado de pena a cumprir, emitido anualmente, sob pena da responsabilidade da autoridade judiciária competente.
- Inciso XVI acrescido pela Lei nº 10.713/2003.

§ 1º. Os direitos previstos nos incisos V, X e XV poderão ser suspensos ou restringidos mediante ato motivado do juiz da execução penal.
- § 1º com redação dada pela Lei nº 14.994/2024.
- V. art. 53 da LEP.

§ 2º. O preso condenado por crime contra a mulher por razões da condição do sexo feminino, nos termos do § 1º do art. 121-A do Decreto-Lei nº 2.848, de 7 de dezembro de 1940 (Código Penal), não poderá usufruir do direito previsto no inciso X em relação à visita íntima ou conjugal.
- § 2º acrescido pela Lei nº 14.994/2024.

Art. 42. Aplica-se ao preso provisório e ao submetido à medida de segurança, no que couber, o disposto nesta Seção.

Art. 43. É garantida a liberdade de contratar médico de confiança pessoal do internado ou do submetido a tratamento ambulatorial, por seus familiares ou dependentes, a fim de orientar e acompanhar o tratamento.

Parágrafo único. As divergências entre o médico oficial e o particular serão resolvidas pelo Juiz da execução.

Seção III
DA DISCIPLINA

Subseção I
Disposições Gerais

Art. 44. A disciplina consiste na colaboração com a ordem, na obediência às determinações das autoridades e seus agentes e no desempenho do trabalho.

Parágrafo único. Estão sujeitos à disciplina o condenado à pena privativa de liberdade ou restritiva de direitos e o preso provisório.

Art. 45. Não haverá falta nem sanção disciplinar sem expressa e anterior previsão legal ou regulamentar.

§ 1º. As sanções não poderão colocar em perigo a integridade física e moral do condenado.
- V. art. 57 da LEP.

§ 2º. É vedado o emprego de cela escura.

§ 3º. São vedadas as sanções coletivas.

Art. 46. O condenado ou denunciado, no início da execução da pena ou da prisão, será cientificado das normas disciplinares.

Art. 47. O poder disciplinar, na execução da pena privativa de liberdade, será exercido pela autoridade administrativa conforme as disposições regulamentares.

Art. 48. Na execução das penas restritivas de direitos, o poder disciplinar será exercido pela autoridade administrativa a que estiver sujeito o condenado.

Parágrafo único. Nas faltas graves, a autoridade representará ao Juiz da execução para os fins dos arts. 118, inciso I, 125, 127, 181, §§ 1º, letra "d", e 2º desta Lei.

Subseção II
Das Faltas Disciplinares

Art. 49. As faltas disciplinares classificam-se em leves, médias e graves. A legislação local especificará as leves e médias, bem assim as respectivas sanções.

Parágrafo único. Pune-se a tentativa com a sanção correspondente à falta consumada.

Art. 50. Comete falta grave o condenado à pena privativa de liberdade que:
- Vide Súmulas 660 e 661 do STJ.

I – incitar ou participar de movimento para subverter a ordem ou a disciplina;

II – fugir;

III – possuir, indevidamente, instrumento capaz de ofender a integridade física de outrem;

IV – provocar acidente de trabalho;

V – descumprir, no regime aberto, as condições impostas;
- V. arts. 113, 115 e 116 da LEP.

VI – inobservar os deveres previstos nos incisos II e V, do art. 39, desta Lei;

VII – tiver em sua posse, utilizar ou fornecer aparelho telefônico, de rádio ou similar, que permita a comuni-

cação com outros presos ou com o ambiente externo;
- Inciso VII acrescido pela Lei nº 11.466/2007.

VIII – recusar submeter-se ao procedimento de identificação do perfil genético.
- Inciso VIII acrescido pela Lei nº 13.964/2019.

Parágrafo único. O disposto neste artigo aplica-se, no que couber, ao preso provisório.

Art. 51. Comete falta grave o condenado à pena restritiva de direitos que:
- Vide Súmulas 660 e 661 do STJ.

I – descumprir, injustificadamente, a restrição imposta;

II – retardar, injustificadamente, o cumprimento da obrigação imposta;

III – inobservar os deveres previstos nos incisos II e V, do art. 39, desta Lei.

Art. 52. A prática de fato previsto como crime doloso constitui falta grave e, quando ocasionar subversão da ordem ou disciplina internas, sujeitará o preso provisório, ou condenado, nacional ou estrangeiro, sem prejuízo da sanção penal, ao regime disciplinar diferenciado, com as seguintes características:
- Art. 52, *caput*, com redação dada pela Lei nº 13.964/2019.
- Vide Tema 758 do STF.
- Vide Súmula 526 do STJ.

I – duração máxima de até 2 (dois) anos, sem prejuízo de repetição da sanção por nova falta grave de mesma espécie;
- Inciso I com redação dada pela Lei nº 13.964/2019.

II – recolhimento em cela individual;
- Inciso II com redação dada pela Lei nº 13.964/2019.

III – visitas quinzenais, de 2 (duas) pessoas por vez, a serem realizadas em instalações equipadas para impedir o contato físico e a passagem de objetos, por pessoa da família ou, no caso de terceiro, autorizado judicialmente, com duração de 2 (duas) horas;
- Inciso III com redação dada pela Lei nº 13.964/2019.

IV – direito do preso à saída da cela por 2 (duas) horas diárias para banho de sol, em grupos de até 4 (quatro) presos, desde que não haja contato com presos do mesmo grupo criminoso;
- Inciso IV com redação dada pela Lei nº 13.964/2019.

V – entrevistas sempre monitoradas, exceto aquelas com seu defensor, em instalações equipadas para impedir o contato físico e a passagem de objetos, salvo expressa autorização judicial em contrário;
- Inciso V acrescido pela Lei nº 13.964/2019.

VI – fiscalização do conteúdo da correspondência;
- Inciso VI acrescido pela Lei nº 13.964/2019.

VII – participação em audiências judiciais preferencialmente por videoconferência, garantindo-se a participação do defensor no mesmo ambiente do preso.
- Inciso VII acrescido pela Lei nº 13.964/2019.

§ 1º. O regime disciplinar diferenciado também será aplicado aos presos provisórios ou condenados, nacionais ou estrangeiros:

I – que apresentem alto risco para a ordem e a segurança do estabelecimento penal ou da sociedade;

II – sob os quais recaiam fundadas suspeitas de envolvimento ou participação, a qualquer título, em

organização criminosa, associação criminosa ou milícia privada, independentemente da prática de falta grave.
- § 1º com redação dada pela Lei nº 13.964/2019.

§ 2º. (Revogado).
- § 2º revogado pela Lei nº 13.964/2019.

§ 3º. Existindo indícios de que o preso exerce liderança em organização criminosa, associação criminosa ou milícia privada, ou que tenha atuação criminosa em 2 (dois) ou mais Estados da Federação, o regime disciplinar diferenciado será obrigatoriamente cumprido em estabelecimento prisional federal.
- § 3º acrescido pela Lei nº 13.964/2019.

§ 4º. Na hipótese dos parágrafos anteriores, o regime disciplinar diferenciado poderá ser prorrogado sucessivamente, por períodos de 1 (um) ano, existindo indícios de que o preso:

I – continua apresentando alto risco para a ordem e a segurança do estabelecimento penal de origem ou da sociedade;

II – mantém os vínculos com organização criminosa, associação criminosa ou milícia privada, considerados também o perfil criminal e a função desempenhada por ele no grupo criminoso, a operação duradoura do grupo, a superveniência de novos processos criminais e os resultados do tratamento penitenciário.
- § 4º acrescido pela Lei nº 13.964/2019.

§ 5º. Na hipótese prevista no § 3º deste artigo, o regime disciplinar diferenciado deverá contar com alta segurança interna e externa, principalmente no que diz respeito à necessidade de se evitar contato do preso com membros de sua organização criminosa, associação criminosa ou milícia privada, ou de grupos rivais.
- § 5º acrescido pela Lei nº 13.964/2019.

§ 6º. A visita de que trata o inciso III do *caput* deste artigo será gravada em sistema de áudio ou de áudio e vídeo e, com autorização judicial, fiscalizada por agente penitenciário.
- § 6º acrescido pela Lei nº 13.964/2019.

§ 7º. Após os primeiros 6 (seis) meses de regime disciplinar diferenciado, o preso que não receber a visita de que trata o inciso III do *caput* deste artigo poderá, após prévio agendamento, ter contato telefônico, que será gravado, com uma pessoa da família, 2 (duas) vezes por mês e por 10 (dez) minutos.
- § 7º acrescido pela Lei nº 13.964/2019.

Subseção III
Das Sanções e das Recompensas

Art. 53. Constituem sanções disciplinares:

I – advertência verbal;

II – repreensão;

III – suspensão ou restrição de direitos (art. 41, parágrafo único);
- V. art. 57, parágrafo único, da LEP.

IV – isolamento na própria cela, ou em local adequado, nos estabelecimentos que possuam alojamento coletivo, observado o disposto no art. 88 desta Lei;
- V. art. 57, parágrafo único, da LEP.

V – inclusão no regime disciplinar diferenciado.
- Inciso V acrescido pela Lei nº 10.792/2003.
- V. art. 57, parágrafo único, da LEP.

Art. 54. As sanções dos incisos I a IV do art. 53 serão aplicadas por ato motivado do diretor do estabelecimento e a do inciso V, por prévio e fundamentado despacho do juiz competente.
- Art. 54, *caput*, com redação dada pela Lei nº 10.792/2003.

§ 1º. A autorização para a inclusão do preso em regime disciplinar dependerá de requerimento circunstanciado elaborado pelo diretor do estabelecimento ou outra autoridade administrativa.
- § 1º acrescido pela Lei nº 10.792/2003.

§ 2º. A decisão judicial sobre inclusão de preso em regime disciplinar será precedida de manifestação do Ministério Público e da defesa e prolatada no prazo máximo de 15 (quinze) dias.
- § 2º acrescido pela Lei nº 10.792/2003.

Art. 55. As recompensas têm em vista o bom comportamento reconhecido em favor do condenado, de sua colaboração com a disciplina e de sua dedicação ao trabalho.

Art. 56. São recompensas:

I – o elogio;

II – a concessão de regalias.

Parágrafo único. A legislação local e os regulamentos estabelecerão a natureza e a forma de concessão de regalias.

Subseção IV
Da Aplicação das Sanções

Art. 57. Na aplicação das sanções disciplinares, levar-se-ão em conta a natureza, os motivos, as circunstâncias e as consequências do fato, bem como a pessoa do faltoso e seu tempo de prisão.
- V. art. 127 da LEP.

Parágrafo único. Nas faltas graves, aplicam-se as sanções previstas nos incisos III a V do art. 53 desta Lei.
- Art. 57 com redação dada pela Lei nº 10.792/2003.

Art. 58. O isolamento, a suspensão e a restrição de direitos não poderão exceder a 30 (trinta) dias, ressalvada a hipótese do regime disciplinar diferenciado.
- Art. 58, *caput*, com redação dada pela Lei nº 10.792/2003.
- Vide Súmula Vinculante 9 do STF.

Parágrafo único. O isolamento será sempre comunicado ao Juiz da execução.

Subseção V
Do Procedimento Disciplinar

Art. 59. Praticada a falta disciplinar, deverá ser instaurado o procedimento para sua apuração, conforme regulamento, assegurado o direito de defesa.
- Vide Súmula Vinculante 5 do STF.
- Vide Súmula 533 do STJ.

Parágrafo único. A decisão será motivada.

Art. 60. A autoridade administrativa poderá decretar o isolamento preventivo do faltoso pelo prazo de até dez dias. A inclusão do preso no regime disciplinar diferenciado, no interesse da disciplina e da averiguação do fato, dependerá de despacho do juiz competente.

Parágrafo único. O tempo de isolamento ou inclusão preventiva no regime disciplinar diferenciado será

computado no período de cumprimento da sanção disciplinar.
* Art. 60 com redação dada pela Lei nº 10.792/2003.

TÍTULO III
DOS ÓRGÃOS
DA EXECUÇÃO PENAL

CAPÍTULO I
DISPOSIÇÕES GERAIS

Art. 61. São órgãos da execução penal:

I – o Conselho Nacional de Política Criminal e Penitenciária;

II – o Juízo da Execução;

III – o Ministério Público;

IV – o Conselho Penitenciário;

V – os Departamentos Penitenciários;

VI – o Patronato;

VII – o Conselho da Comunidade;

VIII – a Defensoria Pública.
* Inciso VIII acrescido pela Lei nº 12.313/2010.

CAPÍTULO II
DO CONSELHO NACIONAL
DE POLÍTICA CRIMINAL
E PENITENCIÁRIA

Art. 62. O Conselho Nacional de Política Criminal e Penitenciária, com sede na Capital da República, é subordinado ao Ministério da Justiça.

Art. 63. O Conselho Nacional de Política Criminal e Penitenciária será integrado por 13 (treze) membros designados através de ato do Ministério da Justiça, dentre professores e profissionais da área do Direito Penal, Processual Penal, Penitenciário e ciências correlatas, bem como por representantes da comunidade e dos Ministérios da área social.

Parágrafo único. O mandato dos membros do Conselho terá duração de 2 (dois) anos, renovado 1/3 (um terço) em cada ano.

Art. 64. Ao Conselho Nacional de Política Criminal e Penitenciária, no exercício de suas atividades, em âmbito federal ou estadual, incumbe:

I – propor diretrizes da política criminal quanto à prevenção do delito, administração da Justiça Criminal e execução das penas e das medidas de segurança;

II – contribuir na elaboração de planos nacionais de desenvolvimento, sugerindo as metas e prioridades da política criminal e penitenciária;

III – promover a avaliação periódica do sistema criminal para a sua adequação às necessidades do País;

IV – estimular e promover a pesquisa criminológica;

V – elaborar programa nacional penitenciário de formação e aperfeiçoamento do servidor;

VI – estabelecer regras sobre a arquitetura e construção de estabelecimentos penais e casas de albergados;

VII – estabelecer os critérios para a elaboração da estatística criminal;

VIII – inspecionar e fiscalizar os estabelecimentos penais, bem assim informar-se, mediante relatórios do Conselho Penitenciário, requisições, visitas ou outros meios, acerca do desenvolvimento da execução penal nos Estados, Territórios e Distrito Federal, propondo às autoridades dela incumbida as medidas necessárias ao seu aprimoramento;

IX – representar ao Juiz da execução ou à autoridade administrativa para instauração de sindicância ou procedimento administrativo, em caso de violação das normas referentes à execução penal;

X – representar à autoridade competente para a interdição, no todo ou em parte, de estabelecimento penal.

CAPÍTULO III
DO JUÍZO DA EXECUÇÃO

Art. 65. A execução penal competirá ao Juiz indicado na lei local de organização judiciária e, na sua ausência, ao da sentença.
- V. art. 194 da LEP.
- Vide art. 668 do CPP.
- Vide Súmula 192 do STJ.

Art. 66. Compete ao Juiz da execução:

I – aplicar aos casos julgados lei posterior que de qualquer modo favorecer o condenado;
- Vide Súmula 611 do STF.

II – declarar extinta a punibilidade;

III – decidir sobre:

a) soma ou unificação de penas;

b) progressão ou regressão nos regimes;
- Vide Súmula 698 do STF.
- Vide Súmula Vinculante 26 do STF.
- Vide Súmulas 265 e 491 do STJ.

c) detração e remição da pena;
- V. art. 126 da LEP.

d) suspensão condicional da pena;
- V. art. 156 da LEP.

e) livramento condicional;
- V. art. 131 da LEP.

f) incidentes da execução.

IV – autorizar saídas temporárias;
- V. arts. 120 a 125 da LEP.
- Vide Súmula 520 do STJ.

V – determinar:

a) a forma de cumprimento da pena restritiva de direitos e fiscalizar sua execução;
- V. art. 148 da LEP.

b) a conversão da pena restritiva de direitos e de multa em privativa de liberdade;

c) a conversão da pena privativa de liberdade em restritiva de direitos;

d) a aplicação da medida de segurança, bem como a substituição da pena por medida de segurança;

e) a revogação da medida de segurança;
- V. arts. 175 a 179 da LEP.

f) a desinternação e o restabelecimento da situação anterior;

g) o cumprimento de pena ou medida de segurança em outra comarca;

h) a remoção do condenado na hipótese prevista no § 1º, do art. 86, desta Lei.

i) (vetado);
- Alínea "i" acrescida pela Lei nº 12.258/2010.

j) a utilização do equipamento de monitoração eletrônica pelo condenado nas hipóteses legais;
- Alínea "j" acrescida pela Lei nº 14.843/2024.

VI – zelar pelo correto cumprimento da pena e da medida de segurança;

VII – inspecionar, mensalmente, os estabelecimentos penais, tomando providências para o adequado funcionamento e promovendo, quando for o caso, a apuração de responsabilidade;

VIII – interditar, no todo ou em parte, estabelecimento penal que estiver funcionando em condições inadequadas ou com infringência aos dispositivos desta Lei;

IX – compor e instalar o Conselho da Comunidade;

X – emitir anualmente atestado de pena a cumprir.
* Inciso X acrescido pela Lei nº 10.713/2003.

CAPÍTULO IV
DO MINISTÉRIO PÚBLICO

Art. 67. O Ministério Público fiscalizará a execução da pena e da medida de segurança, oficiando no processo executivo e nos incidentes da execução.
* V. art. 196 da LEP.

Art. 68. Incumbe, ainda, ao Ministério Público:

I – fiscalizar a regularidade formal das guias de recolhimento e de internamento;

II – requerer:

a) todas as providências necessárias ao desenvolvimento do processo executivo;

b) a instauração dos incidentes de excesso ou desvio de execução;

c) a aplicação de medida de segurança, bem como a substituição da pena por medida de segurança;

d) a revogação da medida de segurança;

e) a conversão de penas, a progressão ou regressão nos regimes e a revogação da suspensão condicional da pena e do livramento condicional;

f) a internação, a desinternação e o restabelecimento da situação anterior.

III – interpor recursos de decisões proferidas pela autoridade judiciária, durante a execução.
* V. art. 197 da LEP.

Parágrafo único. O órgão do Ministério Público visitará mensalmente os estabelecimentos penais, registrando a sua presença em livro próprio.

CAPÍTULO V
DO CONSELHO PENITENCIÁRIO

Art. 69. O Conselho Penitenciário é órgão consultivo e fiscalizador da execução da pena.

§ 1º. O Conselho será integrado por membros nomeados pelo Governador do Estado, do Distrito Federal e dos Territórios, dentre professores e profissionais da área do Direito Penal, Processual Penal, Penitenciário e ciências correlatas, bem como por representantes da comunidade. A legislação federal e estadual regulará o seu funcionamento.

§ 2º. O mandato dos membros do Conselho Penitenciário terá a duração de 4 (quatro) anos.

Art. 70. Incumbe ao Conselho Penitenciário:

I – emitir parecer sobre indulto e comutação de pena, excetuada a hipótese de pedido de indulto com base no estado de saúde do preso;
• Inciso I com redação dada pela Lei nº 10.792/2003.

II – inspecionar os estabelecimentos e serviços penais;

III – apresentar, no primeiro trimestre de cada ano, ao Conselho Nacional de Política Criminal e Penitenciária, relatório dos trabalhos efetuados no exercício anterior;

IV – supervisionar os patronatos, bem como a assistência aos egressos.

CAPÍTULO VI
DOS DEPARTAMENTOS PENITENCIÁRIOS

Seção I
DO DEPARTAMENTO PENITENCIÁRIO NACIONAL♦
♦ Atual denominação: "Secretaria Nacional de Políticas Penais", nos termos do art. 59 da Lei nº 14.600/2023.

Art. 71. O Departamento Penitenciário Nacional♦, subordinado ao Ministério da Justiça, é órgão executivo da Política Penitenciária Nacional e de apoio administrativo e financeiro do Conselho Nacional de Política Criminal e Penitenciária.
♦ Atual denominação: "Secretaria Nacional de Políticas Penais", nos termos do art. 59 da Lei nº 14.600/2023.

Art. 72. São atribuições do Departamento Penitenciário Nacional♦:
♦ Atual denominação: "Secretaria Nacional de Políticas Penais", nos termos do art. 59 da Lei nº 14.600/2023.

I – acompanhar a fiel aplicação das normas de execução penal em todo o Território Nacional;

II – inspecionar e fiscalizar periodicamente os estabelecimentos e serviços penais;

III – assistir tecnicamente as Unidades Federativas na implementação dos princípios e regras estabelecidos nesta Lei;

IV – colaborar com as Unidades Federativas mediante convênios, na implantação de estabelecimentos e serviços penais;

V – colaborar com as Unidades Federativas para a realização de cursos de formação de pessoal penitenciário e de ensino profissionalizante do condenado e do internado;

VI – estabelecer, mediante convênios com as unidades federativas, o cadastro nacional das vagas existentes em estabelecimentos locais destinadas ao cumprimento de penas privativas de liberdade aplicadas pela justiça de outra unidade federativa, em especial para presos sujeitos a regime disciplinar.
• Inciso VI acrescido pela Lei nº 10.792/2003.

VII – acompanhar a execução da pena das mulheres beneficiadas pela progressão especial de que trata o § 3º do art. 112 desta Lei, monitorando sua integração social e a ocorrência de reincidência, específica ou não, mediante a realização de avaliações periódicas e de estatísticas criminais.
• Inciso VII acrescido pela Lei nº 13.769/2018.

§ 1º. Incumbem também ao Departamento a coordenação e supervisão dos estabelecimentos penais e de internamento federais.

- § 1º renumerado pela Lei nº 13.769/2018.

§ 2º. Os resultados obtidos por meio do monitoramento e das avaliações periódicas previstas no inciso VII do *caput* deste artigo serão utilizados para, em função da efetividade da progressão especial para a ressocialização das mulheres de que trata o § 3º do art. 112 desta Lei, avaliar eventual desnecessidade do regime fechado de cumprimento de pena para essas mulheres nos casos de crimes cometidos sem violência ou grave ameaça.

- § 2º acrescido pela Lei nº 13.769/2018.

Seção II
DO DEPARTAMENTO PENITENCIÁRIO LOCAL

Art. 73. A legislação local poderá criar Departamento Penitenciário ou órgão similar, com as atribuições que estabelecer.

Art. 74. O Departamento Penitenciário local, ou órgão similar, tem por finalidade supervisionar e coordenar os estabelecimentos penais da Unidade da Federação a que pertencer.

Parágrafo único. Os órgãos referidos no *caput* deste artigo realizarão o acompanhamento de que trata o inciso VII do *caput* do art. 72 desta Lei e encaminharão ao Departamento Penitenciário Nacional♦ os resultados obtidos.

- Parágrafo único acrescido pela Lei nº 13.769/2018.
- ♦ Atual denominação: "Secretaria Nacional de Políticas Penais", nos termos do art. 59 da Lei nº 14.600/2023.

Seção III
DA DIREÇÃO E DO PESSOAL DOS ESTABELECIMENTOS PENAIS

Art. 75. O ocupante do cargo de diretor de estabelecimento deverá satisfazer os seguintes requisitos:

I – ser portador de diploma de nível superior de Direito, ou Psicologia, ou Ciências Sociais, ou Pedagogia, ou Serviços Sociais;

II – possuir experiência administrativa na área;

III – ter idoneidade moral e reconhecida aptidão para o desempenho da função.

Parágrafo único. O diretor deverá residir no estabelecimento, ou nas proximidades, e dedicará tempo integral à sua função.

Art. 76. O Quadro do Pessoal Penitenciário será organizado em diferentes categorias funcionais, segundo as necessidades do serviço, com especificação de atribuições relativas às funções de direção, chefia e assessoramento do estabelecimento e às demais funções.

Art. 77. A escolha do pessoal administrativo, especializado, de instrução técnica e de vigilância atenderá a vocação, preparação profissional e antecedentes pessoais do candidato.

§ 1º. O ingresso do pessoal penitenciário, bem como a progressão ou a ascensão funcional dependerão de cursos específicos de formação, procedendo-se à reciclagem periódica dos servidores em exercício.

§ 2º. No estabelecimento para mulheres somente se permitirá o trabalho de pessoal do sexo feminino, salvo quando se tratar de pessoal técnico especializado.

CAPÍTULO VII
DO PATRONATO

Art. 78. O Patronato público ou particular destina-se a prestar assistência aos albergados e aos egressos (art. 26).
• V. arts. 70, IV; e 139 da LEP.

Art. 79. Incumbe também ao Patronato:

I – orientar os condenados à pena restritiva de direitos;

II – fiscalizar o cumprimento das penas de prestação de serviço à comunidade e de limitação de fim de semana;

III – colaborar na fiscalização do cumprimento das condições da suspensão e do livramento condicional.

CAPÍTULO VIII
DO CONSELHO DA COMUNIDADE

Art. 80. Haverá, em cada comarca, um Conselho da Comunidade composto, no mínimo, por 1 (um) representante de associação comercial ou industrial, 1 (um) advogado indicado pela Seção da Ordem dos Advogados do Brasil, 1 (um) Defensor Público indicado pelo Defensor Público Geral e 1 (um) assistente social escolhido pela Delegacia Seccional do Conselho Nacional de Assistentes Sociais.
• Art. 80, *caput*, com redação dada pela Lei nº 12.313/2010.
• V. art. 139 da LEP.

Parágrafo único. Na falta da representação prevista neste artigo, ficará a critério do Juiz da execução a escolha dos integrantes do Conselho.

Art. 81. Incumbe ao Conselho da Comunidade:

I – visitar, pelo menos mensalmente, os estabelecimentos penais existentes na comarca;

II – entrevistar presos;

III – apresentar relatórios mensais ao Juiz da execução e ao Conselho Penitenciário;

IV – diligenciar a obtenção de recursos materiais e humanos para melhor assistência ao preso ou internado, em harmonia com a direção do estabelecimento.

CAPÍTULO IX
DA DEFENSORIA PÚBLICA
• Capítulo IX acrescido pela Lei nº 12.313/2010.

Art. 81-A. A Defensoria Pública velará pela regular execução da pena e da medida de segurança, oficiando, no processo executivo e nos incidentes da execução, para a defesa dos necessitados em todos os graus e instâncias, de forma individual e coletiva.
• Art. 81-A acrescido pela Lei nº 12.313/2010.

Art. 81-B. Incumbe, ainda, à Defensoria Pública:

I – requerer:

a) todas as providências necessárias ao desenvolvimento do processo executivo;

b) a aplicação aos casos julgados de lei posterior que de qualquer modo favorecer o condenado;

c) a declaração de extinção da punibilidade;

d) a unificação de penas;

e) a detração e remição da pena;

f) a instauração dos incidentes de excesso ou desvio de execução;

g) a aplicação de medida de segurança e sua revogação, bem como a substituição da pena por medida de segurança;

h) a conversão de penas, a progressão nos regimes, a suspensão condicional da pena, o livramento condicional, a comutação de pena e o indulto;

i) a autorização de saídas temporárias;

j) a internação, a desinternação e o restabelecimento da situação anterior;

k) o cumprimento de pena ou medida de segurança em outra comarca;

l) a remoção do condenado na hipótese prevista no § 1º do art. 86 desta Lei;

II – requerer a emissão anual do atestado de pena a cumprir;

III – interpor recursos de decisões proferidas pela autoridade judiciária ou administrativa durante a execução;

IV – representar ao Juiz da execução ou à autoridade administrativa para instauração de sindicância ou procedimento administrativo em caso de violação das normas referentes à execução penal;

V – visitar os estabelecimentos penais, tomando providências para o adequado funcionamento, e requerer, quando for o caso, a apuração de responsabilidade;

VI – requerer à autoridade competente a interdição, no todo ou em parte, de estabelecimento penal.

Parágrafo único. O órgão da Defensoria Pública visitará periodicamente os estabelecimentos penais, registrando a sua presença em livro próprio.
* Art. 81-B acrescido pela Lei nº 12.313/2010.

TÍTULO IV
DOS ESTABELECIMENTOS PENAIS

CAPÍTULO I
DISPOSIÇÕES GERAIS

Art. 82. Os estabelecimentos penais destinam-se ao condenado, ao submetido à medida de segurança, ao preso provisório e ao egresso.

§ 1º. A mulher e o maior de 60 (sessenta) anos, separadamente, serão recolhidos a estabelecimento próprio e adequado à sua condição pessoal.
* § 1º com redação dada pela Lei nº 9.460/1997.

§ 2º. O mesmo conjunto arquitetônico poderá abrigar estabelecimentos de destinação diversa desde que devidamente isolados.

Art. 83. O estabelecimento penal, conforme a sua natureza, deverá contar em suas dependências com áreas e serviços destinados a dar assistência, educação, trabalho, recreação e prática esportiva.

§ 1º. Haverá instalação destinada a estágio de estudantes universitários.
* § 1º renumerado pela Lei nº 9.046/1995.

§ 2º. Os estabelecimentos penais destinados a mulheres serão dotados de berçário, onde as condenadas possam cuidar de seus filhos, inclusive amamentá-los, no mínimo, até 6 (seis) meses de idade.
- § 2º com redação dada pela Lei nº 11.942/2009.

§ 3º. Os estabelecimentos de que trata o § 2º deste artigo deverão possuir, exclusivamente, agentes do sexo feminino na segurança de suas dependências internas.
- § 3º acrescido pela Lei nº 12.121/2009.

§ 4º. Serão instaladas salas de aulas destinadas a cursos do ensino básico e profissionalizante.
- § 4º acrescido pela Lei nº 12.245/2010.

§ 5º. Haverá instalação destinada à Defensoria Pública.
- § 5º acrescido pela Lei nº 12.313/2010.

Art. 83-A. Poderão ser objeto de execução indireta as atividades materiais acessórias, instrumentais ou complementares desenvolvidas em estabelecimentos penais, e notadamente:

I – serviços de conservação, limpeza, informática, copeiragem, portaria, recepção, reprografia, telecomunicações, lavanderia e manutenção de prédios, instalações e equipamentos internos e externos;

II – serviços relacionados à execução de trabalho pelo preso.

§ 1º. A execução indireta será realizada sob supervisão e fiscalização do poder público.

§ 2º. Os serviços relacionados neste artigo poderão compreender o fornecimento de materiais, equipamentos, máquinas e profissionais.
- Art. 83-A acrescido pela Lei nº 13.190/2015.

Art. 83-B. São indelegáveis as funções de direção, chefia e coordenação no âmbito do sistema penal, bem como todas as atividades que exijam o exercício do poder de polícia, e notadamente:

I – classificação de condenados;

II – aplicação de sanções disciplinares;

III – controle de rebeliões;

IV – transporte de presos para órgãos do Poder Judiciário, hospitais e outros locais externos aos estabelecimentos penais.
- Art. 83-B acrescido pela Lei nº 13.190/2015.

Art. 84. O preso provisório ficará separado do condenado por sentença transitada em julgado.

§ 1º. Os presos provisórios ficarão separados de acordo com os seguintes critérios:

I – acusados pela prática de crimes hediondos ou equiparados;

II – acusados pela prática de crimes cometidos com violência ou grave ameaça à pessoa;

III – acusados pela prática de outros crimes ou contravenções diversos dos apontados nos incisos I e II.
- § 1º com redação dada pela Lei nº 13.167/2015.

§ 2º. O preso que, ao tempo do fato, era funcionário da Administração da Justiça Criminal ficará em dependência separada.
- V. art. 106, § 3º, da LEP.
- Vide arts. 295 e 296 do CPP.

§ 3º. Os presos condenados ficarão separados de acordo com os seguintes critérios:

I – condenados pela prática de crimes hediondos ou equiparados;

II – reincidentes condenados pela prática de crimes cometidos com violência ou grave ameaça à pessoa;

III – primários condenados pela prática de crimes cometidos com violência ou grave ameaça à pessoa;

IV – demais condenados pela prática de outros crimes ou contravenções em situação diversa das previstas nos incisos I, II e III.
- § 3º acrescido pela Lei nº 13.167/2015.

§ 4º. O preso que tiver sua integridade física, moral ou psicológica ameaçada pela convivência com os demais presos ficará segregado em local próprio.
- § 4º acrescido pela Lei nº 13.167/2015.

Art. 85. O estabelecimento penal deverá ter lotação compatível com a sua estrutura e finalidade.

Parágrafo único. O Conselho Nacional de Política Criminal e Penitenciária determinará o limite máximo de capacidade do estabelecimento, atendendo a sua natureza e peculiaridades.

Art. 86. As penas privativas de liberdade aplicadas pela Justiça de uma Unidade Federativa podem ser executadas em outra unidade, em estabelecimento local ou da União.

§ 1º. A União Federal poderá construir estabelecimento penal em local distante da condenação para recolher os condenados, quando a medida se justifique no interesse da segurança pública ou do próprio condenado.
- § 1º com redação dada pela Lei nº 10.792/2003.
- V. art. 66, V, "h", da LEP.

§ 2º. Conforme a natureza do estabelecimento, nele poderão trabalhar os liberados ou egressos que se dediquem a obras públicas ou ao aproveitamento de terras ociosas.

§ 3º. Caberá ao juiz competente, a requerimento da autoridade administrativa definir o estabelecimento prisional adequado para abrigar o preso provisório ou condenado, em atenção ao regime e aos requisitos estabelecidos.
- § 3º acrescido pela Lei nº 10.792/2003.

§ 4º. Será transferido para estabelecimento penal distante do local de residência da vítima, ainda que localizado em outra unidade federativa, inclusive da União, o condenado ou preso provisório que, tendo cometido crime de violência doméstica e familiar contra a mulher, ameace ou pratique violência contra a vítima ou seus familiares durante o cumprimento da pena.
- § 4º acrescido pela Lei nº 14.994/2024.

CAPÍTULO II
DA PENITENCIÁRIA

Art. 87. A penitenciária destina-se ao condenado à pena de reclusão, em regime fechado.

Parágrafo único. A União Federal, os Estados, o Distrito Federal e os Territórios poderão construir Penitenciá-

rias destinadas, exclusivamente, aos presos provisórios e condenados que estejam em regime fechado, sujeitos ao regime disciplinar diferenciado, nos termos do art. 52 desta Lei.
• Parágrafo único acrescido pela Lei nº 10.792/2003.

Art. 88. O condenado será alojado em cela individual que conterá dormitório, aparelho sanitário e lavatório.

Parágrafo único. São requisitos básicos da unidade celular:

a) salubridade do ambiente pela concorrência dos fatores de aeração, insolação e condicionamento térmico adequado à existência humana;
• V. art. 92, *caput*, da LEP.

b) área mínima de 6,00 m² (seis metros quadrados).
• V. arts. 53, IV; 99, parágrafo único; e 104 da LEP.

Art. 89. Além dos requisitos referidos no art. 88, a penitenciária de mulheres será dotada de seção para gestante e parturiente e de creche para abrigar crianças maiores de 6 (seis) meses e menores de 7 (sete) anos, com a finalidade de assistir a criança desamparada cuja responsável estiver presa.
• Art. 89, *caput*, com redação dada pela Lei nº 11.942/2009.

Parágrafo único. São requisitos básicos da seção e da creche referidas neste artigo:

I – atendimento por pessoal qualificado, de acordo com as diretrizes adotadas pela legislação educacional e em unidades autônomas; e

II – horário de funcionamento que garanta a melhor assistência à criança e à sua responsável.
• Parágrafo único acrescido pela Lei nº 11.942/2009.

Art. 90. A penitenciária de homens será construída, em local afastado do centro urbano, à distância que não restrinja a visitação.

CAPÍTULO III
DA COLÔNIA AGRÍCOLA, INDUSTRIAL OU SIMILAR

Art. 91. A Colônia Agrícola, Industrial ou Similar destina-se ao cumprimento da pena em regime semiaberto.

Art. 92. O condenado poderá ser alojado em compartimento coletivo, observados os requisitos da letra "a", do parágrafo único, do art. 88, desta Lei.

Parágrafo único. São também requisitos básicos das dependências coletivas:

a) a seleção adequada dos presos;

b) o limite de capacidade máxima que atenda os objetivos de individualização da pena.

CAPÍTULO IV
DA CASA DO ALBERGADO

Art. 93. A Casa do Albergado destina-se ao cumprimento de pena privativa de liberdade, em regime aberto, e da pena de limitação de fim de semana.
• V. art. 117 da LEP.

Art. 94. O prédio deverá situar-se em centro urbano, separado dos demais estabelecimentos, e caracterizar-se pela ausência de obstáculos físicos contra a fuga.

Art. 95. Em cada região haverá, pelo menos, uma Casa do Albergado, a qual deverá conter, além dos aposentos para acomodar os presos, local adequado para cursos e palestras.

Parágrafo único. O estabelecimento terá instalações para os serviços de fiscalização e orientação dos condenados.

CAPÍTULO V
DO CENTRO DE OBSERVAÇÃO

Art. 96. No Centro de Observação realizar-se-ão os exames gerais e o criminológico, cujos resultados serão encaminhados à Comissão Técnica de Classificação.

Parágrafo único. No Centro poderão ser realizadas pesquisas criminológicas.

Art. 97. O Centro de Observação será instalado em unidade autônoma ou em anexo a estabelecimento penal.

Art. 98. Os exames poderão ser realizados pela Comissão Técnica de Classificação, na falta do Centro de Observação.

CAPÍTULO VI
DO HOSPITAL DE CUSTÓDIA E TRATAMENTO PSIQUIÁTRICO

Art. 99. O Hospital de Custódia e Tratamento Psiquiátrico destina-se aos inimputáveis e semi-imputáveis referidos no art. 26 e seu parágrafo único do Código Penal.

Parágrafo único. Aplica-se ao hospital, no que couber, o disposto no parágrafo único, do art. 88, desta Lei.
• Vide arts. 154 e 682 do CPP.

Art. 100. O exame psiquiátrico e os demais exames necessários ao tratamento são obrigatórios para todos os internados.

Art. 101. O tratamento ambulatorial, previsto no art. 97, segunda parte, do Código Penal, será realizado no Hospital de Custódia e Tratamento Psiquiátrico ou em outro local com dependência médica adequada.

CAPÍTULO VII
DA CADEIA PÚBLICA

Art. 102. A cadeia pública destina-se ao recolhimento de presos provisórios.

Art. 103. Cada comarca terá, pelo menos 1 (uma) cadeia pública a fim de resguardar o interesse da Administração da Justiça Criminal e a permanência do preso em local próximo ao seu meio social e familiar.

Art. 104. O estabelecimento de que trata este Capítulo será instalado próximo de centro urbano, observando-se na construção as exigências mínimas referidas no art. 88 e seu parágrafo único desta Lei.

TÍTULO V
DA EXECUÇÃO DAS PENAS EM ESPÉCIE

CAPÍTULO I
DAS PENAS PRIVATIVAS DE LIBERDADE

Seção I
DISPOSIÇÕES GERAIS

Art. 105. Transitando em julgado a sentença que aplicar pena privativa de liberdade, se o réu estiver ou vier

a ser preso, o Juiz ordenará a expedição de guia de recolhimento para a execução.
* Vide arts. 674 a 685 do CPP.

Art. 106. A guia de recolhimento, extraída pelo escrivão, que a rubricará em todas as folhas e a assinará com o Juiz, será remetida à autoridade administrativa incumbida da execução e conterá:
* Vide art. 799 do CPP.

I – o nome do condenado;

II – a sua qualificação civil e o número do registro geral no órgão oficial de identificação;

III – o inteiro teor da denúncia e da sentença condenatória, bem como certidão do trânsito em julgado;

IV – a informação sobre os antecedentes e o grau de instrução;

V – a data da terminação da pena;

VI – outras peças do processo reputadas indispensáveis ao adequado tratamento penitenciário.

§ 1º. Ao Ministério Público se dará ciência da guia de recolhimento.
* V. art. 68, I, da LEP.
* Vide art. 677 do CPP.

§ 2º. A guia de recolhimento será retificada sempre que sobrevier modificação quanto ao início da execução ou ao tempo de duração da pena.

§ 3º. Se o condenado, ao tempo do fato, era funcionário da Administração da Justiça Criminal, far-se-á, na guia, menção dessa circunstância, para fins do disposto no § 2º, do art. 84, desta Lei.

Art. 107. Ninguém será recolhido, para cumprimento de pena privativa de liberdade, sem a guia expedida pela autoridade judiciária.

§ 1º. A autoridade administrativa incumbida da execução passará recibo da guia de recolhimento para juntá-la aos autos do processo, e dará ciência dos seus termos ao condenado.

§ 2º. As guias de recolhimento serão registradas em livro especial, segundo a ordem cronológica do recebimento, e anexadas ao prontuário do condenado, aditando-se, no curso da execução, o cálculo das remições e de outras retificações posteriores.

Art. 108. O condenado a quem sobrevier doença mental será internado em Hospital de Custódia e Tratamento Psiquiátrico.

Art. 109. Cumprida ou extinta a pena, o condenado será posto em liberdade, mediante alvará do Juiz, se por outro motivo não estiver preso.

Seção II
DOS REGIMES
* Vide Tema 423 do STF.

Art. 110. O Juiz, na sentença, estabelecerá o regime no qual o condenado iniciará o cumprimento da pena privativa de liberdade, observado o disposto no art. 33 e seus parágrafos do Código Penal.
* Vide Súmulas 718 e 719 do STF.
* Vide Súmulas 269 e 440 do STJ.

Art. 111. Quando houver condenação por mais de um crime, no mesmo

ART. 112 • LEI DE EXECUÇÃO PENAL • 194

processo ou em processos distintos, a determinação do regime de cumprimento será feita pelo resultado da soma ou unificação das penas, observada, quando for o caso, a detração ou remição.
• Vide Súmula 717 do STF.

Parágrafo único. Sobrevindo condenação no curso da execução, somar-se-á a pena ao restante da que está sendo cumprida, para determinação do regime.
• V. art. 118, II, da LEP.

Art. 112. A pena privativa de liberdade será executada em forma progressiva com a transferência para regime menos rigoroso, a ser determinada pelo juiz, quando o preso tiver cumprido ao menos:
• Art. 112, *caput*, com redação dada pela Lei nº 13.964/2019.
• Vide Súmula Vinculante 26 do STF.
• Vide Tema 1.169 do STF.
• Vide Súmulas 471 e 491 do STJ.

I – 16% (dezesseis por cento) da pena, se o apenado for primário e o crime tiver sido cometido sem violência à pessoa ou grave ameaça;
• Inciso I acrescido pela Lei nº 13.964/2019.

II – 20% (vinte por cento) da pena, se o apenado for reincidente em crime cometido sem violência à pessoa ou grave ameaça;
• Inciso II acrescido pela Lei nº 13.964/2019.

III – 25% (vinte e cinco por cento) da pena, se o apenado for primário e o crime tiver sido cometido com violência à pessoa ou grave ameaça;
• Inciso III acrescido pela Lei nº 13.964/2019.

IV – 30% (trinta por cento) da pena, se o apenado for reincidente em crime cometido com violência à pessoa ou grave ameaça;
• Inciso IV acrescido pela Lei nº 13.964/2019.

V – 40% (quarenta por cento) da pena, se o apenado for condenado pela prática de crime hediondo ou equiparado, se for primário;
• Inciso V acrescido pela Lei nº 13.964/2019.

VI – 50% (cinquenta por cento) da pena, se o apenado for:
• Inciso VI acrescido pela Lei nº 13.964/2019.

a) condenado pela prática de crime hediondo ou equiparado, com resultado morte, se for primário, vedado o livramento condicional;
• Alínea "a" acrescida pela Lei nº 13.964/2019.

b) condenado por exercer o comando, individual ou coletivo, de organização criminosa estruturada para a prática de crime hediondo ou equiparado; ou
• Alínea "b" acrescida pela Lei nº 13.964/2019.

c) condenado pela prática do crime de constituição de milícia privada;
• Alínea "c" acrescida pela Lei nº 13.964/2019.

VI-A – 55% (cinquenta e cinco por cento) da pena, se o apenado for condenado pela prática de feminicídio, se for primário, vedado o livramento condicional;
• Inciso VI-A acrescido pela Lei nº 14.994/2024.

VII – 60% (sessenta por cento) da pena, se o apenado for reincidente na prática de crime hediondo ou equiparado;
• Inciso VII acrescido pela Lei nº 13.964/2019.

VIII – 70% (setenta por cento) da pena, se o apenado for reincidente em crime hediondo ou equiparado com resultado morte, vedado o livramento condicional.
• Inciso VIII acrescido pela Lei nº 13.964/2019.

§ 1º. Em todos os casos, o apenado somente terá direito à progressão de regime se ostentar boa conduta carcerária, comprovada pelo diretor do estabelecimento, e pelos resultados do exame criminológico, respeitadas as normas que vedam a progressão.
- § 1º com redação dada pela Lei nº 14.843/2024.

§ 2º. A decisão do juiz que determinar a progressão de regime será sempre motivada e precedida de manifestação do Ministério Público e do defensor, procedimento que também será adotado na concessão de livramento condicional, indulto e comutação de penas, respeitados os prazos previstos nas normas vigentes.
- § 2º com redação dada pela Lei nº 13.964/2019.

§ 3º. No caso de mulher gestante ou que for mãe ou responsável por crianças ou pessoas com deficiência, os requisitos para progressão de regime são, cumulativamente:

I – não ter cometido crime com violência ou grave ameaça a pessoa;

II – não ter cometido o crime contra seu filho ou dependente;

III – ter cumprido ao menos 1/8 (um oitavo) da pena no regime anterior;

IV – ser primária e ter bom comportamento carcerário, comprovado pelo diretor do estabelecimento;

V – não ter integrado organização criminosa.
- § 3º acrescido pela Lei nº 13.769/2018.

§ 4º. O cometimento de novo crime doloso ou falta grave implicará a revogação do benefício previsto no § 3º deste artigo.
- § 4º acrescido pela Lei nº 13.769/2018.

§ 5º. Não se considera hediondo ou equiparado, para os fins deste artigo, o crime de tráfico de drogas previsto no § 4º do art. 33 da Lei nº 11.343, de 23 de agosto de 2006.
- § 5º acrescido pela Lei nº 13.964/2019.

§ 6º. O cometimento de falta grave durante a execução da pena privativa de liberdade interrompe o prazo para a obtenção da progressão no regime de cumprimento da pena, caso em que o reinício da contagem do requisito objetivo terá como base a pena remanescente.
- § 6º acrescido pela Lei nº 13.964/2019.

§ 7º. O bom comportamento é readquirido após 1 (um) ano da ocorrência do fato, ou antes, após o cumprimento do requisito temporal exigível para a obtenção do direito.
- § 7º acrescido pela Lei nº 13.964/2019.

Art. 113. O ingresso do condenado em regime aberto supõe a aceitação de seu programa e das condições impostas pelo Juiz.

Art. 114. Somente poderá ingressar no regime aberto o condenado que:

I – estiver trabalhando ou comprovar a possibilidade de fazê-lo imediatamente;

II – apresentar, pelos seus antecedentes e pelos resultados do exame criminológico, fundados indícios de que irá ajustar-se, com autodisciplina, baixa periculosidade e senso de responsabilidade, ao novo regime.
- Inciso II com redação dada pela Lei nº 14.843/2024.

Parágrafo único. Poderão ser dispensadas do trabalho as pessoas referidas no art. 117 desta Lei.

Art. 115. O juiz poderá estabelecer condições especiais para a concessão de regime aberto, entre as quais, a fiscalização por monitoramento eletrônico, sem prejuízo das seguintes condições gerais e obrigatórias:
- Art. 115, *caput*, com redação dada pela Lei nº 14.843/2024.

I – permanecer no local que for designado, durante o repouso e nos dias de folga;

II – sair para o trabalho e retornar, nos horários fixados;

III – não se ausentar da cidade onde reside, sem autorização judicial;

IV – comparecer a Juízo, para informar e justificar as suas atividades, quando for determinado.

Art. 116. O Juiz poderá modificar as condições estabelecidas, de ofício, a requerimento do Ministério Público, da autoridade administrativa ou do condenado, desde que as circunstâncias assim o recomendem.

Art. 117. Somente se admitirá o recolhimento do beneficiário de regime aberto em residência particular quando se tratar de:
- V. art. 114, parágrafo único, da LEP.
- Vide arts. 317 e 318 do CPP.

I – condenado maior de 70 (setenta) anos;

II – condenado acometido de doença grave;

III – condenada com filho menor ou deficiente físico ou mental;

IV – condenada gestante.

Art. 118. A execução da pena privativa de liberdade ficará sujeita à forma regressiva, com a transferência para qualquer dos regimes mais rigorosos, quando o condenado:

I – praticar fato definido como crime doloso ou falta grave;
- V. art. 48, parágrafo único, da LEP.
- Vide Súmulas 441, 526, 534 e 535 do STJ.

II – sofrer condenação, por crime anterior, cuja pena, somada ao restante da pena em execução, torne incabível o regime (art. 111).

§ 1º. O condenado será transferido do regime aberto se, além das hipóteses referidas nos incisos anteriores, frustrar os fins da execução ou não pagar, podendo, a multa cumulativamente imposta.

§ 2º. Nas hipóteses do inciso I e do parágrafo anterior, deverá ser ouvido previamente o condenado.

Art. 119. A legislação local poderá estabelecer normas complementares para o cumprimento da pena privativa de liberdade em regime aberto (art. 36, § 1º, do Código Penal).

Seção III
DAS AUTORIZAÇÕES DE SAÍDA

Subseção I
Da Permissão de Saída
- V. art. 66, IV, da LEP.

Art. 120. Os condenados que cumprem pena em regime fechado ou semiaberto e os presos provisórios poderão obter permissão para sair do estabelecimento, mediante escolta, quando ocorrer um dos seguintes fatos:

I – falecimento ou doença grave do cônjuge, companheira, ascendente, descendente ou irmão;

II – necessidade de tratamento médico (parágrafo único do art. 14)♦.

♦ Publicação oficial: "parágrafo único do art. 14". Entendemos que seria: "§ 2º do art. 14". (N.E.)

Parágrafo único. A permissão de saída será concedida pelo diretor do estabelecimento onde se encontra o preso.

Art. 121. A permanência do preso fora do estabelecimento terá a duração necessária à finalidade da saída.

Subseção II
Da Saída Temporária

Art. 122. Os condenados que cumprem pena em regime semiaberto poderão obter autorização para saída temporária do estabelecimento, sem vigilância direta, nos seguintes casos:

I – visita à família;
• A Lei nº 14.843/2024 propôs nova redação para este inciso I, porém teve seu texto vetado pelo Executivo.

II – frequência a curso supletivo profissionalizante, bem como de instrução do 2º grau ou superior, na Comarca do Juízo da Execução;

III – participação em atividades que concorram para o retorno ao convívio social.
• A Lei nº 14.843/2024 propôs nova redação para este inciso III, porém teve seu texto vetado pelo Executivo.

§ 1º. A ausência de vigilância direta não impede a utilização de equipamento de monitoração eletrônica pelo condenado, quando assim determinar o juiz da execução.
• § 1º renumerado pela Lei nº 13.964/2019.

§ 2º. Não terá direito à saída temporária de que trata o *caput* deste artigo ou a trabalho externo sem vigilância direta o condenado que cumpre pena por praticar crime hediondo ou com violência ou grave ameaça contra pessoa.
• § 2º com redação dada pela Lei nº 14.843/2024.

§ 3º. Quando se tratar de frequência a curso profissionalizante ou de instrução de ensino médio ou superior, o tempo de saída será o necessário para o cumprimento das atividades discentes.
• § 3º acrescido pela Lei nº 14.843/2024.

Art. 123. A autorização será concedida por ato motivado do Juiz da execução, ouvidos o Ministério Público e a administração penitenciária e dependerá da satisfação dos seguintes requisitos:

I – comportamento adequado;

II – cumprimento mínimo de 1/6 (um sexto) da pena, se o condenado for primário, e 1/4 (um quarto), se reincidente;
• Vide Súmula 40 do STJ.

III – compatibilidade do benefício com os objetivos da pena.

Art. 124. (Revogado).
• Art. 124 revogado pela Lei nº 14.843/2024.

Art. 125. O benefício será automaticamente revogado quando o condenado praticar fato definido como crime doloso, for punido por falta grave, desatender as condições impostas na autorização ou revelar baixo grau de aproveitamento do curso.
- V. arts. 48, parágrafo único, e 115 da LEP.

Parágrafo único. A recuperação do direito à saída temporária dependerá da absolvição no processo penal, do cancelamento da punição disciplinar ou da demonstração do merecimento do condenado.

Seção IV
DA REMIÇÃO

Art. 126. O condenado que cumpre a pena em regime fechado ou semiaberto poderá remir, por trabalho ou por estudo, parte do tempo de execução da pena.
- Art. 126, *caput*, com redação dada pela Lei nº 12.433/2011.
- Vide Súmulas 341 e 562 do STJ.

§ 1º. A contagem de tempo referida no *caput* será feita à razão de:

I – 1 (um) dia de pena a cada 12 (doze) horas de frequência escolar – atividade de ensino fundamental, médio, inclusive profissionalizante, ou superior, ou ainda de requalificação profissional – divididas, no mínimo, em 3 (três) dias;

II – 1 (um) dia de pena a cada 3 (três) dias de trabalho.
- § 1º com redação dada pela Lei nº 12.433/2011.

§ 2º. As atividades de estudo a que se refere o § 1º deste artigo poderão ser desenvolvidas de forma presencial ou por metodologia de ensino a distância e deverão ser certificadas pelas autoridades educacionais competentes dos cursos frequentados.
- § 2º com redação dada pela Lei nº 12.433/2011.

§ 3º. Para fins de cumulação dos casos de remição, as horas diárias de trabalho e de estudo serão definidas de forma a se compatibilizarem.
- § 3º com redação dada pela Lei nº 12.433/2011.

§ 4º. O preso impossibilitado, por acidente, de prosseguir no trabalho ou nos estudos continuará a beneficiar-se com a remição.
- § 4º acrescido pela Lei nº 12.433/2011.

§ 5º. O tempo a remir em função das horas de estudo será acrescido de 1/3 (um terço) no caso de conclusão do ensino fundamental, médio ou superior durante o cumprimento da pena, desde que certificada pelo órgão competente do sistema de educação.
- § 5º acrescido pela Lei nº 12.433/2011.

§ 6º. O condenado que cumpre pena em regime aberto ou semiaberto e o que usufrui liberdade condicional poderão remir, pela frequência a curso de ensino regular ou de educação profissional, parte do tempo de execução da pena ou do período de prova, observado o disposto no inciso I do § 1º deste artigo.
- § 6º acrescido pela Lei nº 12.433/2011.

§ 7º. O disposto neste artigo aplica-se às hipóteses de prisão cautelar.
- § 7º acrescido pela Lei nº 12.433/2011.

§ 8º. A remição será declarada pelo juiz da execução, ouvidos o Ministério Público e a defesa.
- § 8º acrescido pela Lei nº 12.433/2011.

Art. 127. Em caso de falta grave, o juiz poderá revogar até 1/3 (um terço) do tempo remido, observado o disposto no art. 57, recomeçando a contagem a partir da data da infração disciplinar.
- Art. 127 com redação dada pela Lei nº 12.433/2011.
- V. art. 48, parágrafo único, da LEP.
- Vide Súmula Vinculante 9 do STF.
- Vide Súmula 535 do STJ.

Art. 128. O tempo remido será computado como pena cumprida, para todos os efeitos.
- Art. 128 com redação dada pela Lei nº 12.433/2011.

Art. 129. A autoridade administrativa encaminhará mensalmente ao juízo da execução cópia do registro de todos os condenados que estejam trabalhando ou estudando, com informação dos dias de trabalho ou das horas de frequência escolar ou de atividades de ensino de cada um deles.
- Art. 129, *caput*, com redação dada pela Lei nº 12.433/2011.

§ 1º. O condenado autorizado a estudar fora do estabelecimento penal deverá comprovar mensalmente, por meio de declaração da respectiva unidade de ensino, a frequência e o aproveitamento escolar.
- § 1º acrescido pela Lei nº 12.433/2011.

§ 2º. Ao condenado dar-se-á a relação de seus dias remidos.
- § 2º acrescido pela Lei nº 12.433/2011.

Art. 130. Constitui o crime do art. 299 do Código Penal declarar ou atestar falsamente prestação de serviço para fim de instruir pedido de remição.

Seção V
DO LIVRAMENTO CONDICIONAL

Art. 131. O livramento condicional poderá ser concedido pelo Juiz da execução, presentes os requisitos do art. 83, incisos e parágrafo único, do Código Penal, ouvidos o Ministério Público e Conselho Penitenciário.
- Vide arts. 710 a 733 do CPP.
- Vide Súmula 715 do STF.
- Vide Súmula 441 do STJ.

Art. 132. Deferido o pedido, o Juiz especificará as condições a que fica subordinado o livramento.
- V. arts. 138, § 3º; e 178 da LEP.

§ 1º. Serão sempre impostas ao liberado condicional as obrigações seguintes:

a) obter ocupação lícita, dentro de prazo razoável se for apto para o trabalho;

b) comunicar periodicamente ao Juiz sua ocupação;

c) não mudar do território da comarca do Juízo da execução, sem prévia autorização deste.

§ 2º. Poderão ainda ser impostas ao liberado condicional, entre outras obrigações, as seguintes:

a) não mudar de residência sem comunicação ao Juiz e à autoridade incumbida da observação cautelar e de proteção;

b) recolher-se à habitação em hora fixada;

c) não frequentar determinados lugares;

d) (vetado);
* Alínea "d" acrescida pela Lei nº 12.258/2010.

e) utilizar equipamento de monitoração eletrônica.
* Alínea "e" acrescida pela Lei nº 14.843/2024.

Art. 133. Se for permitido ao liberado residir fora da comarca do Juízo da execução, remeter-se-á cópia da sentença do livramento ao Juízo do lugar para onde ele se houver transferido e à autoridade incumbida da observação cautelar e de proteção.
* V. art. 178 da LEP.

Art. 134. O liberado será advertido da obrigação de apresentar-se imediatamente às autoridades referidas no artigo anterior.

Art. 135. Reformada a sentença denegatória do livramento, os autos baixarão ao Juízo da execução, para as providências cabíveis.

Art. 136. Concedido o benefício, será expedida a carta de livramento com a cópia integral da sentença em 2 (duas) vias, remetendo-se uma à autoridade administrativa incumbida da execução e outra ao Conselho Penitenciário.

Art. 137. A cerimônia do livramento condicional será realizada solenemente no dia marcado pelo Presidente do Conselho Penitenciário, no estabelecimento onde está sendo cumprida a pena, observando-se o seguinte:
* V. art. 144 da LEP.

I – a sentença será lida ao liberando, na presença dos demais condenados, pelo Presidente do Conselho Penitenciário ou membro por ele designado, ou, na falta, pelo Juiz;

II – a autoridade administrativa chamará a atenção do liberando para as condições impostas na sentença de livramento;

III – o liberando declarará se aceita as condições.

§ 1º. De tudo em livro próprio, será lavrado termo subscrito por quem presidir a cerimônia e pelo liberando, ou alguém a seu rogo, se não souber ou não puder escrever.

§ 2º. Cópia desse termo deverá ser remetida ao Juiz da execução.

Art. 138. Ao sair o liberado do estabelecimento penal, ser-lhe-á entregue, além do saldo de seu pecúlio e do que lhe pertencer, uma caderneta, que exibirá à autoridade judiciária ou administrativa, sempre que lhe for exigida.

§ 1º. A caderneta conterá:

a) a identificação do liberado;

b) o texto impresso do presente Capítulo;

c) as condições impostas.

§ 2º. Na falta de caderneta, será entregue ao liberado um salvo-conduto, em que constem as condições do livramento, podendo substituir-se a ficha de identificação ou o seu retrato pela descrição dos sinais que possam identificá-lo.

§ 3º. Na caderneta e no salvo-conduto deverá haver espaço para consignar-se o cumprimento das condições referidas no art. 132 desta Lei.

Art. 139. A observação cautelar e a proteção realizadas por serviço social penitenciário, Patronato ou Conselho da Comunidade terão a finalidade de:

I – fazer observar o cumprimento das condições especificadas na sentença concessiva do benefício;

II – proteger o beneficiário, orientando-o na execução de suas obrigações e auxiliando-o na obtenção de atividade laborativa.

Parágrafo único. A entidade encarregada da observação cautelar e da proteção do liberado apresentará relatório ao Conselho Penitenciário, para efeito da representação prevista nos arts. 143 e 144 desta Lei.

Art. 140. A revogação do livramento condicional dar-se-á nas hipóteses previstas nos arts. 86 e 87 do Código Penal.

Parágrafo único. Mantido o livramento condicional, na hipótese da revogação facultativa, o Juiz deverá advertir o liberado ou agravar as condições.

Art. 141. Se a revogação for motivada por infração penal anterior à vigência do livramento, computar-se-á como tempo de cumprimento da pena o período de prova, sendo permitida, para a concessão de novo livramento, a soma do tempo das 2 (duas) penas.

Art. 142. No caso de revogação por outro motivo, não se computará na pena o tempo em que esteve solto o liberado, e tampouco se concederá, em relação à mesma pena, novo livramento.
- Vide Súmula 535 do STJ.

Art. 143. A revogação será decretada a requerimento do Ministério Público, mediante representação do Conselho Penitenciário, ou, de ofício, pelo Juiz, ouvido o liberado.
- V. arts. 139, parágrafo único; e 197 da LEP.

Art. 144. O Juiz, de ofício, a requerimento do Ministério Público, da Defensoria Pública ou mediante representação do Conselho Penitenciário, e ouvido o liberado, poderá modificar as condições especificadas na sentença, devendo o respectivo ato decisório ser lido ao liberado por uma das autoridades ou funcionários indicados no inciso I do *caput* do art. 137 desta Lei, observado o disposto nos incisos II e III e §§ 1º e 2º do mesmo artigo.
- Art. 144 com redação dada pela Lei nº 12.313/2010.
- V. art. 139, parágrafo único, da LEP.

Art. 145. Praticada pelo liberado outra infração penal, o Juiz poderá ordenar a sua prisão, ouvidos o Conselho Penitenciário e o Ministério Público, suspendendo o curso do livramento condicional, cuja revogação, entretanto, ficará dependendo da decisão final.
- Vide Súmula 617 do STJ.

Art. 146. O Juiz, de ofício, a requerimento do interessado, do Ministério Público ou mediante representação do Conselho Penitenciário, julgará extinta a pena privativa de liberdade, se expirar o prazo do livramento sem revogação.
- Vide Súmula 617 do STJ.

Seção VI
DA MONITORAÇÃO ELETRÔNICA
- Seção VI acrescida pela Lei nº 12.258/2010.
- Vide art. 319, IX, do CPP.

Art. 146-A. (Vetado).
- Art. 146-A acrescido pela Lei nº 12.258/2010.

Art. 146-B. O juiz poderá definir a fiscalização por meio da monitoração eletrônica quando:
- Art. 146-B, *caput*, acrescido pela Lei nº 12.258/2010.

I – (vetado);
- Inciso I acrescido pela Lei nº 12.258/2010.

II – autorizar a saída temporária no regime semiaberto;
- Inciso II acrescido pela Lei nº 12.258/2010.

III – (vetado);
- Inciso III acrescido pela Lei nº 12.258/2010.

IV – determinar a prisão domiciliar;
- Inciso IV acrescido pela Lei nº 12.258/2010.

V – (vetado);
- Inciso V acrescido pela Lei nº 12.258/2010.

VI – aplicar pena privativa de liberdade a ser cumprida nos regimes aberto ou semiaberto, ou conceder progressão para tais regimes;
- Inciso VI acrescido pela Lei nº 14.843/2024.

VII – aplicar pena restritiva de direitos que estabeleça limitação de frequência a lugares específicos;
- Inciso VII acrescido pela Lei nº 14.843/2024.

VIII – conceder o livramento condicional.
- Inciso VIII acrescido pela Lei nº 14.843/2024.

Parágrafo único. (Vetado).
- Parágrafo único acrescido pela Lei nº 12.258/2010.

Art. 146-C. O condenado será instruído acerca dos cuidados que deverá adotar com o equipamento eletrônico e dos seguintes deveres:

I – receber visitas do servidor responsável pela monitoração eletrônica, responder aos seus contatos e cumprir suas orientações;

II – abster-se de remover, de violar, de modificar, de danificar de qualquer forma o dispositivo de monitoração eletrônica ou de permitir que outrem o faça;

III – (vetado).
- Art. 146-C, *caput*, acrescido pela Lei nº 12.258/2010.

Parágrafo único. A violação comprovada dos deveres previstos neste artigo poderá acarretar, a critério do juiz da execução, ouvidos o Ministério Público e a defesa:
- Parágrafo único, *caput*, acrescido pela Lei nº 12.258/2010.

I – a regressão do regime;
- Inciso I acrescido pela Lei nº 12.258/2010.

II – a revogação da autorização de saída temporária;
- Inciso II acrescido pela Lei nº 12.258/2010.

III – (vetado);
- Inciso III acrescido pela Lei nº 12.258/2010.

IV – (vetado);
- Inciso IV acrescido pela Lei nº 12.258/2010.

V – (vetado);
- Inciso V acrescido pela Lei nº 12.258/2010.

VI – a revogação da prisão domiciliar;
* Inciso VI acrescido pela Lei nº 12.258/2010.

VII – advertência, por escrito, para todos os casos em que o juiz da execução decida não aplicar alguma das medidas previstas nos incisos de I a VI deste parágrafo;
* Inciso VII acrescido pela Lei nº 12.258/2010.

VIII – a revogação do livramento condicional;
* Inciso VIII acrescido pela Lei nº 14.843/2024.

IX – a conversão da pena restritiva de direitos em pena privativa de liberdade.
* Inciso IX acrescido pela Lei nº 14.843/2024.

Art. 146-D. A monitoração eletrônica poderá ser revogada:

I – quando se tornar desnecessária ou inadequada;

II – se o acusado ou condenado violar os deveres a que estiver sujeito durante a sua vigência ou cometer falta grave.
* Art. 146-D acrescido pela Lei nº 12.258/2010.

Art. 146-E. O condenado por crime contra a mulher por razões da condição do sexo feminino, nos termos do § 1º do art. 121-A do Decreto-Lei nº 2.848, de 7 de dezembro de 1940 (Código Penal), ao usufruir de qualquer benefício em que ocorra a sua saída de estabelecimento penal, será fiscalizado por meio de monitoração eletrônica.
* Art. 146-E acrescido pela Lei nº 14.994/2024.

CAPÍTULO II
DAS PENAS RESTRITIVAS DE DIREITOS

Seção I
DISPOSIÇÕES GERAIS

Art. 147. Transitada em julgado a sentença que aplicou a pena restritiva de direitos, o Juiz da execução, de ofício ou a requerimento do Ministério Público, promoverá a execução, podendo, para tanto, requisitar, quando necessário, a colaboração de entidades públicas ou solicitá-la a particulares.

Art. 148. Em qualquer fase da execução, poderá o Juiz, motivadamente, alterar, a forma de cumprimento das penas de prestação de serviços à comunidade e de limitação de fim de semana, ajustando-as às condições pessoais do condenado e às características do estabelecimento, da entidade ou do programa comunitário ou estatal.

Seção II
DA PRESTAÇÃO DE SERVIÇOS À COMUNIDADE

Art. 149. Caberá ao Juiz da execução:

I – designar a entidade ou programa comunitário ou estatal, devidamente credenciado ou convencionado, junto ao qual o condenado deverá trabalhar gratuitamente, de acordo com as suas aptidões;

II – determinar a intimação do condenado, cientificando-o da entidade, dias e horário em que deverá cumprir a pena;

III – alterar a forma de execução, a fim de ajustá-la às modificações ocorridas na jornada de trabalho.

§ 1º. O trabalho terá a duração de 8 (oito) horas semanais e será realizado aos sábados, domingos e feriados, ou em dias úteis, de modo a não prejudicar a jornada normal de trabalho, nos horários estabelecidos pelo Juiz.

§ 2º. A execução terá início a partir da data do primeiro comparecimento.

Art. 150. A entidade beneficiada com a prestação de serviços encaminhará mensalmente, ao Juiz da execução, relatório circunstanciado das atividades do condenado, bem como, a qualquer tempo, comunicação sobre ausência ou falta disciplinar.
• V. art. 181, § 1º, "b", da LEP.

Seção III
DA LIMITAÇÃO DE FIM DE SEMANA

Art. 151. Caberá ao Juiz da execução determinar a intimação do condenado, cientificando-o do local, dias e horário em que deverá cumprir a pena.
• V. art. 181, § 2º, da LEP.

Parágrafo único. A execução terá início a partir da data do primeiro comparecimento.

Art. 152. Poderão ser ministrados ao condenado, durante o tempo de permanência, cursos e palestras, ou atribuídas atividades educativas.

Parágrafo único. Nos casos de violência doméstica e familiar contra a criança, o adolescente e a mulher e de tratamento cruel ou degradante, ou de uso de formas violentas de educação, correção ou disciplina contra a criança e o adolescente, o juiz poderá determinar o comparecimento obrigatório do agressor a programas de recuperação e reeducação.
• Parágrafo único com redação dada pela Lei nº 14.344/2022.

Art. 153. O estabelecimento designado encaminhará, mensalmente, ao Juiz da execução, relatório, bem assim comunicará, a qualquer tempo, a ausência ou falta disciplinar do condenado.

Seção IV
DA INTERDIÇÃO TEMPORÁRIA DE DIREITOS

Art. 154. Caberá ao Juiz da execução comunicar à autoridade competente a pena aplicada, determinada a intimação do condenado.

§ 1º. Na hipótese de pena de interdição do art. 47, inciso I, do Código Penal, a autoridade deverá, em 24 (vinte e quatro) horas, contadas do recebimento do ofício, baixar ato, a partir do qual a execução terá seu início.

§ 2º. Nas hipóteses do art. 47, incisos II e III, do Código Penal, o Juízo da execução determinará a apreensão dos documentos, que autorizam o exercício do direito interditado.

Art. 155. A autoridade deverá comunicar imediatamente ao Juiz da execução o descumprimento da pena.
• V. art. 181, § 3º, da LEP.

Parágrafo único. A comunicação prevista neste artigo poderá ser feita por qualquer prejudicado.

CAPÍTULO III
DA SUSPENSÃO CONDICIONAL

Art. 156. O Juiz poderá suspender, pelo período de 2 (dois) a 4 (quatro) anos, a execução da pena privativa de liberdade, não superior a 2 (dois) anos, na forma prevista nos arts. 77 a 82 do Código Penal.
• Vide arts. 696 a 709 do CPP.

Art. 157. O Juiz ou o Tribunal, na sentença que aplicar pena privativa de liberdade, na situação determinada no artigo anterior, deverá pronunciar-se, motivadamente, sobre a suspensão condicional, quer a conceda, quer a denegue.
• V. art. 197 da LEP.

Art. 158. Concedida a suspensão, o Juiz especificará as condições a que fica sujeito o condenado, pelo prazo fixado, começando este a correr da audiência prevista no art. 160 desta Lei.

§ 1º. As condições serão adequadas ao fato e à situação pessoal do condenado, devendo ser incluída entre as mesmas a de prestar serviços à comunidade, ou limitação de fim de semana, salvo hipótese do art. 78, § 2º, do Código Penal.

§ 2º. O Juiz poderá, a qualquer tempo, de ofício, a requerimento do Ministério Público ou mediante proposta do Conselho Penitenciário, modificar as condições e regras estabelecidas na sentença, ouvido o condenado.

§ 3º. A fiscalização do cumprimento das condições, reguladas nos Estados, Territórios e Distrito Federal por normas supletivas, será atribuída a serviço social penitenciário, Patronato, Conselho da Comunidade ou instituição beneficiada com a prestação de serviços, inspecionados pelo Conselho Penitenciário, pelo Ministério Público, ou ambos, devendo o Juiz da execução suprir, por ato, a falta das normas supletivas.

§ 4º. O beneficiário, ao comparecer periodicamente à entidade fiscalizadora, para comprovar a observância das condições a que está sujeito, comunicará, também, a sua ocupação e os salários ou proventos de que vive.

§ 5º. A entidade fiscalizadora deverá comunicar imediatamente ao órgão de inspeção, para os fins legais, qualquer fato capaz de acarretar a revogação do benefício, a prorrogação do prazo ou a modificação das condições.

§ 6º. Se for permitido ao beneficiário mudar-se, será feita comunicação ao Juiz e à entidade fiscalizadora do local da nova residência, aos quais o primeiro deverá apresentar-se imediatamente.

Art. 159. Quando a suspensão condicional da pena for concedida por Tribunal, a este caberá estabelecer as condições do benefício.

§ 1º. De igual modo proceder-se-á quando o Tribunal modificar as condições estabelecidas na sentença recorrida.

§ 2º. O Tribunal, ao conceder a suspensão condicional da pena, poderá, todavia, conferir ao Juízo da execução a incumbência de estabelecer as condições do benefício, e, em qualquer caso, a de realizar a audiência admonitória.

Art. 160. Transitada em julgado a sentença condenatória, o Juiz a lerá ao condenado, em audiência, advertindo-o das consequências de nova infração penal e do descumprimento das condições impostas.
* V. art. 158 da LEP.

Art. 161. Se, intimado pessoalmente ou por edital com prazo de 20 (vinte) dias, o réu não comparecer injustificadamente à audiência admonitória, a suspensão ficará sem efeito e será executada imediatamente a pena.

Art. 162. A revogação da suspensão condicional da pena e a prorrogação do período de prova dar-se-ão na forma do art. 81 e respectivos parágrafos do Código Penal.

Art. 163. A sentença condenatória será registrada, com a nota de suspensão em livro especial do Juízo a que couber a execução da pena.

§ 1º. Revogada a suspensão ou extinta a pena, será o fato averbado à margem do registro.

§ 2º. O registro e a averbação serão sigilosos, salvo para efeito de informações requisitadas por órgão judiciário ou pelo Ministério Público, para instruir processo penal.

CAPÍTULO IV
DA PENA DE MULTA

Art. 164. Extraída certidão da sentença condenatória com trânsito em julgado, que valerá como título executivo judicial, o Ministério Público requererá, em autos apartados, a citação do condenado para, no prazo de 10 (dez) dias, pagar o valor da multa ou nomear bens à penhora.
* Vide arts. 686 a 690 do CPP.

§ 1º. Decorrido o prazo sem o pagamento da multa, ou o depósito da respectiva importância, proceder-se-á à penhora de tantos bens quantos bastem para garantir a execução.

§ 2º. A nomeação de bens à penhora e a posterior execução seguirão o que dispuser a lei processual civil.
* V. art. 166 da LEP.

Art. 165. Se a penhora recair em bem imóvel, os autos apartados serão remetidos ao Juízo Cível para prosseguimento.

Art. 166. Recaindo a penhora em outros bens, dar-se-á prosseguimento nos termos do § 2º do art. 164, desta Lei.

Art. 167. A execução da pena de multa será suspensa quando sobrevier ao condenado doença mental (art. 52 do Código Penal).

Art. 168. O Juiz poderá determinar que a cobrança da multa se efetue mediante desconto no vencimento ou salário do condenado, nas hipóteses do art. 50, § 1º, do Código Penal, observando-se o seguinte:

I – o limite máximo do desconto mensal será o da quarta parte da remuneração e o mínimo o de um décimo;

II – o desconto será feito mediante ordem do Juiz a quem de direito;

III – o responsável pelo desconto será intimado a recolher mensalmente, até o dia fixado pelo Juiz, a importância determinada.
• V. art. 170, caput, da LEP.

Art. 169. Até o término do prazo a que se refere o art. 164 desta Lei, poderá o condenado requerer ao Juiz o pagamento da multa em prestações mensais, iguais e sucessivas.

§ 1º. O Juiz, antes de decidir, poderá determinar diligências para verificar a real situação econômica do condenado e, ouvido o Ministério Público, fixará o número de prestações.

§ 2º. Se o condenado for impontual ou se melhorar de situação econômica, o Juiz, de ofício ou a requerimento do Ministério Público, revogará o benefício executando-se a multa, na forma prevista neste Capítulo, ou prosseguindo-se na execução já iniciada.

Art. 170. Quando a pena de multa for aplicada cumulativamente com pena privativa da liberdade, enquanto esta estiver sendo executada, poderá aquela ser cobrada mediante desconto na remuneração do condenado (art. 168).
• V. art. 29 da LEP.

§ 1º. Se o condenado cumprir a pena privativa de liberdade ou obtiver livramento condicional, sem haver resgatado a multa, far-se-á a cobrança nos termos deste Capítulo.

§ 2º. Aplicar-se-á o disposto no parágrafo anterior aos casos em que for concedida a suspensão condicional da pena.

TÍTULO VI
DA EXECUÇÃO DAS MEDIDAS DE SEGURANÇA

CAPÍTULO I
DISPOSIÇÕES GERAIS

Art. 171. Transitada em julgado a sentença que aplicar medida de segurança, será ordenada a expedição de guia para a execução.
• Vide Súmula 527 do STJ.

Art. 172. Ninguém será internado em Hospital de Custódia e Tratamento Psiquiátrico, ou submetido a tratamento ambulatorial, para cumprimento de medida de segurança, sem a guia expedida pela autoridade judiciária.

Art. 173. A guia de internamento ou de tratamento ambulatorial, extraída pelo escrivão, que a rubricará em todas as folhas e a subscreverá com o Juiz, será remetida à autoridade administrativa incumbida da execução e conterá:

I – a qualificação do agente e o número do registro geral do órgão oficial de identificação;

II – o inteiro teor da denúncia e da sentença que tiver aplicado a medida de segurança, bem como a certidão do trânsito em julgado;

III – a data em que terminará o prazo mínimo de internação, ou do tratamento ambulatorial;

IV – outras peças do processo reputadas indispensáveis ao adequado tratamento ou internamento.

§ 1º. Ao Ministério Público será dada ciência da guia de recolhimento e de sujeição a tratamento.
• V. art. 68, I, da LEP.

§ 2º. A guia será retificada sempre que sobrevier modificações quanto ao prazo de execução.

Art. 174. Aplicar-se-á, na execução da medida de segurança, naquilo que couber, o disposto nos arts. 8º e 9º desta Lei.

CAPÍTULO II
DA CESSAÇÃO DA PERICULOSIDADE

Art. 175. A cessação da periculosidade será averiguada no fim do prazo mínimo de duração da medida de segurança, pelo exame das condições pessoais do agente, observando-se o seguinte:

I – a autoridade administrativa, até 1 (um) mês antes de expirar o prazo de duração mínima da medida, remeterá ao Juiz minucioso relatório que o habilite a resolver sobre a revogação ou permanência da medida;

II – o relatório será instruído com o laudo psiquiátrico;

III – juntado aos autos o relatório ou realizadas as diligências, serão ouvidos, sucessivamente, o Ministério Público e o curador ou defensor, no prazo de 3 (três) dias para cada um;

IV – o Juiz nomeará curador ou defensor para o agente que não o tiver;

V – o Juiz, de ofício ou a requerimento de qualquer das partes, poderá determinar novas diligências, ainda que expirado o prazo de duração mínima da medida de segurança;

VI – ouvidas as partes ou realizadas as diligências a que se refere o inciso anterior, o Juiz proferirá a sua decisão, no prazo de 5 (cinco) dias.

Art. 176. Em qualquer tempo, ainda no decorrer do prazo mínimo de duração da medida de segurança, poderá o Juiz da execução, diante de requerimento fundamentado do Ministério Público ou do interessado, seu procurador ou defensor, ordenar o exame para que se verifique a cessação da periculosidade, procedendo-se nos termos do artigo anterior.
• Vide Súmula 520 do STF.

Art. 177. Nos exames sucessivos para verificar-se a cessação da periculosidade, observar-se-á, no que lhes for aplicável, o disposto no artigo anterior.

Art. 178. Nas hipóteses de desinternação ou de liberação (art. 97, § 3º, do Código Penal), aplicar-se-á o disposto nos arts. 132 e 133 desta Lei.

Art. 179. Transitada em julgado a sentença, o Juiz expedirá ordem para a desinternação ou a liberação.

TÍTULO VII
DOS INCIDENTES DE EXECUÇÃO

CAPÍTULO I
DAS CONVERSÕES

Art. 180. A pena privativa de liberdade, não superior a 2 (dois) anos, poderá ser convertida em restritiva de direitos, desde que:

I – o condenado a esteja cumprindo em regime aberto;

II – tenha sido cumprido pelo menos 1/4 (um quarto) da pena;

III – os antecedentes e a personalidade do condenado indiquem ser a conversão recomendável.

Art. 181. A pena restritiva de direitos será convertida em privativa de liberdade nas hipóteses e na forma do art. 45 e seus incisos do Código Penal♦.

♦ Refere-se à redação anterior às alterações promovidas pela Lei nº 9.714/1998. Vide atual art. 44, § 4º, do CP.

§ 1º. A pena de prestação de serviços à comunidade será convertida quando o condenado:

a) não for encontrado por estar em lugar incerto e não sabido, ou desatender a intimação por edital;

b) não comparecer, injustificadamente, à entidade ou programa em que deva prestar serviço;

c) recusar-se, injustificadamente, a prestar o serviço que lhe foi imposto;

d) praticar falta grave;
• V. art. 48, parágrafo único, da LEP.

e) sofrer condenação por outro crime à pena privativa de liberdade, cuja execução não tenha sido suspensa.

§ 2º. A pena de limitação de fim de semana será convertida quando o condenado não comparecer ao estabelecimento designado para o cumprimento da pena, recusar-se a exercer a atividade determinada pelo Juiz ou se ocorrer qualquer das hipóteses das letras "a", "d" e "e" do parágrafo anterior.
• V. art. 48, parágrafo único, da LEP.

§ 3º. A pena de interdição temporária de direitos será convertida quando o condenado exercer, injustificadamente, o direito interditado ou se ocorrer qualquer das hipóteses das letras "a" e "e", do § 1º, deste artigo.

Art. 182. (Revogado).
• Art. 182 revogado pela Lei nº 9.268/1996.

Art. 183. Quando, no curso da execução da pena privativa de liberdade, sobrevier doença mental ou perturbação da saúde mental, o Juiz, de ofício, a requerimento do Ministério Público, da Defensoria Pública ou da autoridade administrativa, poderá determinar a substituição da pena por medida de segurança.
• Art. 183 com redação dada pela Lei nº 12.313/2010.

Art. 184. O tratamento ambulatorial poderá ser convertido em internação se o agente revelar incompatibilidade com a medida.

Parágrafo único. Nesta hipótese, o prazo mínimo de internação será de 1 (um) ano.

CAPÍTULO II
DO EXCESSO OU DESVIO

Art. 185. Haverá excesso ou desvio de execução sempre que algum ato for praticado além dos limites fixados na sentença, em normas legais ou regulamentares.

Art. 186. Podem suscitar o incidente de excesso ou desvio de execução:

I – o Ministério Público;

II – o Conselho Penitenciário;

III – o sentenciado;

IV – qualquer dos demais órgãos da execução penal.

CAPÍTULO III
DA ANISTIA E DO INDULTO

Art. 187. Concedida a anistia, o Juiz, de ofício, a requerimento do interessado ou do Ministério Público, por proposta da autoridade administrativa ou do Conselho Penitenciário, declarará extinta a punibilidade.
• Vide arts. 734 a 742 do CPP.

Art. 188. O indulto individual poderá ser provocado por petição do condenado, por iniciativa do Ministério Público, do Conselho Penitenciário, ou da autoridade administrativa.

Art. 189. A petição do indulto, acompanhada dos documentos que a instruírem, será entregue ao Conselho Penitenciário, para a elaboração de parecer e posterior encaminhamento ao Ministério da Justiça.

Art. 190. O Conselho Penitenciário, à vista dos autos do processo e do prontuário, promoverá as diligências que entender necessárias e fará, em relatório, a narração do ilícito penal e dos fundamentos da sentença condenatória, a exposição dos antecedentes do condenado e do procedimento deste depois da prisão, emitindo seu parecer sobre o mérito do pedido e esclarecendo qualquer formalidade ou circunstâncias omitidas na petição.

Art. 191. Processada no Ministério da Justiça com documentos e o relatório do Conselho Penitenciário, a petição será submetida a despacho do Presidente da República, a quem serão presentes os autos do processo ou a certidão de qualquer de suas peças, se ele o determinar.
• V. art. 70, I, da LEP.

Art. 192. Concedido o indulto e anexada aos autos cópia do decreto, o Juiz declarará extinta a pena ou ajustará a execução aos termos do decreto, no caso de comutação.
• Vide Súmula 631 do STJ.

Art. 193. Se o sentenciado for beneficiado por indulto coletivo, o Juiz, de ofício, a requerimento do interessado, do Ministério Público, ou por iniciativa do Conselho Penitenciário ou da autoridade administrativa, providenciará de acordo com o disposto no artigo anterior.

TÍTULO VIII
DO PROCEDIMENTO JUDICIAL

Art. 194. O procedimento correspondente às situações previstas nesta Lei será judicial, desenvolvendo-se perante o Juízo da execução.
• Vide Súmula 192 do STJ.

Art. 195. O procedimento judicial iniciar-se-á de ofício, a requerimento do Ministério Público, do interessado, de quem o represente, de seu cônjuge, parente ou descendente, mediante proposta do Conselho Penitenciário, ou, ainda, da autoridade administrativa.

Art. 196. A portaria ou petição será autuada ouvindo-se, em 3 (três) dias, o condenado e o Ministério Público, quando não figurem como requerentes da medida.

§ 1º. Sendo desnecessária a produção de prova, o Juiz decidirá de plano, em igual prazo.

§ 2º. Entendendo indispensável a realização de prova pericial ou oral, o Juiz a ordenará, decidindo após a produção daquela ou na audiência designada.

Art. 197. Das decisões proferidas pelo Juiz caberá recurso de agravo, sem efeito suspensivo.
- Vide Súmula 700 do STF.
- Vide Súmula 604 do STJ.

TÍTULO IX
DAS DISPOSIÇÕES FINAIS E TRANSITÓRIAS

Art. 198. É defesa ao integrante dos órgãos da execução penal, e ao servidor, a divulgação de ocorrência que perturbe a segurança e a disciplina dos estabelecimentos, bem como exponha o preso à inconveniente notoriedade, durante o cumprimento da pena.

Art. 199. O emprego de algemas será disciplinado por decreto federal.
- Vide Súmula Vinculante 11 do STF.

Art. 200. O condenado por crime político não está obrigado ao trabalho.

Art. 201. Na falta de estabelecimento adequado, o cumprimento da prisão civil e da prisão administrativa se efetivará em seção especial da Cadeia Pública.

Art. 202. Cumprida ou extinta a pena, não constarão da folha corrida, atestados ou certidões fornecidas por autoridade policial ou por auxiliares da Justiça, qualquer notícia ou referência à condenação, salvo para instruir processo pela prática de nova infração penal ou outros casos expressos em lei.

Art. 203. No prazo de 6 (seis) meses, a contar da publicação desta Lei, serão editadas as normas complementares ou regulamentares, necessárias à eficácia dos dispositivos não autoaplicáveis.

§ 1º. Dentro do mesmo prazo deverão as Unidades Federativas, em convênio com o Ministério da Justiça, projetar a adaptação, construção e equipamento de estabelecimentos e serviços penais previstos nesta Lei.

§ 2º. Também, no mesmo prazo, deverá ser providenciada a aquisição ou desapropriação de prédios para instalação de casas de albergados.

§ 3º. O prazo a que se refere o *caput* deste artigo poderá ser ampliado, por ato do Conselho Nacional de Política Criminal e Penitenciária, mediante justificada solicitação, instruída com os projetos de reforma ou de construção de estabelecimentos.

§ 4º. O descumprimento injustificado dos deveres estabelecidos para as Unidades Federativas implicará na suspensão de qualquer ajuda financeira a elas destinada pela União, para atender às despesas de execução das penas e medidas de segurança.

Art. 204. Esta Lei entra em vigor concomitantemente com a lei de reforma da Parte Geral do Código Penal, revogadas as disposições em contrário, especialmente a Lei nº 3.274, de 2 de outubro de 1957.

Brasília, 11 de julho de 1984; 163º da Independência e 96º da República.

João Figueiredo

DOU de 13.7.1984

ANEXOS

Os dispositivos citados entre colchetes remetem à base legal da jurisprudência.

Anexo I
SÚMULAS DO SUPREMO TRIBUNAL FEDERAL

Disponíveis em: https://portal.stf.jus.br/jurisprudencia/sumariosumulas.asp?base=30.
Acesso em: 21.3.2025. (Atualizadas até a Súmula 736.)

145 • [arts. 8º, 301 e 302 do CPP] • Não há crime, quando a preparação do flagrante pela polícia torna impossível a sua consumação.

155 • [arts. 222, 570 e 571 do CPP] • É relativa a nulidade do processo criminal por falta de intimação da expedição de precatória para inquirição de testemunha.

156 • [arts. 483; e 564, III, "k", e parágrafo único, do CPP] • É absoluta a nulidade do julgamento, pelo júri, por falta de quesito obrigatório.

160 • [arts. 571, 574, 578, 617 e 626 do CPP] • É nula a decisão do Tribunal que acolhe, contra o réu, nulidade não arguida no recurso da acusação, ressalvados os casos de recurso de ofício.

162 • [arts. 483; e 564, III, "k", e parágrafo único, do CPP] • É absoluta a nulidade do julgamento pelo júri, quando os quesitos da defesa não precedem aos das circunstâncias agravantes.

206 • [arts. 252, III; e 449, I, do CPP] • É nulo o julgamento ulterior pelo júri com a participação de jurado que funcionou em julgamento anterior do mesmo processo.

208 • [arts. 268 a 273 do CPP] • O assistente do Ministério Público não pode recorrer, extraordinariamente, de decisão concessiva de *habeas corpus*.

210 • [arts. 268 a 273; 584, § 1º; 577; e 598 do CPP] • O assistente do Ministério Público pode recorrer, inclusive extraordinariamente, na ação penal, nos casos dos arts. 584, § 1º, e 598 do Código de Processo Penal.

288 • [art. 587 do CPP] • Nega-se provimento a agravo para subida de recurso extraordinário, quando faltar no traslado o despacho agravado, a decisão recorrida, a petição de recurso extraordinário ou qualquer peça essencial à compreensão da controvérsia.

293 • [art. 609 do CPP] • São inadmissíveis embargos infringentes contra decisão em matéria constitucional submetida ao plenário dos Tribunais.

310 • [arts. 392; e 798, § 1º, do CPP] • Quando a intimação tiver lugar na sexta-feira, ou a publicação com efeito de intimação for feita nesse dia, o prazo judicial terá início na segunda-feira imediata, salvo se não houver expediente, caso em que começará no primeiro dia útil que se seguir.

319 • [art. 586 do CPP] • O prazo do recurso ordinário para o Supremo Tribunal Federal, em *habeas corpus* ou mandado de segurança, é de 5 (cinco) dias.

320 • [arts. 575, 578 e 593 do CPP] • A apelação despachada pelo juiz no prazo legal não fica prejudicada pela demora da juntada, por culpa do cartório.

322 • [art. 574 do CPP] • Não terá seguimento pedido ou recurso dirigido ao Supremo Tribunal Federal, quando manifestamente incabível, ou apresentado fora do prazo, ou quando for evidente a incompetência do Tribunal.

344 • [art. 574, I, do CPP] • Sentença de primeira instância concessiva de *habeas corpus*, em caso de crime praticado em detrimento de bens, serviços ou interesses da União, está sujeita a recurso *ex officio*.

351 • [arts. 351, 360 e 361 do CPP] • É nula a citação por edital de réu preso na mesma unidade da Federação em que o juiz exerce a sua jurisdição.

352 • [arts. 262; 564, III, "c"; e 566 do CPP] • Não é nulo o processo penal por falta de nomeação de curador ao réu menor que teve a assistência de defensor dativo.

366 • [arts. 361, 365 e 566 do CPP] • Não é nula a citação por edital que indica o dispositivo da lei penal, embora não transcreva a denúncia ou queixa, ou não resuma os fatos em que se baseia.

393 • [art. 622 do CPP] • Para requerer revisão criminal, o condenado não é obrigado a recolher-se à prisão.

395 • [art. 647 do CPP] • Não se conhece de recurso de *habeas corpus* cujo objeto seja resolver sobre o ônus das custas, por não estar mais em causa a liberdade de locomoção.

396 • [art. 85 do CPP] • Para a ação penal por ofensa à honra, sendo admissível a exceção da verdade quanto ao desempenho de função pública, prevalece a competência especial por prerrogativa de função, ainda que já tenha cessado o exercício funcional do ofendido.

397 • [arts. 4º, parágrafo único; 301; e 307 do CPP] • O poder de polícia da Câmara dos Deputados e do Senado Federal, em caso de crime cometido nas suas dependências, compreende, consoante o regimento, a prisão em flagrante do acusado e a realização do inquérito.

422 • [art. 386, parágrafo único, III, do CPP] • A absolvição criminal não prejudica a medida de segurança, quando couber, ainda que importe privação da liberdade.

423 • [arts. 564, III, "n"; 574; e 581, X, do CPP] • Não transita em julgado a sentença por haver omitido o recurso *ex officio*, que se considera interposto *ex lege*.

428 • [arts. 575, 578 e 593 do CPP] • Não fica prejudicada a apelação entregue em cartório no prazo legal, embora despachada tardiamente.

431 • [arts. 563; 612; 647; 660, § 2º; e 664 do CPP] • É nulo o julgamento de recurso criminal, na segunda instância, sem prévia intimação, ou publicação da pauta, salvo em *habeas corpus*.

448 • [arts. 268 a 273 e 577 do CPP] • O prazo para o assistente recorrer, supletivamente, começa a correr imediatamente após o transcurso do prazo do Ministério Público.

451 • [arts. 84 e 86 do CPP] • A competência especial por prerrogativa de função não se estende ao crime cometido após a cessação definitiva do exercício funcional.

453 • [arts. 384, 617 e 626 do CPP] • Não se aplicam à segunda instância o art. 384 e parágrafo único do Código de Processo Penal*, que possibilitam dar nova definição jurídica ao fato delituoso, em virtude de circunstância elementar não contida, explícita ou implicitamente, na denúncia ou queixa.
- Atual art. 384 e §§, ante as alterações promovidas pela Lei nº 11.719/2008.

491 • [arts. 63 e 64 do CPP] • É indenizável o acidente que cause a morte de filho menor, ainda que não exerça trabalho remunerado.

498 • [art. 74 do CPP] • Compete à Justiça dos Estados, em ambas as instâncias, o processo e o julgamento dos crimes contra a economia popular.

520 • [arts. 777 do CPP; e 176 da LEP] • Não exige a lei que, para requerer o exame a que se refere o art. 777 do Código de Processo Penal, tenha o sentenciado cumprido mais de metade do prazo da medida de segurança imposta.

521 • [art 70, *caput*, do CPP] • O foro competente para o processo e julgamento dos crimes de estelionato, sob a modalidade da emissão dolosa de cheque sem provisão de fundos, é o do local onde se deu a recusa do pagamento pelo sacado.

522 • [arts. 74 e 88 do CPP] • Salvo ocorrência de tráfico para o Exterior, quando, então, a competência será da Justiça Federal, compete à Justiça dos Estados o processo e julgamento dos crimes relativos a entorpecentes.

523 • [arts. 185; 222, § 3º; 261; 456; 563; 564, III, "c"; 571; e 796 do CPP] • No processo penal, a falta da defesa constitui nulidade absoluta, mas a sua deficiência só o anulará se houver prova de prejuízo para o réu.

524 • [arts. 18, 28, 67 e 395 do CPP] • Arquivado o inquérito policial, por despacho do juiz, a requerimento do promotor de justiça, não pode a ação penal ser iniciada, sem novas provas.

525 • [arts. 386, parágrafo único, III; e 617 do CPP] • A medida de segurança não será aplicada em segunda instância, quando só o réu tenha recorrido.

562 • [art. 63 do CPP] • Na indenização de danos materiais decorrentes de ato ilícito cabe a atualização de seu valor, utilizando-se, para esse fim, dentre outros critérios, dos índices de correção monetária.

594 • [arts. 5º, § 5º; 24, § 1º; e 34 do CPP] • Os direitos de queixa e de representação podem ser exercidos, independentemente, pelo ofendido ou por seu representante legal.

601 • [art. 26 do CPP] • Os arts. 3º, II, e 55 da Lei Complementar nº 40/1981 (Lei Orgânica do Ministério Público) não revogaram a legislação anterior que atribui a iniciativa para a ação penal pública, no processo sumário, ao juiz ou à autoridade policial, mediante Portaria ou Auto de Prisão em Flagrante.

602 • [art. 637 do CPP] • Nas causas criminais, o prazo de interposição de Recurso Extraordinário é de 10 (dez) dias.

603 • [arts. 74 e 419 do CPP] • A competência para o processo e julgamento de latrocínio é do Juiz singular e não do Tribunal do Júri.

606 • [art. 647 do CPP] • Não cabe *habeas corpus* originário para o Tribunal Pleno de decisão de Turma, ou do Plenário, proferida em *habeas corpus* ou no respectivo recurso.

608 • [art. 24 do CPP] • No crime de estupro, praticado mediante violência real, a ação penal é pública incondicionada. (art. 213, *caput*, 225)

609 • [art. 24 do CPP] • É pública incondicionada a ação penal por crime de sonegação fiscal.

611 • [arts. 13 da LICPP; 621, III, do CPP; e 66, I, da LEP] • Transitada em julgado a sentença condenatória, compete ao Juízo das execuções a aplicação de lei mais benigna.

693 • [art. 647 do CPP] • Não cabe *habeas corpus* contra decisão condenatória a pena de multa, ou relativo a processo em curso por infração penal a que a pena pecuniária seja a única cominada.

694 • [art. 647 do CPP] • Não cabe *habeas corpus* contra a imposição da pena de exclusão de militar ou de perda de patente ou de função pública.

695 • [arts. 647 e 659 do CPP] • Não cabe *habeas corpus* quando já extinta a pena privativa de liberdade.

696 • [arts. 28; e 383, § 1º, do CPP] • Reunidos os pressupostos legais permissivos da suspensão condicional do processo, mas se recusando o Promotor de Justiça a propô-la, o Juiz, dissentindo, remeterá a questão ao Procurador-Geral, aplicando-se por analogia o art. 28 do Código de Processo Penal.

698 • [art. 66, III, "b", da LEP] • Não se estende aos demais crimes hediondos a admissibilidade de progressão no regime de execução da pena aplicada ao crime de tortura.

700 • [art. 586 do CPP]; e art. 197 da LEP] • É de 5 (cinco) dias o prazo para interposição de agravo contra decisão do juiz da execução penal.

704 • [arts. 76, 77 e 79 do CPP] • Não viola as garantias do juiz natural, da ampla defesa e do devido processo legal a atração por continência ou conexão do processo do corréu ao foro por prerrogativa de função de um dos denunciados.

705 • [art. 575 do CPP] • A renúncia do réu ao direito de apelação, manifestada sem a assistência do defensor, não impede o conhecimento da apelação por este interposta.

706 • [arts. 75 e 83 do CPP] • É relativa a nulidade decorrente da inobservância da competência penal por prevenção.

707 • [arts. 395; 563; 564, III, "e"; e 588 do CPP] • Constitui nulidade a falta de intimação do denunciado para oferecer contrarrazões ao recurso interposto da rejeição da denúncia, não a suprindo a nomeação de defensor dativo.

708 • [arts. 261; e 564, III, "c" e "e", do CPP] • É nulo o julgamento da apelação se, após a manifestação nos autos da renúncia do único defensor, o réu não foi previamente intimado para constituir outro.

709 • [art. 395 do CPP] • Salvo quando nula a decisão de primeiro grau, o acórdão que provê o recurso contra a rejeição da denúncia vale, desde logo, pelo recebimento dela.

710 • [arts. 382; 392; 406, § 1º; e 798, § 2º, do CPP] • No processo penal, contam-se os prazos da data da intimação, e não da juntada aos autos do mandado ou da carta precatória ou de ordem.

712 • [arts. 411; 413; e 564, III, "g", do CPP] • É nula a decisão que determina o desaforamento de processo da competência do júri sem audiência da defesa.

713 • [arts. 593, 597 e 598 do CPP] • O efeito devolutivo da apelação contra decisões do Júri é adstrito aos fundamentos da sua interposição.

714 • [art. 24 do CPP] • É concorrente a legitimidade do ofendido, mediante queixa, e do Ministério Público, condicionada à representação do ofendido, para a ação penal por crime contra a honra de servidor público em razão do exercício de suas funções.

715 • [art. 131 da LEP] • A pena unificada para atender ao limite de 30 (trinta) anos de cumprimento, determinado pelo art. 75 do Código Penal, não é considerada para a concessão de outros benefícios, como o livramento condicional ou regime mais favorável de execução.

716 • [art. 387, I, do CPP] • Admite-se a progressão de regime de cumprimento da pena ou a aplicação imediata de regime menos severo nela determinada, antes do trânsito em julgado da sentença condenatória.

717 • [arts. 295 do CPP; e 111 da LEP] • Não impede a progressão de regime de execução da pena, fixada em sentença não transitada em julgado, o fato de o réu se encontrar em prisão especial.

718 • [art. 110 da LEP] • A opinião do julgador sobre a gravidade em abstrato do crime não constitui motivação idônea para a imposição de regime mais severo do que o permitido segundo a pena aplicada.

719 • [art. 110 da LEP] • A imposição do regime de cumprimento mais severo do que a pena aplicada permitir exige motivação idônea.

721 • [art. 74 do CPP] • A competência constitucional do Tribunal do Júri prevalece sobre o foro por prerrogativa de função estabelecido exclusivamente pela Constituição estadual.

723 • [art. 383, § 1º, do CPP] • Não se admite a suspensão condicional do processo por crime continuado, se a soma da pena mínima da infração mais grave com o aumento mínimo de um sexto for superior a um ano.

Anexo II
SÚMULAS VINCULANTES
DO SUPREMO TRIBUNAL FEDERAL

Disponíveis em: https://portal.stf.jus.br/jurisprudencia/sumariosumulas.asp?base=26.
Acesso em: 21.3.2025. (Atualizadas até a Súmula Vinculante 62.)

5 • [art. 59, *caput*, da LEP] • A falta de defesa técnica por advogado no processo administrativo disciplinar não ofende a Constituição.

9 • [arts. 58, *caput*; e 127 da LEP] • O disposto no art. 127 da Lei nº 7.210/1984 (Lei de Execução Penal) foi recebido pela ordem constitucional vigente, e não se lhe aplica o limite temporal previsto no *caput* do art. 58.

11 • [arts. 284; 293; e 474, § 3º, do CPP; e 199 da LEP] • Só é lícito o uso de algemas em casos de resistência e de fundado receio de fuga ou de perigo à integridade física própria ou alheia, por parte do preso ou de terceiros, justificada a excepcionalidade por escrito, sob pena de responsabilidade disciplinar, civil e penal do agente ou da autoridade e de nulidade da prisão ou do ato processual a que se refere, sem prejuízo da responsabilidade civil do Estado.

14 • [arts. 9º e 14 do CPP] • É direito do defensor, no interesse do representado, ter acesso amplo aos elementos de prova que, já documentados em procedimento investigatório realizado por órgão com competência de polícia judiciária, digam respeito ao exercício do direito de defesa.

26 • [arts. 8º, 66, II, "b"; e 112 da LEP] • Para efeito de progressão de regime no cumprimento de pena por crime hediondo, ou equiparado, o juízo da execução observará a inconstitucionalidade do art. 2º da Lei nº 8.072, de 25 de julho de 1990, sem prejuízo de avaliar se o condenado preenche, ou não, os requisitos objetivos e subjetivos do benefício, podendo determinar, para tal fim, de modo fundamentado, a realização de exame criminológico.

35 • [art. 76 da Lei nº 9.099/1995] • A homologação da transação penal prevista no artigo 76 da Lei nº 9.099/1995 não faz coisa julgada material e, descumpridas suas cláusulas, retoma-se a situação anterior, possibilitando-se ao Ministério Público a continuidade da persecução penal mediante oferecimento de denúncia ou requisição de inquérito policial.

36 • [art. 69, III, do CPP] • Compete à Justiça Federal comum processar e julgar civil denunciado pelos crimes de falsificação e de uso de documento falso quando se tratar de falsificação da Caderneta de Inscrição e Registro (CIR) ou de Carteira de Habilitação de Amador (CHA), ainda que expedidas pela Marinha do Brasil (arts. 296 a 305).

56 • [arts. 282 ss. do CPP] • A falta de estabelecimento penal adequado não autoriza a manutenção do condenado em regime prisional mais gravoso, devendo-se observar, nessa hipótese, os parâmetros fixados no RE 641.320/RS.

Anexo III
TEMAS COM REPERCUSSÃO GERAL
DO SUPREMO TRIBUNAL FEDERAL

Disponíveis em: https://portal.stf.jus.br/jurisprudenciaRepercussao/pesquisarProcesso.asp.
Acesso em: 21.3.2025. (Com 711 teses com trânsito em julgado.)

154 • [arts. 647 ss. do CPP] • Qualquer decisão do Poder Judiciário que rejeite denúncia, que impronuncie ou absolva, sumariamente, os réus ou, ainda, que ordene a extinção, em sede de "*habeas corpus*", de procedimentos penais não transgride o monopólio constitucional da ação penal pública (CF, art. 129, I) nem ofende os postulados do juiz natural (CF, art. 5º, inciso LIII) e da soberania do veredicto do Júri (CF, art. 5º, inciso XXXVIII, "c").

170 • [arts. 70 ss. do CPP] • Não viola o postulado constitucional do juiz natural o julgamento de apelação por órgão composto majoritariamente por juízes convocados, autorizado no âmbito da Justiça Federal pela Lei nº 9.788/1999.

237 • [art. 157 do CPP] • É lícita a prova consistente em gravação ambiental realizada por um dos interlocutores sem conhecimento do outro.

238 • [art. 28-A do CPP] • A homologação da transação penal prevista no artigo 76 da Lei nº 9.099/1995 não faz coisa julgada material e, descumpridas suas cláusulas, retoma-se a situação anterior, possibilitando-se ao Ministério Público a continuidade da persecução penal mediante oferecimento de denúncia ou requisição de inquérito policial.

240 • [arts. 563 ss. do CPP] • Inexiste nulidade pela ausência, em oitiva de testemunha por carta precatória, de réu preso que não manifestou expressamente intenção de participar da audiência.

280 • [art. 301 do CPP] • A entrada forçada em domicílio sem mandado judicial só é lícita, mesmo em período noturno, quando amparada em fundadas razões, devidamente justificadas *a posteriori*, que indiquem que dentro da casa ocorre situação de flagrante delito, sob pena de responsabilidade disciplinar, civil e penal do agente ou da autoridade, e de nulidade dos atos praticados.

371 • [arts. 734 ss. do CPP] • Reveste-se de legitimidade jurídica a concessão, pelo Presidente da República, do benefício constitucional do indulto (CF, art. 84, XII), que traduz expressão do poder de graça do Estado, mesmo se se tratar de indulgência destinada a favorecer pessoa que, em razão de sua inimputabilidade ou semi-imputabilidade, sofre medida de segurança, ainda que de caráter pessoal e detentivo.

423 • [arts. 110 ss. da LEP] • I – A falta de estabelecimento penal adequado não autoriza a manutenção do condenado em regime prisional mais gravoso;

II – Os juízes da execução penal poderão avaliar os estabelecimentos destinados aos regimes semiaberto e aberto, para qualificação como adequados a tais regimes. São aceitáveis estabelecimentos que não se qualifiquem como "colônia agrícola, industrial" (regime semiaberto) ou "casa de albergado ou estabelecimento adequado" (regime aberto) (art. 33, §1º, alíneas "b" e "c");

III – Havendo déficit de vagas, deverá determinar-se: (i) a saída antecipada de sentenciado no regime com falta de vagas; (ii) a liberdade eletronicamente monitorada ao sentenciado que sai antecipadamente ou é posto em prisão domiciliar por falta de vagas; (iii) o cumprimento de penas restritivas de direito e/ou estudo ao sentenciado que progride ao regime aberto. Até que sejam estruturadas as medidas alternativas propostas, poderá ser deferida a prisão domiciliar ao sentenciado.

438 • [art. 366 do CPP; e art. 109 do CP] • Em caso de inatividade processual decorrente de citação por edital, ressalvados os crimes previstos na Constituição Federal como imprescritíveis, é constitucional limitar o período de suspensão do prazo prescricional ao tempo de prescrição da pena máxima em abstrato cominada ao crime, a despeito de o processo permanecer suspenso.

453 • [arts. 84 ss. do CPP] • O foro especial por prerrogativa de função não se estende a magistrados aposentados.

613 • [art. 362 do CPP] • 1. É constitucional a citação por hora certa, prevista no art. 362 do Código de Processo Penal.

2. A ocultação do réu para ser citado infringe cláusulas constitucionais do devido processo legal e viola as garantias constitucionais do acesso à justiça e da razoável duração do processo.

648 • [art. 70 do CPP] • Compete à Justiça Federal processar e julgar o crime ambiental de caráter transnacional que envolva animais silvestres, ameaçados de extinção e espécimes exóticas ou protegidas por compromissos internacionais assumidos pelo Brasil.

758 • [art. 52 da LEP] • O reconhecimento de falta grave consistente na prática de fato definido como crime doloso no curso da execução penal dispensa o trânsito em julgado da condenação criminal no juízo do conhecimento, desde que a apuração do ilícito disciplinar ocorra com observância do devido processo legal, do contraditório e da ampla defesa, podendo a instrução em sede executiva ser suprida por sentença criminal condenatória que verse sobre a materialidade, a autoria e as circunstâncias do crime correspondente à falta grave.

1.169 • [art. 112 da LEP] • Tendo em vista a legalidade e a taxatividade da norma penal (art. 5º, XXXIX, CF), a alteração promovida pela Lei nº 13.964/2019 no art. 112 da LEP não autoriza a incidência do percentual de 60% (inc. VII) aos condenados reincidentes não específicos para o fim de progressão de regime. Diante da omissão legislativa, impõe-se a analogia *in bonam partem*, para aplicação, inclusive retroativa, do inciso V do artigo 112 da LEP (lapso temporal de 40%) ao condenado por crime hediondo ou equiparado sem resultado morte reincidente não específico.

Anexo IV
SÚMULAS DO
SUPERIOR TRIBUNAL DE JUSTIÇA

Disponíveis em: https://scon.stj.jus.br/SCON/pesquisar.jsp?b=SUMU&tipo=sumula.
Acesso em: 21.3.2025. (Atualizadas até a Súmula 676.)

21 • [arts. 311; 413, § 3º; e 428, § 2º, do CPP] • Pronunciado o réu, fica superada a alegação do constrangimento ilegal da prisão por excesso de prazo na instrução.

33 • [arts. 108; 109; e 581, II, do CPP] • A incompetência relativa não pode ser declarada de ofício.

37 • [art. 63 do CPP] • São cumuláveis as indenizações por dano material e dano moral oriundos do mesmo fato.

38 • [art. 74 do CPP] • Compete à Justiça Estadual comum, na vigência da Constituição de 1988, o processo por contravenção penal, ainda que praticada em detrimento de bens, serviços ou interesse da União ou de suas Entidades.

40 • [arts. 36; 37; e 123, II, da LEP] • Para obtenção dos benefícios de saída temporária e trabalho externo, considera-se o tempo de cumprimento da pena no regime fechado.

42 • [arts. 69, III; e 74 do CPP] • Compete à Justiça Comum Estadual processar e julgar as causas cíveis em que é parte sociedade de economia mista e os crimes praticados em seu detrimento.

47 • [art. 74 do CPP] • Compete à Justiça Militar processar e julgar crime cometido por militar contra civil, com emprego de arma pertencente à corporação, mesmo não estando em serviço.

48 • [art. 74 do CPP] • Compete ao juízo do local da obtenção da vantagem ilícita processar e julgar crime de estelionato cometido mediante falsificação de cheque.

52 • [art. 311 do CPP] • Encerrada a instrução criminal, fica superada a alegação de constrangimento por excesso prazo.

53 • [art. 74 do CPP] • Compete à Justiça Comum Estadual processar e julgar civil acusado de prática de crime contra instituições militares estaduais.

59 • [arts. 113 a 115 do CPP] • Não há conflito de competência se já existe sentença com trânsito em julgado, proferida por um dos juízos conflitantes.

62 • [art. 74 do CPP] • Compete à Justiça Estadual processar e julgar o crime de falsa anotação na carteira de trabalho e Previdência Social, atribuído a empresa privada.

64 • [arts. 311; e 428, § 1º, do CPP] • Não constitui constrangimento ilegal o excesso de prazo na instrução, provocado pela defesa.

73 • [art. 74 do CPP] • A utilização de papel moeda grosseiramente falsificado configura, em tese, o crime de estelionato, da competência da Justiça Estadual.

74 • [art. 155, parágrafo único, do CPP] • Para efeitos penais, o reconhecimento da menoridade do réu requer prova por documento hábil.

75 • [art. 74 do CPP] • Compete à Justiça Comum Estadual processar e julgar o policial militar por crime de promover ou facilitar a fuga de preso de estabelecimento penal.

81 • [art. 339 do CPP] • Não se concede fiança quando, em concurso material, a soma das penas mínimas cominadas for superior a 2 (dois) anos de reclusão.

104 • [art. 74 do CPP] • Compete à Justiça Estadual o processo e julgamento dos crimes de falsificação e uso de documento falso relativo ao estabelecimento particular de ensino.

122 • [arts. 69, III; e 78, II, "a", III e IV, do CPP] • Compete à Justiça Federal o processo e julgamento unificado dos crimes conexos de competência Federal e Estadual, não se aplicando a regra do art. 78, II, "a", do Código de Processo Penal.

140 • [arts. 69, III; e 74 do CPP] • Compete à Justiça Comum Estadual processor e julgar crime em que o indígena figure como autor ou vítima.

147 • [art. 74 do CPP] • Compete à Justiça Federal processar e julgar os crimes praticados contra funcionário público federal, quando relacionados com o exercício da função.

151 • [art. 71 do CPP] • A competência para o processo e julgamento por crime de contrabando ou descaminho define-se pela prevenção do juízo federal do lugar da apreensão dos bens.

165 • [arts. 69, III; 74; e 211 do CPP] • Compete à Justiça Federal processar e julgar crime de falso testemunho cometido no processo trabalhista.

172 • [art. 74 do CPP] • Compete à Justiça Comum processar e julgar militar por crime de abuso de autoridade, ainda que praticado em serviço.

191 • [art. 413 do CPP] • A pronúncia é causa interruptiva da prescrição, ainda que o Tribunal do Júri venha a desclassificar o crime.

192 • [arts. 2º, 65 e 194 da LEP] • Compete ao juízo das execuções penais do estado a execução das penas impostas a sentenciados pela Justiça Federal, Militar ou Eleitoral, quando recolhidos a estabelecimentos sujeitos a administração estadual.

200 • [art. 69, I, do CPP] • O Juízo Federal competente para processo e julgar acusado de crime de uso de passaporte falso é o do lugar onde o delito se consumou.

208 • [arts. 69, III; e 74 do CPP] • Compete à Justiça Federal processar e julgar Prefeito Municipal por desvio de verba sujeita a prestação de contas perante órgão federal.

209 • [arts. 69, III; e 74 do CPP] • Compete à Justiça Estadual processar e julga Prefeito por desvio de verba transferida e incorporada ao patrimônio municipal.

234 • [arts. 79; 95, I; 104; e 258 do CPP] • A participação de membro do Ministério Público na fase investigatória criminal não acarreta o seu impedimento ou suspeição para o oferecimento da denúncia.

235 • [art. 82 do CPP] • A conexão não determina a reunião dos processos, se um deles já foi julgado.

241 • [art. 387, I, do CPP] • A reincidência penal não pode ser considerada como circuntância agravante e, simultaneamente, como circunstância judicial.

243 • [art. 383, § 1º, do CPP] • O benefício da suspensão do processo não é aplicável em relação às infrações penais cometidas em concurso material, concurso formal ou continuidade delitiva, quando a pena mínima cominada, seja pelo somatório, seja pela incidência da majorante, ultrapassar o limite de 1 (um) ano.

244 • [art. 70 do CPP] • Compete ao foro do local da recusa processar e julgar o crime de estelionato mediante cheque sem provisão de fundos. (art. 171, § 2º, VI)

265 • [art. 66, III, "b", da LEP] • É necessária a oitiva do menor infrator antes de decretar-se a regressão da medida socioeducativa.

267 • [art. 637 do CPP] • A interposição de recurso, sem efeito suspensivo, contra decisão condenatória não obsta a expedição de mandado de prisão.

269 • [art. 110 da LEP] • É admissível a adoção do regime prisional semiaberto aos reincidentes condenados a pena igual ou inferior a 4 (quatro) anos se favoráveis as circunstâncias judiciais.

273 • [arts. 222 e 354 do CPP] • Intimada a defesa da expedição da carta precatória, torna-se desnecessária intimação da data da audiência no juízo deprecado.

330 • [art. 514 do CPP] • É desnecessária a resposta preliminar de que trata o art. 514 do Código de Processo Penal, na ação penal instruída por inquérito policial.

337 • [art. 383, § 1º, do CPP] • É cabível a suspensão condicional do processo na desclassificação do crime e na procedência parcial a pretensão punitiva.

341 • [art. 126 da LEP] • A frequência a curso de ensino formal é causa de remição de parte do tempo de execução de pena sob regime fechado ou semiaberto.

347 • [art. 387, § 1º, do CPP] • O conhecimento de recurso de apelação do réu independe de sua prisão.

376 • [art. 74 do CPP] • Compete a turma recursal processar e julgar o mandado de segurança contra ato de juizado especial.

415 • [art. 366 do CPP] • O período de suspensão do prazo prescricional é regulado pelo máximo da pena cominada.

428 • [art. 113 do CPP] • Compete ao Tribunal Regional Federal decidir os conflitos de competência entre juizado especial federal e juízo federal da mesma seção judiciária.

439 • [art. 8º da LEP] • Admite-se o exame criminológico pelas peculiaridades do caso, desde que em decisão motivada.

440 • [arts. 387, I, do CPP; e 110 da LEP] • Fixada a pena-base no mínimo legal, é vedado o estabelecimento de regime prisional mais gravoso do que o cabível em razão da sanção imposta, com base apenas na gravidade abstrata do delito.

441 • [arts. 118, I; e 131 da LEP] • A falta grave não interrompe o prazo para obtenção de livramento condicional.

444 • [arts. 4º; e 387, I, do CPP] • É vedada a utilização de inquéritos policiais e ações penais em curso para agravar a pena-base.

455 • [art. 366 do CPP] • A decisão que determina a produção antecipada de provas com base no art. 366 do CPP deve ser concretamente fundamentada, não a justificando unicamente o mero decurso do tempo.

471 • [art. 112 da LEP] • Os condenados por crimes hediondos ou assemelhados cometidos antes da vigência da Lei nº 11.464/2007 sujeitam-se ao disposto no art. 112 da Lei nº 7.210/1984 (Lei de Execução Penal) para a progressão de regime prisional.

491 • [arts. 66, III, "b"; e 112 da LEP] • É inadmissível a chamada progressão *per saltum* de regime prisional.

520 • [art. 66, IV, da LEP] • O benefício de saída temporária no âmbito da execução penal é ato jurisdicional insuscetível de delegação à autoridade administrativa do estabelecimento prisional.

526 • [arts. 52; e 118, I, da LEP] • O reconhecimento de falta grave decorrente do cometimento de fato definido como crime doloso no cumprimento da pena prescinde do trânsito em julgado de sentença penal condenatória no processo penal instaurado para apuração do fato.

527 • [art. 171 da LEP] • O tempo de duração da medida de segurança não deve ultrapassar o limite máximo da pena abstratamente cominada ao delito praticado.

528 • [art. 70 do CPP] • Compete ao juiz federal do local da apreensão da droga remetida do exterior pela via postal processar e julgar o crime de tráfico internacional.

533 • [arts. 15 e 59 da LEP] • Para o reconhecimento da prática de falta disciplinar no âmbito da execução penal, é imprescindível a instauração de procedimento administrativo pelo diretor do estabelecimento prisional, assegurado o direito de defesa, a ser realizado por advogado constituído ou defensor público nomeado.

534 • [art. 118, I, da LEP] • A prática de falta grave interrompe a contagem do prazo para a progressão de regime de cumprimento de pena, o qual se reinicia a partir do cometimento dessa infração.

535 • [arts. 118, I; 127; e 142 da LEP] • A prática de falta grave não interrompe o prazo para fim de comutação de pena ou indulto.

542 • [art. 24 do CPP] • A ação penal relativa ao crime de lesão corporal resultante de violência doméstica contra a mulher é pública incondicionada.

546 • [art. 70 do CPP] • A competência para processar e julgar o crime de uso de documento falso é firmada em razão da entidade ou órgão ao qual foi apresentado o documento público, não importando a qualificação do órgão expedidor.

562 • [art. 126 da LEP] • É possível a remição de parte do tempo de execução da pena quando o condenado, em regime fechado ou semiaberto, desempenha atividade laborativa, ainda que extramuros.

604 • [arts. 581, 584, 593 e 597 do CPP]; e art. 197 da LEP] • O mandado de segurança não se presta para atribuir efeito suspensivo a recurso criminal interposto pelo Ministério Público.

617 • [arts. 145 e 146 da LEP] • A ausência de suspensão ou revogação do livramento condicional antes do término do período de prova enseja a extinção da punibilidade pelo integral cumprimento da pena.

631 • [art. 192 da LEP] • O indulto extingue os efeitos primários da condenação (pretensão executória), mas não atinge os efeitos secundários, penais ou extrapenais.

639 • [Lei nº 11.671/2008] • Não fere o contraditório e o devido processo decisão que, sem ouvida prévia da defesa, determine transferência ou permanência de custodiado em estabelecimento penitenciário federal.

643 • [art. 1º da LEP] • A execução da pena restritiva de direitos depende do trânsito em julgado da condenação.

648 • [art. 647 do CPP] • A superveniência da sentença condenatória prejudica o pedido de trancamento da ação penal por falta de justa causa feito em *habeas corpus*.

660 • [arts. 50 e 51 da LEP] • A posse, pelo apenado, de aparelho celular ou de seus componentes essenciais constitui falta grave.

661 • [arts. 50 e 51 da LEP] • A falta grave prescinde da perícia do celular apreendido ou de seus componentes essenciais.

662 • [Lei nº 11.671/2008] • Para a prorrogação do prazo de permanência no sistema penitenciário federal, é prescindível a ocorrência de fato novo; basta constar, em decisão fundamentada, a persistência dos motivos que ensejaram a transferência inicial do preso.

667 • [art. 89 da Lei nº 9.099/1995] • Eventual aceitação de proposta de suspensão condicional do processo não prejudica a análise do pedido de trancamento de ação penal.

676 • [art. 311 do CPP] • Em razão da Lei nº 13.964/2019, não é mais possível ao juiz, de ofício, decretar ou converter prisão em flagrante em prisão preventiva.

ÍNDICE REMISSIVO

AÇÃO CIVIL: arts. 63 a 68
- Coisa julgada no cível: art. 65
- De sentença absolutória, possibilidade: arts. 66 e 67, III
- Decisão que julgar extinta a punibilidade: art. 67, II
- Despacho de arquivamento de inquérito, possibilidade: art. 67, I
- Juízo competente: art. 64
- Representação do titular do direito pobre: art. 68
- Termo inicial para propor: art. 63

AÇÃO PENAL: arts. 24 a 62
- Capacidade para provocar a iniciativa do MP: art. 27
- Conflito de jurisdição: arts. 113 a 117
- Denúncia do MP: art. 24, *caput*; e 41
- Direito de representação: art. 24, § 1º; e 39
- Em detrimento do patrimônio ou interesse público: art. 24, § 2º
- Exercício da por fundações, associações ou sociedades: art. 37
- Extinção da punibilidade: arts. 61 e 62
- Incidente de falsidade documental: arts. 145 a 148
- Incompatibilidades e impedimentos: art. 112
- Início nas contravenções: art. 26
- Insanidade mental do acusado: arts. 149 a 154
- Irretratabilidade da representação: art. 25
- Medidas assecuratórias: *vide* Sequestro de bens imóveis e Hipoteca legal
- MP impossibilidade de desistência: art. 42
- Perdão: arts. 51 a 59
- Perempção: art. 60
- Prazo para oferecimento da denúncia: art. 46
- Privada: arts. 29 a 36; e 38
- Queixa: arts. 41, 44, 45 e 48
- Remessa ao MP para denúncia: art. 40
- Renúncia ao exercício do direito de queixa: arts. 49 e 50
- Requisição de esclarecimentos e documentos: art. 47
- Suspensão da: arts. 92 a 94

Vide: Exceções; Prova; Restituição de coisas apreendidas

ACAREAÇÃO
- Admissão: art. 229
- Ausência de testemunha: art. 230

ACUSADO
- Condução para interrogatório: art. 260
- Defensor, nomeação: art. 263
- Defensor, obrigatoriedade: art. 261
- Impossibilidade de identificação não impede ação penal se certa a identidade física: art. 259
- Menor: art. 262

APLICAÇÃO DE MEDIDA DE SEGURANÇA POR FATO NÃO CRIMINOSO: arts. 549 a 555

APLICAÇÃO PROVISÓRIA DE INTERDIÇÕES DE DIREITOS
- Aplicabilidade da medida após trânsito em julgado da sentença condenatória: art. 377
- Cessação: art. 376
- Fundamentação, necessidade: art. 375
- Impossibilidade de recurso: art. 374
- Requisitos: art. 373

APLICAÇÃO PROVISÓRIA DE MEDIDA DE SEGURANÇA
• Aplicabilidade da medida após trânsito em julgado da sentença condenatória: art. 379
• Óbice à concessão de fiança: art. 380
• Requisitos: art. 378
• Torna sem efeito medida anteriormente concedida: art. 380

ASSISTENTE TÉCNICO: arts. 268 a 273
• Ação pública, quem pode intervir como: art. 268
• Admissão, até quando: art. 269
• Atuação, a partir de: art. 159, § 4º
• Corréu, impossibilidade de ser: art. 270
• Impossibilidade de recurso do despacho: art. 273
• Indicação do: art. 159, § 3º
• Legitimado a: art. 271
• Ministério Público, ouvido previamente: art. 272

ATOS DE INSTRUÇÃO OU JULGAMENTO
• Regras gerais: arts. 796 e 797

AUDIÊNCIAS
• Regras gerais: arts. 791 a 795

AUTÓPSIA: arts. 162 a 167
• Exumação: art. 163
• Fotos do cadáver, obrigatoriedade: art. 164
• Prazo para início da realização: art. 162
• Prova testemunhal: art. 167
• Reconhecimento do cadáver: art. 166
• Representação das lesões no laudo: art. 165
• Simples exame externo do cadáver: art. 162, parágrafo único

AUTORIDADE ESTRANGEIRA
• Autenticidade dos documentos: art. 782
• Carta rogatória: arts. 780, e 783 a 786
• Determinações contrárias à ordem pública: art. 781
• Homologação de sentenças penais estrangeiras: arts. 780, e 787 a 790

AUTOS DO PROCESSO
• Proibida retirada de cartório: art. 803

BOLETIM INDIVIDUAL: art. 809

BUSCA E APREENSÃO: arts. 240 a 250
• Apreensão de documento em poder do defensor: art. 243, § 2º
• Comunicação dos motivos da diligência: art. 247
• Determinação: art. 242
• Domiciliar: art. 240, § 1º
• Domiciliar, procedimentos: arts. 245, 246 e 248
• Em mulher: art. 249
• Jurisdição alheia: art. 250
• Lavratura de auto circunstanciado: art. 245, § 7º
• Mandado de: art. 243, *caput*
• Ordem de prisão: art. 243, § 1º
• Pessoal: art. 240, § 2º
• Pessoal, independente de mandado: art. 244
• Precedida de mandado: art. 241
• Tipos de: art. 240, *caput*

CADEIA DE CUSTÓDIA: arts. 158-A a 158-F
• Central de: art. 158-E, *caput*
• Definição: art. 158-A, *caput*
• Início da: art. 158-A, § 1º
• Material de, devolução à central: art. 158-F

- Preservação, responsabilidade: art. 158-A, § 2º
- Vestígio, acesso: art. 158-E, § 3º
- Vestígio, armazenamento: art. 158-E, § 1º
- Vestígio, coleta: art. 158-C
- Vestígio, definição: art. 158-A, § 3º
- Vestígio, protocolo: art. 158-E, § 2º
- Vestígio, rastreamento: art. 158-B
- Vestígio, recipiente para acondicionamento: art. 158-D
- Vestígio, registro: art. 158-E, § 4º

CITAÇÕES
- De funcionário público: art. 359
- De militar: art. 358
- De réu preso: art. 360
- Ocultamento: art. 362
- Por carta rogatória: art. 369
- Por edital: arts. 361, 365 e 366
- Por mandado: arts. 351 e 352
- Por precatória: arts. 353 e 356
- Requisitos: art. 357

COMPETÊNCIA: arts. 69 a 91
- Crimes cometidos em embarcação nas águas territoriais da República: art. 89
- Crimes praticados a bordo de aeronave nacional: art. 90
- Crimes praticados fora do território brasileiro: art. 88
- Determinação da: art. 69
- Incerta: art. 91
- Pela natureza da infração: art. 74
- Pela prerrogativa de função: arts. 84 a 87
- Pelo domicílio ou residência do réu: arts. 72 e 73
- Pelo lugar da infração: arts. 70 e 71
- Por conexão ou continência: arts. 76 a 82
- Por distribuição: art. 75
- Por prevenção: art. 83

CONFISSÃO: arts. 197 a 200
- Fora do interrogatório: art. 199
- Retratabilidade e divisibilidade: art. 200
- Silêncio do acusado: art. 198
- Valor da: art. 197

CRIMES CONTRA A PROPRIEDADE IMATERIAL
- Processo e julgamento dos: arts. 524 a 530-I

CRIMES DE CALÚNIA E INJÚRIA
- Processo e julgamento dos, competência juiz singular: arts. 519 a 523

CUSTAS
- Regras gerais: arts. 804 a 807

DEFENSOR
- Abandono de processo: art. 265
- Constituição de: art. 266
- Impedimentos: art. 267
- Indispensabilidade: art. 261
- Nomeação: art. 263
- Obrigação de prestar patrocínio: art. 264

DOCUMENTOS: arts. 231 a 238
- Apresentação em qualquer fase do processo: art. 231
- Conferência com o original: art. 237
- Definição: art. 232
- Em língua estrangeira: art. 236
- Exame pericial: art. 235
- Juntada independentemente de requerimento: art. 234
- Inadmissíveis: art. 233
- Originais, posterior traslado: art. 238

EXAME DE CORPO DE DELITO
- Complementar: art. 168
- Indispensabilidade: art. 158, *caput*
- Local e hora: art. 161

- Prioridade: art. 158, parágrafo único
- Realização do: art. 159
- Requisição ao diretor da repartição: art. 178
- Suprimento: art. 167

EXCEÇÕES: arts. 95 a 111
- Incompetência de juízo: arts. 108 e 109
- Litispendência: art. 110
- Processamento: art. 111
- Suspeição: arts. 96 a 107
- Tipos: art. 95

EXECUÇÃO
- Alvará de soltura: art. 670
- Anistia: art. 742
- Competência: art. 668
- Cômputo do tempo na pena privativa de liberdade: art. 672
- Das medidas de segurança: arts. 751 a 779
- Exceções ao trânsito em julgado: art. 669
- Graça: arts. 734 a 740
- Incidentes, competência para resolução: art. 571
- Indulto: art. 741
- Livramento condicional: arts. 710 a 733
- Penas acessórias: arts. 691 a 695
- Penas pecuniárias: arts. 686 a 690
- Penas privativas de liberdade: arts. 674 a 685
- Reabilitação: arts. 743 a 750
- Suspensão condicional da pena: arts. 696 a 709
- Término do tempo de prisão enquanto pendente apelação: art. 673

FIANÇA
- Cassação: arts. 338 e 339
- Concessão por autoridade policial: art. 322, *caput*
- Destinação da materialização: art. 336
- Liberdade provisória em substituição a: art. 350
- Livro para termos de fiança: art. 329
- Materialização da: art. 330
- Ministério Público: art. 333
- Não será concedida: arts. 323 e 324
- Perda do valor da: arts. 344 e 345
- Por hipoteca, execução: art. 348
- Por pedras, objetos e metais preciosos, venda: art. 349
- Prisão em flagrante, competência para concessão da: art. 332
- Quebra: arts. 341 a 343, e 346
- Recolhimento da: art. 331
- Recusa ou retardamento da: art. 335
- Reforço da: art. 340
- Requerimento ao Juiz: art. 322, parágrafo único
- Restituição: art. 337
- Réu afiançado, não pode se mudar: art. 328
- Saldo, devolução: art. 347
- Tempo para: art. 334
- Tomada por termo: art. 327
- Valor, critério para determinação: art. 326
- Valor, fixação: art. 325

FUNCIONÁRIOS DA JUSTIÇA
- Escrivão, falta do: art. 808
- Prescrição sobre suspeição: art. 274

FUNCIONÁRIOS PÚBLICOS
- Crimes de responsabilidade dos, processo e julgamento: arts. 513 a 518

HIPOTECA LEGAL
- Alienação antecipada: art. 144-A
- Arbitramento de valor: art. 135

- Arresto: arts. 136 e 137
- Autuação em apartado: art. 138
- Cancelamento e levantamento do arresto: art. 141
- Depósito e administração dos bens arrestados: art. 139
- Garantias alcançarão também as despesas processuais e as penas pecuniárias: art. 140
- Interesse da Fazenda Pública: art. 142
- Remessa ao juízo cível: arts. 143 e 144
- Requerimento pelo ofendido: art. 134

INDÍCIOS: art. 239

INQUÉRITO POLICIAL: arts. 4º a 23
- Arquivamento: art. 18
- Arquivamento, comunicação do: art. 28
- Constituição de defensor, caso específico: art. 14-A
- Devolução do inquérito pelo MP: art. 16
- Diligências em outra circunscrição: art. 22
- Impossibilidade de arquivamento pela autoridade policial: art. 17
- Incomunicabilidade do indiciado: art. 21
- Indiciado menor, nomeação de curador: art. 15
- Início: art. 5º
- Objetos do crime: art. 11
- Polícia judiciária, exercício: art. 4º
- Prazo: art. 10
- Prisão em flagrante: art. 8º
- Procedimentos: arts. 6º e 7; 13, e 23
- Processamento: arts. 9º e 12
- Proposta de acordo: art. 28-A
- Remessa para aguardo de iniciativa do ofendido: art. 19
- Requerimentos do ofendido e indiciado: art. 14
- Requisição de dados e informações cadastrais e disponibilização de meios técnicos para localização de pessoas: arts. 13-A e 13-B
- Sigilo: art. 20

INSTRUÇÃO CRIMINAL: arts. 394 a 405
- Alegações finais, após diligências: art. 404, parágrafo único
- Alegações finais, sem diligências: art. 403
- Audiência de instrução e julgamento: art. 400
- Audiência de instrução e julgamento, crimes contra a dignidade sexual: art. 400-A
- Audiência de instrução e julgamento, lavratura de termo: art. 405
- Denúncia ou queixa, absolvição sumária: art. 397
- Denúncia ou queixa, não rejeição: art. 396
- Denúncia ou queixa, recepção: art. 399
- Denúncia ou queixa, rejeição: art. 395
- Denúncia ou queixa, resposta: art. 396-A
- Diligência, determinada: art. 404
- Diligências, requerimento: art. 402
- Testemunhas, quantidade: art. 401

Vide: Procedimento comum

INTERROGATÓRIO: arts. 185 a 196
- Acusado negar a acusação: art. 189
- Acusado que comparecer perante autoridade judiciária: art. 185, *caput*, §§ 5º e 6º
- Confissão: art. 186, parágrafo único; art. 190
- De analfabeto: art. 195

- De estrangeiro: art. 193
- De surdo ou surdo-mudo: art. 192
- Direito de permanecer calado: art. 186, *caput*
- formulação de perguntas pelas partes: art. 188
- Informação sobre filhos: art. 185, § 10
- Mais de um acusado: art. 191
- Novo interrogatório, possibilidade: art. 196
- Outros atos processuais com presença do réu: art. 185, §§ 8º e 9º
- Partes: art. 187
- Requisição de réu preso: art. 185, § 7º
- Réu preso: art. 185, §§ 1º ao 6º

INTIMAÇÕES
- Acusados: art. 370
- Adiamento da instrução: art. 372
- Demais pessoas interessadas: art. 370
- Por despacho: art. 371
- Testemunhas: art. 370

JUIZ: arts. 251 a 256
- Cessão impedimento ou suspeição: art. 255
- Impedimentos: arts. 252 e 253
- Provedor da regularidade do processo: art. 251
- Suspeição: arts. 254 e 256

JUIZ DAS GARANTIAS: arts. 3º-A ao 3º F
- Competência: art. 3º-C
- Designação: art. 3º-E
- Dever do: art. 3º-F
- Impedimento: art. 3º-D
- Responsável pelo controle da legalidade da investigação criminal e pela salvaguarda dos direitos individuais: art. 3º-B

LAUDO PERICIAL: arts. 160; e 179, parágrafo único
- Laudo, inobservância formalidades: art. 181
- Laudo, juiz não adstrito ao: art. 182

LEI PROCESSUAL PENAL
- Aplicabilidade: art. 2º
- Interpretação extensa: art. 3º

LESÕES CORPORAIS
- Exame complementar: art. 168

LIBERDADE PROVISÓRIA: arts. 321 a 350
- Concessão, requisitos para: art. 321

Vide: Fiança

MANDADO DE PRISÃO
- Apresentação: art. 291
- Exibição a diretor ou carcereiro: art. 288
- Falta de exibição, possibilidade: art. 287
- Necessidade: arts. 285 e 286
- Registro: art. 289-A
- Reprodução para cumprimento: art. 297

MEDIDAS CAUTELARES
- Aplicação: art. 282, *caput*, e § 1º
- Descumprimento: art. 282, § 4º
- Diversas da prisão: arts. 319 e 320
- Intimação da parte contrária: art. 282, § 3º
- Prisão preventiva: *vide* Prisão
- Requerimento: art. 282, § 2º
- Revogação: art. 282, § 5º

MINISTÉRIO PÚBLICO: arts. 257 e 258
- Competência: art. 257
- Impedimentos: art. 258

NULIDADES
- Arguição, prazo: art. 571
- Arguição, sujeito ativo da: art. 565

- Citação, falta de: art. 570
- Considera-se sanada: art. 572
- Declaração: arts. 563 e 566
- Incompetência do juízo: art. 567
- Ocorrência: art. 564
- Omissões da denúncia ou da queixa: art. 569
- Por ilegitimidade do representante da parte: art. 568
- Renovação ou retificação dos atos não sanados: art. 573

OFENDIDO: art. 201

PERÍCIA: arts. 170 a 184
- Avaliação de coisas destruídas: art. 172
- Complexa, outros peritos: art. 159, § 7º
- Crimes com destruição ou rompimento de obstáculo: art. 171
- Crimes em que não couber ação pública: art. 183
- De laboratório: art. 170
- Incêndio: art. 173
- Instrumentos empregados na pratica da infração: art. 175
- Material probatório, disponibilização: art. 159, § 6º
- Negativa de: art. 184
- Partes, permissão de: art. 159, § 5º
- Por precatória: art. 177
- Quesitos, prazo para formulação: art. 176
- Reconhecimento de escritos: art. 174

PERITOS: arts. 275 a 280
- Aceitação do encargo: art. 277
- Condução: art. 278
- Divergência entre: art. 180
- Impedimentos: art. 279
- Não oficial: arts. 159, §§ 1º e 2º; e 179, *caput*
- Nomeação: art. 276
- Oficial: art. 159, *caput*
- Sujeição à disciplina judiciária: art. 275
- Suspeição: art. 280

PRAZOS
- Regras gerais: arts. 798 a 802

PRISÃO
- Acusado fora da jurisdição: art. 289
- Captura: art. 299
- Domiciliar: arts. 317 a 318-B
- Em flagrante: arts. 301 a 310
- Em perseguição: art. 290
- Emprego de força: art. 284
- Especial: arts. 295 e 296
- Intimação de entrega do Réu: arts. 293 e 294
- Ocorrência da: art. 283, *caput*
- Preventiva: arts. 282, § 6º; 311 a 316
- Provisória, separação: art. 300
- Resistência a: art. 292

Vide: Mandado de prisão

PROCEDIMENTO COMUM
- Aplicável a todos os procedimentos penais de primeiro grau: art. 394, § 4º
- Aplicável a todos os processos: art. 394, § 2º
- Competência do Tribunal de Júri: art. 394, § 3º
- Ordinário: art. 394, § 1º, I
- Prioridade de tramitação: art. 394-A
- Sumário: art. 394, § 1º, II
- Sumaríssimo: art. 394, § 1º, III

PROCESSO
- Aplicação de medida de segurança por fato não criminoso: arts. 549 a 555
- Completa sua formação, quando: arts. 363 e 364
- Crimes contra a propriedade imaterial: arts. 524 a 530-I

- Crimes de calúnia e injúria, de competência do juiz singular: arts. 519 a 523
- Crimes de responsabilidade dos funcionários púbicos: arts. 513 a 518
- Estrutura acusatória: art. 3º-A
- Regência e ressalvas: art. 1º
- Restauração de autos extraviados ou destruídos: arts. 541 a 548
- Seguirá sem a presença do Acusado, quando: art. 367

PROCESSO SUMÁRIO: arts. 531 a 540
- Adiamento, impossibilidade: art. 535
- Alegações finais: art. 534
- Audiência de instrução e julgamento: art. 531
- Juizado especial, adoção outro procedimento: art. 538
- Produção de provas: art. 533
- Testemunha, inquirição: art. 536
- Testemunhas, quantidade: art. 532

PROVA: arts. 155 a 250
- Acareação: arts. 229 e 230
- Autópsia: art. 162
- Busca e apreensão: arts. 240 a 250
- Cadáver: arts. 164 a 166
- Cadeia de custódia: arts. 158-A a 158-F
- Confissão: arts. 197 a 200
- Da alegação: art. 156
- Documentos: arts. 236 a 238
- Exame do local da infração: art. 169
- Exumação: art. 163
- Formulação da convicção do juiz: art. 155
- Ilícita: art. 157
- Indícios: art. 239
- Interrogatório: arts. 185 a 196
- Ofendido: art. 201
- Quesitos: art. 176
- Reconhecimento de pessoas e coisas: arts. 226 a 228
- Testemunhas: arts. 202 a 225
Vide: Exame de corpo de delito

RECONHECIMENTO DE PESSOAS E COISAS: arts. 226 a 228
- Prova em separado: art. 228
- Reconhecimento de objeto: art. 227
- Reconhecimento de pessoa: art. 226

RECURSOS
- Apelação: arts. 593 a 603
- Carta testemunhável: arts. 639 a 646
- Concurso de agentes: art. 580
- De ofício: art. 574
- Desistência, impossibilidade do MP: art. 576
- Em sentido estrito: arts. 581 a 592
- Embargos: arts. 619 e 620
- Erro, omissão dos funcionários: art. 575
- Erro de tipo: art. 579
- Extraordinário: arts. 637 e 638
- Forma de interposição: art. 578
- *Habeas corpus:* arts. 647 a 667
- Legitimidade para interpor: art. 577
- Processo e julgamento dos: arts. 609 a 618
- Revisão de processos extintos: arts. 621 a 631

RESTAURAÇÃO DE AUTOS EXTRAVIADOS OU DESTRUÍDOS: arts. 541 a 548

RESTITUIÇÃO DE COISAS APREENDIDAS
- Alienação: art. 122
- Coisa adquirida com os proventos da infração: art. 121
- Devolução, impossibilidade: art. 119
- Devolução após o trânsito em julgado: art. 118

- Devolução após o trânsito em julgado, necessidade de reclamação: art. 123
- Incidente de: art. 120
- Perda em favor da União: art. 124
- Perdimento de obras de arte ou de outros bens de relevante valor cultural ou artístico: art. 124-A

SENTENÇA
- Absolvição, requisitos: art. 386
- Condenatória, requisitos: art. 387
- Condenatória em crimes de ação pública, com pedido de absolvição pelo MP: art. 385
- Conhecimento ao MP: art. 390
- Definição jurídica diversa da denúncia ou queixa, possibilidade: arts. 383 e 384
- Embargos, prazo para: art. 382
- Formalização da: art. 388
- Intimação da: art. 392
- Intimação do querelante ou assistente: art. 391
- Publicação: art. 389
- Requisitos: art. 381

SEQUESTRO DE BENS IMÓVEIS: arts. 125 a 131
- Autuação em apartado: art. 129
- Embargo: art. 130
- Fase para: art. 127
- Indício da proveniência ilícita: art. 126
- Inscrição no Registro de Imóveis: art. 128
- Levantamento: art. 131
- Adquiridos com os proventos da infração: art. 125

SEQUESTRO DE BENS MÓVEIS: arts. 132 a 144-A
- Avaliação e venda: art. 133
- Autorização de utilização constatado interesse público: art. 133-A
- Condições para: art. 132

TESTEMUNHAS: arts. 202 a 225
- Afirmação falsa, consequência: art. 211
- Aplicação de multa: art. 219
- Apreciações pessoais, não permitido: art. 213
- Carta precatória para inquirição: art. 222
- Carta rogatória: art. 222-A
- Comunicar mudança de residência, dever: art. 224
- Consulta a apontamentos: art. 204, parágrafo único
- Contradita: art. 214
- Depoimento antecipado: art. 225
- Depoimento oral: art. 204, *caput*
- Dúvida sobre a identidade da: art. 205
- Inquirição de autoridades e funcionários públicos: art. 221
- Inquiridas cada uma de *per si*: art. 210
- Inquiridas onde estiverem: art. 220
- Intérprete: art. 223
- Moradora fora da jurisdição: art. 222
- Obrigatoriedade de depoimento: art. 206
- Oitiva de pessoas não arroladas: art. 209
- Perguntas pelas partes diretamente à testemunha: art. 212, *caput*
- Pessoa: art. 202
- Pontos não esclarecidos: art. 212, parágrafo único
- Proibição: art. 207
- Promessa de dizer a verdade: art. 203
- Promessa de dizer a verdade, exceção: art. 208

- Redação do depoimento: art. 215
- Redução a termo do depoimento: art. 216
- Requisição à autoridade policial: art. 218
- Retirada do réu ou por videoconferência: art. 217

TRIBUNAL DO JÚRI
- Absolvição: art. 415
- Apelação: art. 416
- Ata dos trabalhos: arts. 494 a 496
- Atribuição do Presidente do: art. 497
- Audiência de instrução: art. 411
- Composição do: art. 447
- Conselho de sentença, impedimento de participar: art. 448
- Conselho de sentença, pode conhecer mais de um processo: art. 452
- Debates: arts. 476 a 481
- Defensor, nomeação: art. 408
- Definição jurídica diversa da constante na acusação: arts. 418 e 419
- Desaforamento: arts. 427 e 428
- Exceções: art. 407
- Instrução em plenário: arts. 473 a 475
- Jurado, função: arts. 436 a 446
- Jurado, impedimento: arts. 449 a 451
- Jurados, alistamento: arts. 425 e 426
- Jurados, convocação: art. 434
- Jurados, relação: art. 435 a 446
- Jurados, sorteio: arts. 432 e 433
- Impronúncia: art. 414
- Organização da pauta: arts. 429 a 431
- Prazo para conclusão da instrução: art. 412
- Preliminares: art. 409
- Preparação do processo para julgamento em Plenário: arts. 422 a 424
- Procedimento relativo aos processos da competência do: arts. 406 a 497
- Pronúncia: art. 413
- Pronúncia, intimação: art. 420
- Pronúncia, preclusão: art. 421
- Questionário e sua votação: arts. 482 a 491
- Recebimento da denúncia ou queixa: art. 406, *caput*
- Resposta à acusação: art. 406, *caput* e §§ 1º e 3º
- Retorno dos autos ao MP: art. 417
- Reunião e sessões do: arts. 453 a 472
- Sentença: arts. 492 a 493
- Testemunhas, inquirição: art. 410
- Testemunhas, quantidade: art. 406, § 2º

**Para conferir as atualizações publicadas
após a data de fechamento desta edição*, acesse:**

* Acesso válido até 31.12.2025.

Este livro foi impresso pela Gráfica Plena Print
em fonte Roboto sobre papel Offset 70 g/m²
para a Edipro.